信息素养与信息检索

（第2版）

岳修志　主编

清华大学出版社

北　京

内 容 简 介

本书主要介绍信息素养、各类型信息资源的检索与分析。本书广泛收集资料，并结合信息技术、数据库功能、信息分析等，力求涵盖信息素养与信息检索的最新知识。

全书共 10 章。第 1 章至第 4 章介绍信息素养、信息资源、信息检索效果与技术、单类型文献检索等内容，使读者可以在充分了解信息素养的情况下，开始以信息检索为辅的初步学习和研究；第 5 章至第 9 章介绍专利信息检索、综合型信息资源、科学知识图谱和文献信息可视化、文献管理工具、信息写作等内容，更专业和深入，增加了信息检索的难度、信息分析的比重，完成从信息检索、分析到写作的过程；第 10 章重点介绍大数据、人工智能和阅读对用户信息素养与信息检索的影响等。

本书可供高等院校各专业本科生和研究生学习使用，也可供各行业信息管理、信息咨询工作者阅读参考。

图书在版编目 (CIP) 数据

信息素养与信息检索 / 岳修志主编. -- 2版.

北京：清华大学出版社, 2025. 8. -- ISBN 978-7-302

-69956-9

Ⅰ. G254.9

中国国家版本馆CIP数据核字第2025TW8339号

责任编辑：王　　定
封面设计：周晓亮
版式设计：思创景点
责任校对：成凤进
责任印制：宋　　林

出版发行：清华大学出版社

网　　　　址：https://www.tup.com.cn，https://www.wqxuetang.com
地　　　　址：北京清华大学学研大厦A座　　　邮　　编：100084
社　总　机：010-83470000　　　　　　　　邮　　购：010-62786544
投稿与读者服务：010-62776969，c-service@tup.tsinghua.edu.cn
质　量　反　馈：010-62772015，zhiliang@tup.tsinghua.edu.cn

印 装 者：三河市铭诚印务有限公司

经　　销：全国新华书店

开　　本：185mm×260mm　　印　　张：16.75　　　字　　数：439 千字

版　　次：2021 年 8 月第 1 版　　2025 年 8 月第 2 版　　印　　次：2025 年 8 月第 1 次印刷

定　　价：69.80 元

产品编号：112089-01

第 2 版序

用AI赋能信息检索

本书第1版于2021年出版。在2021年8月以前，人工智能(artifical intelligence，AI)，特别是内容生成式人工智能(artificial intelligence generated content，AIGC)，已经展现出了一定的发展势头，但生成的内容质量和多样性相对有限。还有一些基于模板的文本生成软件可以根据用户输入的关键词生成相应的文本内容，如一些音乐生成软件可以根据用户输入的旋律和节奏生成音乐作品等。然而，这些软件在生成内容的质量和多样性方面还存在一定的不足。

在2024年底(本书修订时)，AIGC的发展极为迅猛，其应用领域不断拓展，尤其在大学生群体中，AIGC的应用已相当普及。大学生使用AIGC主要用于资料查找与整理、数据分析和可视化、翻译以及写论文或作业等方面。本科生和高职生最常使用AIGC查找与整理资料，而研究生对数据分析和可视化的使用率较高。在写论文或作业方面，本科生的使用比例最高。

一项针对中国高校师生AIGC应用情况的研究显示，被访高校师生几乎全部曾在学习和工作中使用过AIGC，从未使用过的比例仅为1%。其中，近60%高校师生频繁使用AIGC，男生频繁使用的比例略高于女生，本科生和研究生频繁使用的比例也相对较高。当然，AIGC的广泛应用也带来了一些问题和挑战，如技术依赖性、学术诚信受损、隐私保护等是必须认真对待的议题。

因此，本书修订之际，必须考虑AIGC与信息素养、信息检索的关系，从教材内容、表达方式、思考题和作业等方面进行更新。

问题1：在AI时代，教授大学生信息检索课程，如文献检索和信息素养，应包含哪些知识？AI如何改善这些课程内容？笔者认为应该包括下列内容。

(1) 信息素养与检索基础：掌握信息素养演进、技能框架和检索知识。

(2) 信息检索技术与工具：学习网络检索方法、搜索引擎和数据库技巧，解决实际问题。

(3) AIGC应用：探讨AI检索增强技术，利用搜索引擎减少误导信息，提高信息获取和验证效率。

(4) 信息评估与批判性思维：培养评估信息权威性和可靠性、识别虚假信息、独立思考的能力。

(5) 跨学科信息检索与学术对话：理解学术对话系统性，建立研究领域联系，成为学术贡献者。

(6) 元认知与反思实践：鼓励反思实践，通过多种方式展示思维过程，提升自我发现和元认知能力。

(7) AI伦理与数据安全：了解数据处理、隐私保护和数据安全，强调学术诚信。

(8) 实践与案例分析：多领域案例和视频展示检索应用，结合实操练习。

(9) 前沿技术与未来趋势：关注大数据、云计算和AI发展趋势，探讨对信息检索领域的影响。

通过学习上述内容，大学生不仅能够精通传统信息检索的知识与技能，而且能在AI时代适应信息社会的发展，提高他们的综合信息素养和解决问题的能力。

问题2：在AI时代，我们该如何编写涵盖文献检索、信息素养等领域的信息检索教材？又该如何将网络信息与教科书内容有效结合？

(1) 教材更新应与数字资源同步，利用AI技术优化内容，并通过二维码和App链接多媒体资源。

(2) 编写教材时，应注重跨学科融合，设计个性化学习路径，并使用AI工具辅助学习；重视学生信息素养的培养，通过AI设计的情境化任务让学生实践信息检索技能；整合网络资源与课本内容，利用AI丰富学习材料，并教授学生高效使用网络搜索工具；采用创新教学法，如翻转课堂，利用AI布置搜索任务，鼓励学生探索和分享信息，并开发智慧学习平台以提供个性化学习体验。

(3) 编写信息检索教材需紧跟技术发展，注重动态更新、跨学科融合及网络资源整合。同时，教材应培养学生综合信息素养和批判性思维，确保学生能在AI时代高效、安全地获取和利用信息。

问题3：在AIGC时代，我们该如何设计信息检索类教材中的思考题、作业题以及上机实践题呢？该问题涉及文献检索、信息素养与信息检索等领域。

(1) 跨学科融合与批判性思维：结合设计与专业课程，提出思考题，促进学生运用信息检索技能解决实际问题，培养学生批判性思维，教会学生评估信息的真实性和价值。

(2) 问题设计的复杂性：运用AIGC技术，设计多步骤推理问题，引导学生分析复杂问题。

(3) 个性化学习路径与实践创新：依据学生兴趣和背景，设计个性化作业，要求学生用AIGC获取信息，提出创新方案。

(4) 信息评估与管理：要求学生对比传统数据库与AIGC工具的信息，分析优缺点，撰写报告。

（5）生成式检索工具的应用：设计实验任务，让学生用生成式检索工具完成文献检索，并评估效率和准确性。

（6）项目驱动学习：结合实际项目，学生需用AIGC工具做文献综述，写报告。

（7）交互式学习平台：利用智慧学习平台，结合线上资源与教材内容，提供实时的AIGC工具支持，帮助学生提升信息素养。

第2版延续第1版的框架，编写组致力于打造一本"思考型"或"研究型"的教材，不是简单地罗列知识点，而是通过提出问题，将核心概念与相关知识相互串联，旨在有效提升读者的信息素养和信息检索技能。

本书由岳修志主编，并负责策划、大纲设计、统稿等工作。编写分工如下：第1章～第4章由岳修志编写，第5章由吴红艳编写，第6章由刘巧英编写，第7章和第8章由赵建建编写，第9章由朱振宁编写，第10章由赵春辉编写。

本书的编写得到了中原工学院研究生教育质量提升工程项目和一流本科课程建设项目的资助，以及清华大学出版社编辑的热情指导，对此表示衷心感谢！

本书在编写的过程中参考了大量同行编写的教材、专著、论文等，也参考了相关数据库、网络资源等，不再一一列出，仅在参考文献里列出主要文献，在此对同行以及相关作者表示衷心的感谢！

本书提供教学大纲、教学课件、电子教案、思考与练习参考答案、模拟试卷、思考题及解析、拓展阅读等教学资源，读者可扫描下列二维码或书中相应章节中的二维码获取学习。

教学大纲

教学课件

电子教案

思考与练习
参考答案

模拟试卷

编　者

2025 年 5 月

第 1 版序

"信息检索"相关课程的发展经历了目录学、工具书利用、文献检索、计算机检索和信息素养(素质)五个教育阶段。本书编写组于2011年提出"文献检索"课程的路向与对策，即明确教学目标、凝练教学内容、设计教学体系、完善教学理论、壮大教学队伍、丰富教学资源、研究教学方法、创新教学手段、组织教学活动、实施教学评价等。在路向与对策中，教材或手册编写具有重要的综合性作用，本书编写组陆续编写并出版了相关教材。

信息技术的发展对社会、教育的影响越来越大，信息环境更加复杂，大学生信息素养和信息检索能力培养越来越受到重视。尤其是相关文献数据库出现了多样化、综合型、特色化、个性化的发展趋势，简单的信息检索技术与分析已不足以满足大学生成长的需求，因此有必要编写一本适应新形势的综合性信息素养与信息检索的教材。

在编写前，考虑到本书是面向大学生和研究生的通用型图书，要充分结合用户群体的特点和需求。除了需要介绍信息检索基础知识，较为复杂和具有一定难度的知识也要介绍，包括：宏观信息环境下的信息素养及其重要性；数据库的一些相关内容(如中国知网数据库中文献之间的关系、如何查找自己需要的文献)；万方和中国知网中的知识图谱分析等；专利、CiteSapce、NoteExpress文献管理等知识；不同的图书、期刊、硕(博)士论文、综合数据库等评价或分析，结合同类免费数据库的功能，重点围绕如何有效、高效地查找文献进行介绍；微信平台有关信息检索或数据库；免费(开放获取)数据库资源；等等。每个章节以场景、思考题等介绍信息检索知识，以思考和探索型问题为主布置作业，以网页或微信辅助教学。

不同于一般形式的教材，编写组探索将本书定位为思考型或研究型教材，不是简单地罗列知识，而是通过提出问题，将主要概念与相关知识联系起来，切实帮助读者提高信息素养与信息检索的能力。

本书由岳修志负责策划、大纲设计、统稿等工作。编写分工如下：第1~第4章由岳修志编写；第5章由吴红艳编写；第6章由刘巧英编写；第7章和第8章由赵建建编写；第9章由耿伟杰编写；第10章由赵春辉编写。

本书的编写得到了中原工学院研究生教育质量提升工程项目和一流本科课程建设项目的资助，以及清华大学出版社编辑的热情指导，对此表示衷心的感谢！

本书在编写的过程中参考了大量同行编写的教材、专著、论文等，也参考了相关数据库、网络资源等，不再一一列出，仅在参考文献里列出主要文献，在此对同行以及相关作者表示衷心的感谢！

随着信息技术的快速发展，信息检索的方式也在推陈出新。由于作者水平有限，书中不足之处在所难免，敬请读者批评指正。

木书教学课件、教学大纲、电子教案可扫描下列二维码下载。

| 教学课件 | 教学大纲 | 电子教案 |

岳修志

2021年4月1日

目 录

视野：信息素养

党的二十大报告明确指出，教育、科技、人才是全面建设社会主义现代化国家的基础性、战略性支撑。在新时代背景下，大学生作为国家未来的栋梁之材，掌握信息素养不仅是个人发展的需求，更是服务国家战略、推动社会进步的关键基础。党的二十届三中全会强调，必须加速推进教育强国、科技强国、人才强国的建设步伐，而信息素养作为大学生不可或缺的核心素养之一，对于培育创新型人才、促进科技创新和产业升级具有至关重要的作用。大学生要积极提高自身的信息素养，熟悉各种主要类型的文献和数据库检索技巧，掌握信息写作的基本要求，深入理解信息检索的相关理论知识，如个人信息世界、核心素养以及人工智能(AI)素养等。

【场景】作为一名大学生，你尝试描绘自己在校园中的一日或一段时间内的生活：你有多少时间用于上课、使用计算机、浏览手机、自主学习、参与社会(社团)活动，以及休息？你的课程(毕业)论文是如何完成的(你是否借助AI软件)，你对它感到满意吗？你的书架上摆放着哪些种类的书籍？你的计算机或手机中存储了哪些类型的学习资料？你每年阅读的纸质书籍数量有多少？你还阅读过哪些类型的文献或资料？你是否有意向申请专利？你对你的研究领域的专利了解多少？其他爱好是否也占据了你的时间？你如何平衡学习、阅读、运动和娱乐？你的人际交往主要通过什么方式进行？当遇到问题时，你会采用哪些方法来解决问题？你是否已经确定了学习和研究方向？对于未来的职业发展或继续深造，你是否已有规划？通过对上述事项的反思，你可以评估自己在大学阶段对信息的基本态度和应用情况，以及自己的信息素养。

▌**思维导图**

1.1　信息素养概述

信息素养，关键在于处理、利用信息的能力。也就是说，你具备运用信息解决问题的能力。更进一步说，就是你能够从信息的获取、理解、分析、撰写等多方面来解决问题，并且在利用信息时遵循相应的法律和道德规范。

美国大学与研究图书馆协会(Association of College and Research Libraries，ACRL)在信息素养领域贡献了两份关键文献:《高等教育信息素养能力标准》(*Information Literacy Competency Standards for Higher Education*)(以下简称《标准》)和《高等教育信息素养框架》(*Framework for Information Literacy for Higher Education*)(以下简称《框架》)。

《北京地区高校信息素养能力指标体系》是一个正式且具有权威性的信息素养评价标准体系。《教师数字素养》(JY/T 0646—2022)构建了一个包含数字意识、数字技术知识与技能、数字应用、数字社会责任和专业发展的框架。《中小学生信息素养评价指南》涵盖信息意识、信息知识、信息能力和信息伦理四个维度。我国在信息素养教育中注重培养学生的实际能力和信息处理能力，强调从"获得"向"能力"转换。

1.1.1　《高等教育信息素养能力标准》

1. 相关内容

《标准》包含如下内容:信息素养定义，信息素养和信息技术，信息素养和高等教育，信息素养和教学，标准的使用;信息素养及其评估，信息素养标准、表现指标和成果等。以下简要介绍信息素养和信息技术、信息素养和高等教育以及信息素养和教学。

(1) 信息素养和信息技术。信息素养超越了单纯的技术技能，它对个人发展、教育和整个社会都具有深远的影响。信息技术技能是实现个人目标的工具，而信息素养要求个人掌握这些技能。信息素养与信息技术技能有交集，但前者更全面，后者更多的是关注技术层面。信息素养强调内容理解、交流、分析、信息搜索和评估，而信息技术技能侧重于技术理解和应用。信息素养是理解和使用信息的智能框架，它结合了技术掌握和研究方法，关键在于判断和推理能力。具备信息素养的人能够利用信息技术进行独立学习，并持续发展终身学习能力。

(2) 信息素养和高等教育。高等教育的目标是培养学生终身学习的习惯，提高学生的推理和批判能力，并帮助学生建立学习方法框架。这为学生未来的职业发展、成为知识型公民和社区成员奠定了基础。将信息素养整合进大学课程、学科及服务管理需要教师、图书管理员和学校领导的协作。教师负责创设学习环境，引导学生讨论，鼓励学生探索，提供指导和信息满足学生需求，并观察学生学习进展。图书管理员负责智力资源评估挑选，整理维护馆藏，提供信息搜索工具，教授搜索技巧。学校领导则需为协作创造条件，培训人员，筹划维持信息素养课程。

(3) 信息素养和教学。在以学生为中心的教学中，重点是培养学生解决问题的能力和判断思维，这需要学生具备信息素养。信息素养在学生自主学习、扩展知识、提出问题、提高判断力等方面起到重要作用。信息素养应融入课程内容、结构和程序，这是培养学生信息素养的基础。课程融合可丰富以学生为中心的教学方法，如问题解决、证据基础和质询式学习。学生通过问题解决学习法能深入理解课程内容。精通此方法，需练习使用多源信息的思考技巧，增强学习责任感。获取信息的途径包括使用信息检索系统，如图书馆或在线数据库，以及通过直接观察现象，如科学家们通过实验或技术工具(如统计软件和模拟器)来研究现象。学生在学习过程中需要多次查询、评估和管理信息，这些信息有不同来源并涉及多种研究方法。

2. 信息素养的定义

信息素养指的是个人能够识别何时需要信息，并具备高效搜索、评估以及运用所需信息的能力。

关于信息素养的概念，需关注三个核心要素：①涉及情境——何时；②涉及对信息的几个关键动词——获取、检索、评估、应用；③涉及与信息相关的几个核心关键词——认识、技能、信息本身。

【思考题 1-1】

文档或信息在原网站上变迁的问题如何解决？

解析

3. 信息素养提出的背景

(1) 信息量庞大且日益丰富。我们正生活在一个信息资源极为丰富的时代。

(2) 选择合适的信息来源变得颇具挑战。信息来源多样，包括图书馆、社区、行业协会、媒体以及互联网等。

(3) 评估信息的真伪、准确性和可靠性变得困难。面对不同观点，判断信息的真实性和价值极具难度。

(4) 吸收和内化信息的过程充满挑战。尽管信息量巨大，但这些信息并不总是能够直接转化为个人的知识。

在大数据、AI等前沿技术和应用的推动下，我们正面临专业领域、行业以及职业所带来的挑战，信息的复杂性也随之增大。然而，这些变化同样为我们带来了前所未有的机遇。

拓展阅读1-1

一次有意思的搜索——基于网络链接失效的问题

4. 信息素养的五种能力

信息素养为终身学习打下了坚实基础，它适用于各个学科领域、多样化的学习环境以及不同的教育层次。它赋予学习者掌握知识的能力，拓宽学习者的研究视野，并增强了学习者的主动探索和自我驱动的学习能力。

具备良好信息素养的人应具备以下五种能力，如图1-1所示。图中虚线反映了信息使用的一般过程。

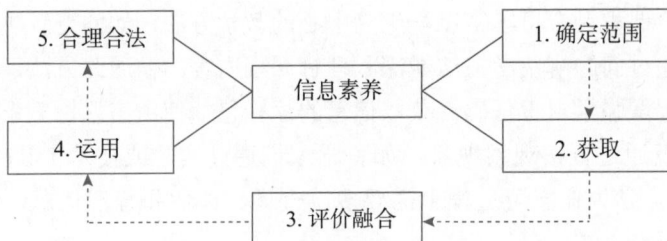

图 1-1　信息素养五种能力 (2000 版) 简述

信息素养能力及其描述见表1-1。

表1-1　信息素养能力及其描述

序号	能力	描述
1	确定范围：确定所需信息的性质与范围	定义和描述信息需求
		知道并能找到多种类型和格式的信息来源
		权衡从各种渠道获取各类信息的成本和收益
		重新评估所需信息的性质和范围
2	获取：有效地获得所需要的信息	选择最适合的研究方法或信息检索系统来查找所需要的信息
		构思和实施有效的搜索或查找策略
		运用各种各样的方法(线上+线下)获取信息
		改进现有的搜索或查找策略
		摘录、记录和管理信息及其出处
3	评价融合：评价与融合信息	从收集的信息中总结要点
		清晰地表达并运用初步的标准来评估信息及其出处
		综合主要思想来构建新概念或新观点
		通过对比新旧知识来判断信息是否增值、是否前后相符、是否独具特色
		确定新的知识对个人的价值体系是否有影响，并采取措施消除分歧
		通过与其他人、专家、行家的讨论来验证对信息的解释和理解
		确定是否修改现有的查询
4	运用：有效地利用信息来达到特定的目的	利用信息融入工作
		利用信息改善工作
		利用信息进行管理沟通
5	合理合法：了解与信息使用相关的经济、法律和社会问题，并合法合规地获取信息	了解信息伦理、法律和社会经济问题
		遵守组织内部的信息制度
		清楚并能声明信息的出处

1.1.2 《高等教育信息素养框架》

《框架》由ACRL董事会于2015年2月2日发布，其中文版由ACRL授权清华大学图书馆翻译。

1. 时代背景

在信息生态系统日益活跃的背景下，高等教育领域的学生、教师和图书馆员各自扮演着怎样的角色，并如何共同推动信息素养教育的发展呢？

高等教育领域环境变化迅速，工作和生活信息生态系统活跃且不确定。这些变化促使我们重新审视生态系统的基础理念。学生在创造新知识、描绘信息世界轮廓与动态，合理利用信息、数据和学术成果方面扮演着关键角色，承担着相应的责任。教师负责设计课程和作业，强化信息和学术成果核心概念，与学科知识紧密结合。在辨识和倡导学生学习的关键理念上，图书馆员扮演着关键角色；同时，他们肩负着构建紧密联系的信息素养新课程，并与教师进行更深入合作的重任。

【思考题1-2】

作为信息系统(平台)的用户，你是否频繁地与系统及其他用户进行互动？你是否在该平台上贡献过信息？试想，一个缺乏互动的平台如何保持对用户的吸引力？

解析

2. 主要内容

《框架》所阐述的内容被特意称为一个框架是因为它建立在一系列相互联系的核心概念之上，是一系列灵活的实施选项，而不是一系列标准、学习成果，或任何既定的技能清单。这个框架的核心在于概念性的理解，它整合了众多关于信息、研究和学术的概念与思想，并将它们构建成一个统一的体系。概念中，"知识技能"体现了学习者增强对信息素养概念理解的方式，"行为方式"描述了处理对待学习的情感、态度或评价维度的方式。

《框架》主要采纳了"元素养"(meta literacy)的概念。元素养是指学生作为信息的消费者和创造者成功参与合作性领域所需的一组全面的综合能力，它为我们开启了信息素养的全新愿景。元素养要求学生从行为上、情感上、认知上以及元认知上参与到信息生态系统中。《框架》基于元素养这一核心理念，特别强调元认知，或叫作批判式反省(critical self-reflection)，因为这对于在快速变化的生态系统中变得更加自主至关重要。

《框架》给出了信息素养的新概念：信息素养是指包括对信息的反思性发现，对信息如何产生和评价的理解，以及利用信息创造新知识并合理参与学习团体的一组综合能力。

大学生作为信息的消费者和创造者，成功参与合作性领域所需的一系列全面的综合能力，为我们拓宽了信息素养的新视野。《框架》强调，在信息生态圈中，权威是存在的，但它是一个逐渐形成且不断变化的概念。信息的发布既可以通过正式渠道，也可以通过非传统和非正式的渠道，而有价值的信息有时恰恰源自非正式渠道。信息的创建是一个过程，不同的渠道会产生不同形式和格式的信息。这些信息具有多元价值，需要用户根据具体情况作出判断。研究是一个探究式的过程，需要通过各种渠道参与对话式学术讨论。信息检索具有战略性，随着研究的深入和研究层次的提升，其战略性和复杂性将更加突出。《框架》的六个方面如图1-2所示。

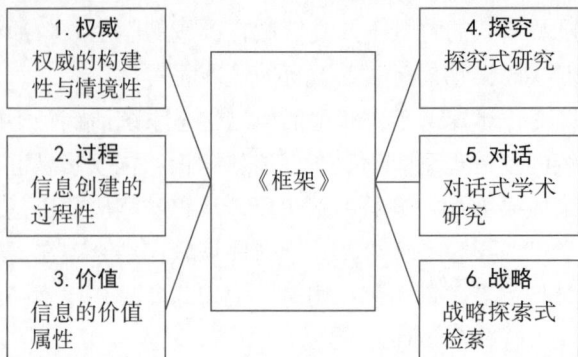

图1-2　《框架》的六个方面

1) 权威的构建性与情境性

信息资源反映了其创建者的专业素养和可信度，人们会根据自己的信息需求和使用场景对其进行评估。权威性的建立依赖于不同群体对不同种类权威的认可。可见权威性与情境相关，因为信息需求有助于确定所需权威的级别。

(1) 知识技能。

① 明确权威的类别。例如，学科专业知识(如学术成就)、社会地位(如公职或头衔)、特殊经历(如参与某个历史事件)等。

② 评估信息源的可靠性。利用研究工具和权威指标评估信息源的可靠性，同时了解可能影响该可靠性的一些因素。

③ 权威的认可。在众多学科领域，知名学者和著名出版物常常被视为权威，并广泛地被作为标准。即便如此，仍有学者勇于质疑这些信息源的权威地位。

④ 权威的包装和来源。认识到权威的内容可以被正式或非正式包装，并且其来源可能包括所有媒介类型。

⑤ 形成自己的权威观点。确认自己正在一个特定的领域形成自己的权威观点，并清楚为此所需承担的责任，包括追求精确度和可靠性、尊重知识产权以及参与团体实践。

⑥ 信息生态系统的社会化。理解由于权威人士积极互联，以及信息源随时间而不断发展，信息生态系统也在日益社会化。

(2) 行为方式。

① 开放心态。在面对多样甚至相互矛盾的观点时，培养并保持一种开放的心态。

② 寻找权威信息源。激励自己寻找权威信息源，并理解权威可能被赋予，或以出人意料的方式展现。

③ 客观评估。逐步明白对内容作客观评估的重要性，评估时需持批判精神，并对自己

的偏见和世界观保持清醒认识。

④ 质疑传统权威。质疑传统观念中对权威的盲目推崇，并认可多元观点和世界观的重要性。

⑤ 自我审视。意识到维持这些态度和行为需要不断进行自我审视。

2) 信息创建的过程性

信息都是为了传递特定的消息而产生的，并通过特定的传输方式实现共享。研究、创造、修改和传播信息的迭代过程各有不同，这最终导致了信息产品的多样性。

(1) 知识技能。

① 信息功能及其局限性。能够明确阐述不同创造过程产生的信息功能及其局限性。

② 评估创造过程与需求的契合度。评估信息产品创造过程与特定信息需求之间的契合度。

③ 阐释信息创造与传播流程。能够清晰阐释在特定学科领域信息创造与传播的传统与新兴流程。

④ 包装形式的差异。意识到由于包装形式的差异，信息给人的感受也会有所不同。

⑤ 静态与动态性质。判断信息形式所隐含的是静态性质还是动态性质。

⑥ 信息产品的价值。特别关注在不同情境下，各类信息产品所体现的价值。

⑦ 应用优势与局限性。将对信息产品优势与局限性的理解应用于新型信息产品。

⑧ 个人选择的影响。在创造信息的过程中，形成一种认识，即个人的选择将影响信息产品的使用目的及其传递的信息。

(2) 行为方式。

① 挖掘信息产品特性。努力挖掘能够反映隐含创造过程的信息产品的特性。

② 匹配信息需求与产品。重视将信息需求与合适的产品进行匹配的过程。

③ 信息创造的起点。认识到信息创造的起点可能源于一系列不同形式或模式的交流。

④ 新兴格式的潜在价值。认识到以新兴格式或模式呈现的信息所具有的潜在价值的不确定性。

⑤ 反对等同倾向。反对将信息形式与其隐含的创造过程等同起来的倾向。

⑥ 了解不同传播方式。了解因不同目的而产生的不同信息传播方式。

3) 信息的价值属性

信息具有多维度的价值，它既可以作为商品，也可以作为教育工具，是影响策略甚至是谈判和认识世界的渠道。法律和经济利益对信息的生成和传播有着深远的影响。

(1) 知识技能。

① 标注来源和引用。恰当地标注来源和引用，以体现对他人原创思想的尊重。

② 理解知识产权。知识产权既是法律的产物，也是社会文化的反映，它会因文化背景的差异而有所不同。

③ 阐述相关概念。能够清晰阐述版权、合理使用、开放获取以及公共领域等概念的用途和显著特点。

④ 认识信息体系中的不平等。认识到在信息的产生和传播体系中，某些个体或群体被

忽视或被排除的原因。

⑤ 获取信息的问题。意识到获取信息或缺乏信息来源的问题。

⑥ 评估信息发布渠道和方式。

⑦ 个人信息商品化。了解个人信息商品化，在线互动如何塑造个人接触到的信息，以及个人在线创造或传播的信息。

⑧ 个人隐私和商业化。在在线活动过程中，对个人隐私和个人信息商业化的问题保持警觉，并作出明智的决策。

(2) 行为方式。

① 尊重原创性。尊重他人的原创性。

② 重视知识创造。重视知识创造，具备所必需的技能，并付出时间和努力。

③ 作为信息市场的贡献者。将自己定位为信息市场的贡献者，而非单纯的消费者。

④ 审视信息偏好。注意审视自己的信息偏好。

4) 探究式研究

在各个领域，研究工作是无尽的，它建立在日益复杂或新颖问题提出的基础之上，而所获得的答案又会催生更多的问题或探索方向。

(1) 知识技能。

① 构建研究问题。识别信息空白或争议点，构建有针对性的研究问题，这是探究式研究的起点。

② 确立调研范围。明确研究的边界，这有助于集中资源和精力，提高研究效率。

③ 拆解复杂问题。将复杂问题分解为更小、更易管理的问题，这有助于逐步解决复杂性问题。

④ 采用多种研究方法。根据研究需求和环境条件，灵活运用定量、定性等多种研究方法。

⑤ 评估信息缺口。密切关注收集到的信息，识别信息的不足之处，以便进一步补充和完善。

⑥ 组织信息。以有意义的方式组织信息，使其能够支持研究假设和结论的形成。

⑦ 综合分析观点。对来自不同渠道的观点进行综合分析，以获得更全面的视角。

⑧ 得出合理结论。通过信息分析和逻辑演绎，得出合理且有证据支持的结论。

(2) 行为方式。

① 开放式探索。将研究视为一个开放式的探索和搜集信息的过程。

② 重视简单问题。认识到即使看似简单的问题，也可能对研究产生根本性和关键性的影响。

③ 珍视求知欲。珍视在问题发现和新调研方法学习过程中所产生的求知欲。

④ 保持开放性和批判性。采用多种研究方法，保持思想的开放性和批判性。

⑤ 持久性、适应性和灵活性。重视研究过程中的持久性、适应性和灵活性，理解模糊性对研究过程的积极意义。

⑥ 寻求多元化视角。在信息的收集和评估过程中寻求多元化的视角。

⑦ 寻求帮助。在必要时，寻求适当的帮助。

⑧ 遵守道德和法律规范。在收集和使用信息时，严格遵守道德和法律规范。

⑨ 学术谦逊。在学术上保持谦逊的态度(如承认个人知识或经验的局限性)。

5) 对话式学术研究

鉴于观点和理解的多样性，众多学者、研究者以及专业团体持续地以新的见解和发现参与不断进行的学术交流。

(1) 知识技能。

① 引用他人贡献。在自己的信息产品中引用他人所作出的贡献。

② 参与学术交流。在适当的层面为学术交流作出贡献，如参与本地网络社区、引导式讨论、会议报告或海报制作环节，在本科生学术刊物发表文章等。

③ 克服交流障碍。识别并克服通过各种途径加入学术交流的障碍。

④ 评估他人贡献。理性地评估他人在参与式信息环境中所作的贡献。

⑤ 鉴别学术作品贡献。鉴别特定文章、书籍及其他学术作品对学科知识所作出的贡献。

⑥ 归纳总结学术观点变化。对特定学科中某一主题的学术观点变化进行归纳总结。

⑦ 认识多元观点。认识到指定的学术作品可能并不代表唯一观点，甚至可能不是主流观点。

(2) 行为方式。

① 持续进行的学术讨论。明确自己所参与的是一个持续进行的学术讨论，而非已经完结的学术对话。

② 识别活跃的学术讨论。识别并探究自己研究领域当前活跃的学术讨论。

③ 定位为学术贡献者。将自己定位为学术界的贡献者，而不仅仅是知识的消费者。

④ 学术对话的多样性。认识到学术对话在多种场合中展开。

⑤ 避免过早评判。在深入理解学术对话的宏观背景之前，避免对特定学术作品的价值作出评判。

⑥ 承担相应责任。意识到一旦加入对话，就需要承担相应的责任。

⑦ 重视用户生成内容。重视并评估用户生成内容的价值，以及对他人的贡献进行评价。

⑧ 理解体制倾向。理解体制倾向于支持权威，同时不流畅的语言表达和对学科流程的不熟悉可能会削弱学习者参与和深入对话的能力。

6) 战略探索式检索

信息检索通常是一个非线性且迭代的过程，它要求我们评估广泛的信息源，并随着新见解的产生，灵活地探索其他可能的途径。

(1) 知识技能。

① 明确初始范围。明确信息需求任务的初始范围。

② 识别信息来源。识别关于特定主题的信息来源，包括学者、组织、政府和企业，并制定获取信息的策略。

③ 结合思维技巧。在检索过程中结合思维技巧，如发散性思维(如头脑风暴)和收敛性思维(如挑选最优质的信息源)。

④ 挑选检索工具。挑选与信息需求及检索策略相符的检索工具。

⑤ 调整和优化策略。依据检索结果调整和优化需求与检索策略。

⑥ 了解信息系统组织结构。了解信息系统的组织结构(如已记录信息的整理方式)，以便高效地获取相关信息。

⑦ 运用多种检索语言。运用多种检索语言(如控制词表、关键词、自然语言等)进行检索。

⑧ 管理检索流程和结果。管理检索流程和结果，包括记录检索历史、评估检索效果、整理和分析检索结果。

(2) 行为方式。

① 展现出思维的灵活性和创造性。

② 理解初始尝试的局限性。理解初始的检索尝试可能无法立即获得充分的结果。

③ 认识到信息源的差异性。认识到不同信息源在内容和形式上存在显著的差异，其相关性和价值也会因需求和检索目的的不同而大相径庭。

④ 寻求专家指导。寻求专业人员(如图书馆员、研究人员和行业专家等)的指导。

⑤ 重视偶然发现。认识到浏览及其他偶然发现的信息收集方法的重要性。

⑥ 坚持面对挑战。坚持面对检索过程中的挑战，并在收集到足够信息时明智地结束任务。

【思考题 1-3】

在数字化时代，大学生如何平衡个人信息的保护者与信息创造者的角色，以确保在学术研究和社交媒体活动中既能尊重原创性和知识创造又能有效地保护个人隐私？

解析

3. 信息检索与信息素养框架的关系解析

《框架》的构建并非基于信息利用的流程，而是围绕用户开展学术研究的视角。它从用户所面对的学术信息世界入手，向用户揭示这个现存的学术信息世界是权威的，并阐释学术权威的来源及其变化遵循的普遍规律。用户能否挑战学术权威，取决于他们对学术信息和权威圈的理解、学习、跟进、参与，以及从中获得的发展和成长。用户需要了解信息的产生过程，无论是来自正式渠道的信息还是非正式渠道的信息。通常，正式渠道反映了信息的权威性，但并非总是如此。这些信息有时会呈现出多样性、矛盾，甚至自相矛盾，这正是学术发展的必经之路。用户应该具有判断能力，自行决定其研究方向以及向哪个权威发起挑战。在当前的学术研究中，合作式、开放式、对话式的研究已成为主流。信息检索的水平和过程无疑反映了用户自身的学术能力。在新的框架中，信息素养已超越了仅仅完成学术问题研究的范畴，它关乎掌握学术研究的方法。信息检索作为这一框架的核心组成部分，其基础能力及进步已经与学术研究的过程和质量紧密相连。

综上所述，《标准》与《框架》在信息素养教育领域占据着举足轻重的地位，它们之间存在显著的差异和共同点。

《框架》是对《标准》的更新和优化，它取代了旧版标准，体现了信息技术和高等教育环境的演变。两者均致力于指导高等教育中的信息素养教育，强调学生在信息获取、评估和应用方面的能力。

在结构和内容方面，《标准》由5项能力标准、22项表现指标和87项成果指标组成，侧重于具体技能的培养。而《框架》则围绕6个核心概念构建，包括权威的构建性与情境性、信息创建的过程性等，更侧重于概念模型和元认知能力的培养。

在适用范围和灵活性方面，《标准》相对固定，适用于评估学生的信息素养水平，但难以适应信息环境的快速变化。《框架》则更加开放和灵活，鼓励创新教学模式，适应Web 2.0环境下信息交互的参与。

在教育理念方面，《标准》侧重于信息素养作为个人能力的培养，强调技能的掌握。框架则扩展了信息素养的内涵，强调其与学术过程的融合，促进学术交流和知识创造。

在实施和应用方面，《标准》曾广泛应用于高校的信息素养教育，但其局限性逐渐显现。《框架》自发布以来，在高校得到了应用，并通过阈值概念指导课程设计和教学实践。

《标准》和《框架》在信息素养教育中各有侧重，前者注重技能的培养，后者则更强调概念理解和学术参与。两者共同促进了信息素养教育的发展。

1.1.3 信息素养的发展

信息素养起源于1974年，最初关注文献检索技能，现已扩展到信息的发现、评估、使用和创造。在智能时代，信息素养不仅包括技术操作，还涉及思维方式和情感态度。数智素养是信息素养的升级，强调理解和使用数字信息的能力，是AI素养的基础。数智素养从计算机使用扩展到认知领域，关注社会和伦理问题。AI素养基于数字素养，涉及AI技术的理解、应用、伦理和社会影响。

1. 数智素养

数智素养是指在智能时代，个体能够合理、有效且符合伦理地融合使用AI技术，处理和分析多种类型数据的能力。它不仅包括数字素养、数据素养和AI素养，还强调数智方法与技术的应用，对各行各业产生颠覆性影响。

2. AI素养

AI素养是指个体在接触、理解、评估和利用AI技术过程中的综合能力，包括知识、技能、伦理意识和行为方式。

AI素养与AI的关系表现为：AI素养是AI时代个体适应和利用技术的基础，涉及对AI

技术的理解、应用和创新。

目前，已有多个AI素养的标准或框架。例如，美国发布的"AI素养框架"强调理解、评估和使用AI的能力；清华大学发布的《青少年人工智能核心素养测评》涵盖机器学习基础、数据分析等内容；浙江大学发布的《大学生人工智能素养红皮书(2024年版)》则通过分类分级课程设置来培养大学生的AI素养。

大学生的AI素养应包括以下几个方面内容。

(1) AI知识：理解AI的基本概念、技术原理和应用场景。

(2) AI技能：掌握数据分析、机器学习、深度学习等技能，并能将这些技能应用于解决实际问题。

(3) AI伦理：具备伦理意识，能够在使用AI时考虑公平性、透明度和社会影响。

(4) 创新思维：能够将AI技术与跨学科知识结合，解决复杂问题。

3. 为何强调AI素养？

(1) 适应技术变革。AI技术正在深刻改变各行各业，大学生需要掌握AI基础知识和技能，以满足未来就业市场的需求。

(2) 提升学术能力。AI工具在学习和研究中的应用日益广泛，但其使用需谨慎，以避免影响独立思考和创造力。高校通过规范AI使用，培养学生的批判性思维和创新能力。

(3) 伦理与社会责任。AI技术的普及带来了伦理和社会责任问题，大学生需要具备AI伦理意识，确保技术的负责任使用。

(4) 跨学科能力。AI素养不仅涉及技术知识，还涉及跨学科思维和综合应用能力，提高AI素养有助于学生解决复杂问题。

(5) 终身学习能力。AI时代要求持续学习和自我提升，大学生需培养终身学习的习惯，以应对快速变化的社会和技术环境。

4. 三者之间的关系

数智素养与信息素养紧密相连。信息素养构成了数智素养的基石，主要关注信息的检索、评估和应用技能。而数智素养则在信息素养的基础上，进一步整合了AI和数据分析的技能，可视作信息素养在数字化和智能化时代的进阶形态。两者可以并行发展，因为数智素养的提升依赖于信息素养，同时，信息素养的教育也可通过应用数智技术得到扩展和深化。

信息素养侧重于信息的获取、评估、处理和应用能力，强调批判性思维和遵循伦理规范。AI素养则是在信息素养的基础上进一步拓展，包括对AI技术的理解、应用和伦理考量，更侧重于技术技能和创新思维。

信息素养、数智素养与AI素养三者相得益彰，随着技术的演进和社会的发展，它们的定义和应用范围将持续扩展和深化。在素养培育方面，它们虽然各有侧重，但共同构成了个体在现代社会中不可或缺的综合能力。

拓展阅读1-2

信息时代更需重视青少年媒介素养教育

1.2　个人信息世界

在独立研究信息检索能力时，我们会关注更具体和详尽的内容，但研究范围会受到限制。然而，将信息检索能力与个人生活、工作和学习相联系时，我们意识到信息检索能力或信息素养并非单一维度的问题，它与我们所处的环境紧密相关。换言之，我们自身的转变，包括信息检索能力和信息素养的提升，可能与我们接触的信息息息相关，而这种转变往往在不知不觉中发生，难以归因于某一特定类型的信息。

【思考题 1-4】

　　信息素养能力方面，你觉得你在哪个方面最强？哪个方面最弱？为什么会这样？

解析

1.2.1　数字鸿沟与信息公平

个人在获取和利用信息的过程中，通常是基于自身的需求和能力。他们往往不会与他人进行比较，但可能会与自己过去的信息处理环境和能力进行对比。然而，有识之士能够将信息的获取和利用置于更广阔的社会背景中进行深入分析，从而揭示更深层的社会现象和问题。

1. 数字鸿沟

"数字鸿沟"这一术语描绘了社会群体之间在获取信息技术资源方面的不均衡分布。具体而言，数字鸿沟指的是那些能够顺畅接触电视、计算机和网络信息资源的人群与那些仅能有限接触或完全无法接触这些资源的人群之间的显著差异。

2. 信息公平

信息公平指的是在个人、群体、地区、族群以及其他社会组织之间，信息的分配应当是公平且合理的，确保每个人在生活中都有机会获取对其至关重要且有意义的所有信息。此外，信息公平问题作为一项关乎人的生存权和发展权的社会政治议题，已经引起了国际社会的广泛关注。

【思考题 1-5】

　　你是否感受到数字鸿沟或信息公平的问题在你生活中有所体现？能否提供一些具体的例子？

解析

1.2.2 理解"个人信息世界"的前提

信息资源的分布规律不可避免地揭示了信息的双重本质——它既是个人认知的基础材料，也是经济社会发展的战略资源。作为个人的认知资源，信息的生产、获取、利用受到认知过程的特性与规律的制约，如建构性、情境依赖性等；而作为社会的战略资源，信息生产、传播、获取、利用则遵循这类资源的运动和分布规律，与资本和权势紧密相连。这种双重性决定了在信息贫困和信息不平等的形成过程中，个人与社会、结构与主体能动性之间必将产生复杂的相互作用。

1.2.3 个人信息世界的含义

个人信息世界是指个人作为信息主体(参与信息的生产、传播、搜索和利用等活动的主体)的活动范围，或者说是个人生活领域的一部分，即在生活领域，个人作为信息主体的经历和体验得以展开、丰富和积累。

1.2.4 个人信息世界的要素

有什么样的要素，就有什么样的个人信息世界。个人信息世界的要素包括内容、边界和动力。

个人信息世界的要素及内容，如图1-3所示。

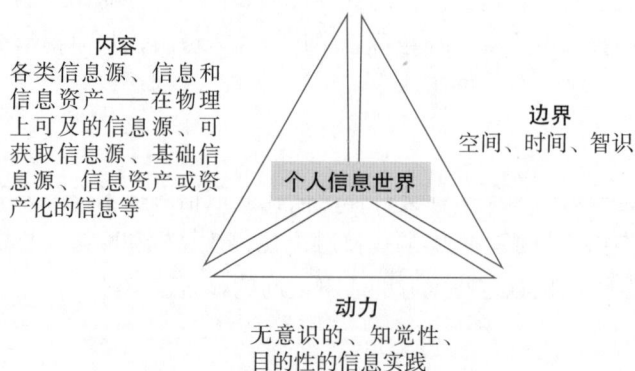

图 1-3　个人信息世界的要素及内容

若依据内容、边界、动力这三个核心要素来界定个人信息世界，它可被描述为一个由空间、时间和智识这三个边界所框定的信息主体活动领域。在这个领域，信息主体通过其信息实践，从物理世界、客观知识世界以及主观精神世界的信息源中汲取信息，提取信息价值，并积累信息资产。

1. 个人信息世界的内容要素

个人信息世界的内容要素是指信息主体所涉及的活动对象，涵盖各种信息源、信息以及信息资产。

在个人信息世界，存在多种可作为信息实践对象的内容，这些内容实际上可以划分为不同的层次。

(1) 信息主体在物理上可及的信息源。例如，散布于信息主体生活区域的图书馆资源、信息中心的资源、各类咨询机构的专家、私人藏书以及亲戚朋友的藏书等。

(2) 位于信息主体从事信息活动的空间之内、有时间获取和利用的、能够被认知和处理的信息源——可获取信息源。这些信息源不仅是信息主体在物理上可及的，也必须是在时间上和智识上可及的。

(3) 可获取信息源中那些被信息主体常规性利用的种类——基础信息源。这些信息源不仅是信息主体在物理、时间及智识上可及的，也是个体的利用习惯可及的。

(4) 那些真正被信息主体所使用的信息产品及其产生的认知成果。这些资源经过信息主体的使用，与个体产生了认知上的紧密联系，至少在某种程度上成为信息主体记忆可及的资源。这些资源及其产生的成果被称为信息资产或资产化的信息。

【思考题 1-6】

　　如果你打算报考研究生，你会通过哪些途径来搜集信息并作出决策？

解析

2. 个人信息世界的边界要素

个人信息世界的边界要素包含空间、时间和智识三个维度。

个人信息世界的空间边界是指有意识的信息活动(包括感知性和目的性信息实践活动)发生的场所，如家庭、图书馆、博物馆、书店、教室或培训场所、报告厅、实验室、办公室、广场、集市、地铁、火车站、飞机场等。

个人信息世界的时间边界是指个人在日常生活中和工作中有意识地划分给信息处理活动的时间。

个人信息世界的智识边界是指个人在信息活动中所能达到的智力和知识层面，它代表了在特定时刻个人所累积的认知技能的总和，包括阅读与计算能力、语言表达能力、分析思维能力、信息检索技巧等多个方面。

3. 个人信息世界的动力要素

信息主体已成为个人在经济主体、社会主体等角色之外的又一重要身份。在日常生活和工作中，个人所进行的信息实践呈现出多样化的特点。

(1) 无意识的信息实践。无意识的信息实践指的是个人在不以信息的生产、获取或利用为直接目的的活动过程中，可能偶然进行信息获取的行为。例如，个体在与他人闲聊时，出于避免尴尬的沉默、维护人际关系的考虑，或是受到人与人之间交流本能的驱动。但无论出于哪种动机，交流双方通常不会将这种互动视为信息交流活动，也不会刻意调动主观能动性去处理信息。换句话说，他们往往不会自觉地成为信息主体。

(2) 知觉性信息实践。知觉性信息实践涉及个体主动进行的信息活动，旨在达成普遍的信息目标，如增长知识或维持在特定领域的了解。此外，它还包括应他人请求或邀请而参与的信息活动。

(3) 目的性信息实践。目的性信息实践是指信息主体为了应对特定问题、支持明确的决策或行动、填补具体的知识空白而主动进行的信息活动。

【思考题 1-7】

在大学生涯中，树立个人理想至关重要。请探讨如何通过识别和运用无意识的信息实践、知觉性信息实践以及目的性信息实践来确立自己的理想。

解析

1.2.5　个人信息世界的总结

个体作为信息主体的实践活动发生在怎样的空间中，作为信息主体的活动领域就具有怎样的空间特征；个体作为信息主体的实践发生在怎样的时段和时间长度，作为信息主体的活动领域就具有怎样的时间特征；个体作为信息主体的实践达到怎样的智识水平，作为信息主体的活动领域就具有怎样的智识特征。

同样，个体作为信息主体的实践以哪类信息和信息源为客体，其个人信息世界就具有怎样的内容特征。

要改变个人信息世界的边界或内容，就需要改变信息主体的实践。可以说，个人信息世界的形成、维护和发展是通过信息主体的实践实现的。因此，知觉性和目的性信息实践构成了个人信息世界发展变化的基本动力。

1.3　核心素养

在信息检索领域，信息素养是一个广泛的概念，它将个人信息置于社会和全球的背景下进行研究。然而，个体并不能完全依赖信息来认识和改变世界。在成长的道路上，个体还需要培养更多的素养，或者说是核心素养，以便更圆满地完成人生的旅程。

世界教育创新峰会(World Innovation Summit for Education，WISE)携手北京师范大学中国教育创新研究院，联合发布了《面向未来：21世纪核心素养教育的全球经验》的研究报告。该报告深入分析了涵盖中国在内的24个经济体以及5个国际组织所制定的21世纪核心素养框架。研究发现，沟通与合作、信息素养、创造性与问题解决、自我认识与自我调控、批判性思维、学会学习与终身学习、公民责任与社会参与这七大素养是各经济体和国际组织最为重视的。

【思考题 1-8】

如何找到《面向未来：21世纪核心素养教育的全球经验》研究报告？

解析

1.3.1 核心素养的概念

素养是指个体在特定情境下，综合运用知识、技能及态度来解决问题的高级能力，它体现了人的本质能力。核心素养，即"21世纪素养"，是人们为了满足信息时代和知识社会的需求，应对复杂问题和不可预测情境所必需的高级能力。核心素养不仅继承并超越了农业和工业时代的基本技能，而且其核心在于培养创造性思维和复杂的人际交往能力。核心素养具有鲜明的时代特征、综合性质、跨学科的广度以及处理复杂问题的深度。

1.3.2 21世纪核心素养的框架及要素

国际组织和经济体在教育目标上的共通点与差异性决定了它们在选择核心素养和构建核心素养框架时的相似之处与不同之处。《面向未来：21世纪核心素养教育的全球经验》首先展示了5个具有代表性的素养框架案例，并分析了它们各自的特色。接着，通过对29个素养框架的结构和要素进行分析，提取了涵盖认知、个人和社会3个维度的18项核心素养，并对这些素养的关注度进行了统计和分析。最后还对比了不同收入水平经济体在选择核心素养方面的差异。在这18项核心素养中，有9项与特定领域紧密相关，这些领域素养可以进一步划分为基础领域素养(6项)和新兴领域素养(3项)，其他9项是通用素养，分别涉及高阶认知(3项)、个人成长(2项)和社会性发展(4项)。18项核心素养见表1-2。

拓展阅读1-3

数字时代如何提升大众信息素养

表1-2 18项核心素养

维度		素养
领域素养	基础领域素养	语言素养、数学素养、科技素养、人文与社会素养、艺术素养、运动与健康素养
	新兴领域素养	信息素养、环境素养、财商素养
通用素养	高阶认知	批判性思维、创造性与问题解决、学会学习与终身学习
	个人成长	自我认识与自我调控、人生规划与幸福生活
	社会性发展	沟通与合作、领导力、跨文化与国际理解、公民责任与社会参与

【思考题 1-9】
请思考信息素养与其他核心素养的关系。

解析

本章小结

本章深入分析了信息素养的核心文献，如《标准》和《框架》。信息素养作为大学生核心素养之一，对培养创新人才、推动科技创新和产业升级至关重要。信息素养既是个人问题，也是社会议题，关系到国家人才培养质量和科技创新能力。因此，我们需审视个人信息世界现状，探索改善策略，满足新时代发展需求。个体应关注信息素养，重视核心素养培养，提升综合素质和竞争力。信息检索、信息素养、个人信息世界、核心素养等概念相互关联，构成新时代人才培养整体。后续章节将介绍信息检索方法、数据库、信息应用等专业知识，强调与信息素养框架结合，思考与个人信息环境、核心素养的联系，助力大学生服务国家发展战略，为实现中国梦贡献力量。

思考与练习

1. 深入学习《高等教育信息素养能力标准》，全面掌握5项能力的具体要求。同时，反思以下问题：在这5个领域中，你最擅长的是哪一个？哪一个最需要提高？你计划如何改进自己的不足之处，发挥自己的优势？具体将如何操作？

2. 阅读本章提到的《高等教育信息素养框架》全文。掌握新的信息素养框架，思考为何探究式和对话式研究变得至关重要，你将如何实施，何谓战略探索式检索。

3. 请深入了解"信息边缘化""信息断裂""信息贫困"等概念，并分享你对这些概念的理解。同时，探讨相关政府和机构为解决信息公平问题所采取的措施。

4. 请从内容、边界、动力几方面阐述你的个人信息世界。思考如何优化你的信息世界——如何丰富内容，如何拓展边界，如何增强动力？

5. 在人类数千年的历史长河中，除了与时俱进的教育目标之外，是否存在某些在各个时代教育中始终不变的核心素养？如果存在，这些素养具体包括哪些？这些永恒的核心素养与为适应时代变迁而提出的新兴素养需求之间又存在着怎样的关系？(此问题出现在《面向未来：21世纪核心素养教育的全球经验》的第39页)

6. 讨论如何在信息素养和核心素养的培养中实现个人价值与国家利益的统一，以及如何在信息时代背景下坚持和发展中国特色社会主义。

7. 综合实践题
题目：智能制造环境下的供应链优化分析。

适用专业：各专业(文理科交叉)。

实践背景：随着智能制造技术的发展，供应链管理在机械制造行业变得尤为重要。优化供应链不仅能够降低成本，提高效率，还能够增强企业的市场竞争力。本题旨在通过信息检索、数据分析和模型构建，探索智能制造环境下供应链优化的策略。

实践内容：

(1) 信息检索与分析。检索智能制造、供应链管理的相关文献和案例。分析智能制造对供应链管理的影响，以及供应链优化的现有方法和工具。

(2) 数据收集与处理。收集机械制造企业供应链的相关数据，包括原材料采购、生产流程、库存管理、物流配送等。使用统计软件对数据进行预处理和分析，识别供应链中的瓶颈和改进点。

(3) 模型构建与优化。构建供应链优化模型，考虑成本、时间、效率等多个维度；应用运筹学和系统工程的方法，对模型进行优化。

(4) 策略制定与评估。基于模型优化结果，制定供应链优化策略；评估策略的可行性和潜在影响，包括成本效益分析和风险评估。

实践步骤：

(1) 文献检索。使用学术数据库［如中国知网(CNKI)、Web of Science］检索智能制造和供应链管理的相关文献。阅读并总结至少20篇相关文献的主要观点和方法。

(2) 数据收集。联系合作企业或使用公开数据集，收集供应链相关数据，学习并应用数据预处理技术，如数据清洗、异常值处理等。

(3) 模型构建。学习供应链优化的基本模型，如线性规划、网络流模型等；使用软件(如MATLAB、Python)构建供应链优化模型。

(4) 优化分析。应用优化算法(如遗传算法、模拟退火算法)对模型进行求解。分析优化结果，识别最优解和可行解。

(5) 策略制定。根据优化结果，提出具体的供应链优化策略。撰写策略报告，包括策略描述、预期效果和实施步骤。

(6) 评估与报告。对提出的策略进行成本效益分析和风险评估。撰写实践报告，总结实践过程、结果和建议。

实践要求：

(1) 学生应具备一定的信息检索能力、数据分析能力和模型构建能力。

(2) 学生需熟悉至少一种数据分析软件和编程语言。实践报告需包含详细的数据分析、模型构建过程和优化结果。

(3) 学生在实践过程中需注重团队合作和沟通能力。

通过本题，学生不仅能够深入理解智能制造环境下供应链优化的复杂性，还能够提升信息素养和核心素养，为未来的职业生涯打下坚实的基础。

第②章

基础：信息资源

党的二十届三中全会精神指出，要推动高质量发展，信息资源作为重要的战略资源，对经济发展具有重要支撑作用。大学生要充分认识到信息资源的价值，积极学习和掌握信息获取、分析和利用的技能，为将来投身国家经济建设、推动产业升级和创新发展打下坚实的基础。在检索或获取信息的过程中，无论是CAJ、PDF还是网页格式，用户通常不会特别关注信息的格式。特别是在使用搜索引擎时，用户更关心的是能否找到所需的结果或答案。然而，就学术研究者而言，信息的格式和来源是不可忽视的考量因素，因为它们直接关系到信息的权威性和适用性。此外，研究者必须意识到，不同的信息来源承载着不同的意义。

本章将重点讨论学术文献信息及其资源的分类，阐明不同类型信息在学术研究中的重要性和作用。

【场景】 撰写结课论文时，资料搜集是关键步骤。首先，明确所需资料的类型，并确定获取这些资料的途径。你是否仅通过在搜索引擎中输入几个关键词或短语，便期望找到所需答案？搜索引擎提供的信息分类包括网页、新闻、视频、图片等，是否能满足你的研究需求？面对不同网站上相似信息的呈现，你如何鉴别其真实性和权威性，并决定哪些信息可作为参考文献？众多专业数据库中，不同类型的文献有何特点？在面对内容相似但形式各异的文献时，你倾向于参考哪一种？在学术研究中，对于内容相近但版本不同的图书或期刊论文，你如何作出选择？对于特定信息，如企业或行业数据、专利信息、统计数据，你是选择在专业网站上查找，还是在图书或期刊论文中寻找？在处理这些不同类型的信息及其来源时，你将如何在结课论文中恰当地呈现它们？

▌思维导图

2.1　信息与信息资源

信息是什么？信息资源又是什么？它们之间存在哪些差异？信息、信息资源以及信息检索之间又有着怎样的联系呢？

2.1.1　相关概念

1. 信息的概念及层次

信息的概念有时简单，有时复杂。简而言之，信息是信号与消息的总称。信息的定义繁多，从学术研究的视角，笔者倾向于认为：信息是事物展现的动态状态及其变化模式。这是一个深刻且含义丰富的定义。关于信息的定义，在此不必深究。我们更应聚焦检索或获取的信息，它反映了哪个事物的动态状态及其变化模式？是事物本身，还是关于事物动态状态及其变化模式的描述，以及在多渠道传播后呈现给我们的是二手信息还是多手信息？

钟义信在其著作《信息科学原理》中给出了明确的定义：主体对于某事物的认识论信息，是指主体所描述的该事物的运动状态及其变化模式，涵盖了运动状态及其变化的外在形式、内在含义以及效用价值。

注意：钟义信提出信息具有层次性，可以划分为本体论信息和认识论信息。换言之，最高层次是无约束条件的层次，即本体论层次。在这个层次上，信息的定义是最广义的，其适用范围也最为广泛。当对本体论层次的信息定义引入一个约束条件——必须存在一个主体(如人、生物或机器系统)，并且必须从主体的角度出发来定义信息时，本体论层次的信息定义就转变为认识论层次的信息定义。显然，认识论层次的信息定义的适用范围比本体论层次的定义要窄，因为它受到了上述条件的限制。在本体论层次上，信息的存在并不依赖于主体的存在，即使主体根本不存在，信息依然存在。而在认识论层次上，信息可以细分为三种类型：①语法信息，仅考虑其中的形式因素，称为"语法信息"(外在)；②语义信息，考虑其中的含义因素，称为"语义信息"(含义)；③语用信息，考虑其中的效用因素，称为"语用信息"(用途)。

【思考题 2-1】

探讨本体论信息与认识论信息对你而言具有何种意义。

解析

【思考题2-2】

在使用百度等搜索引擎寻找特定段落或书籍时，面对众多结果，你倾向于选择哪一个？当你需要确定某段文字源自哪本书或报纸时，你会采用何种方式查询？是否有必要追溯到原始文献？在学术研究中，原始资料的重要性究竟有多大？

解析

2. 信息资源的概念

信息资源的概念可以从以下三个维度来理解。

(1) 信息具有战略性的资源意义。因为信息不仅有用，而且可以被利用。

(2) 经过管理的信息转化为资源。正如孟广均的《信息资源管理导论》(第3版)所阐述的：信息无处不在，但并非所有信息都能成为资源。只有满足特定条件的信息，才能被认定为信息资源。换句话说，只有经过人类的开发和组织，信息才能升级为信息资源。人类围绕信息资源所进行的活动主要包括信息资源的生产、管理和消费。其中，信息资源的生产和消费构成了信息资源管理的两个端点，而信息资源管理则充当了连接生产和消费的桥梁与纽带。然而，当前的状况显示，信息资源的生产、管理和消费之间的界限正逐渐模糊，且这三者需要一个全面的、系统性的设计与管理。

(3) 信息具备资源的属性。所谓资源，是指一个国家或特定区域所拥有的各种物质要素的总和，包括物力、财力、人力等。资源主要分为自然资源和社会资源两大类别。自然资源涵盖了阳光、空气、水、土地、森林、草原、动物、矿藏等要素；社会资源包括人力资源、信息资源以及通过劳动创造的各种物质财富。

信息资源的定义：经过人类开发与组织的信息，即信息资源。

【思考题2-3】

你了解哪些属于信息资源吗？百度能否被视为信息资源？学校图书馆提供的各种数据库是否属于信息资源？中国国家统计局网站的内容是否构成信息资源？那些付费网站中的信息是否也应被归类为信息资源呢？

解析

3. 信息检索的概念

信息检索(information retrieval)是用户进行信息查询和获取的主要方式，是查找信息的方法和手段。狭义的信息检索特指信息查询(information search)，即用户根据自身需求，运用特定的方法，借助检索工具，从信息集合中筛选出所需信息的过程。

信息检索的过程包括以下四个方面。

(1) 信息需求及其表达方式。需求的紧迫性将决定我们选择何种方法以及使用何种检索工具。

(2) 检索方法及其技巧。我们采用何种方法来获取信息，这同样取决于需求。对于更深层次的需求，就需要更为复杂的方法。

【实践题 2-1】

在使用百度搜索引擎时，你了解有哪些搜索技巧吗？搜索时有特定的方法或策略吗？

解析

(3) 即便需求相同，检索过程也可能存在不同的层次。例如，人们可能会首先选择使用百度等通用搜索引擎，或是直接利用学术型、专业型数据库。通常，人们倾向于认为通用搜索引擎无所不能，但在寻求特定信息时，通过电话沟通、发送信息，甚至直接进行实验，往往能获得更为精确的结果。

(4) 信息需求有时是复杂且多维度的，你可能需要将复杂的需求拆解为几个简单的信息需求，或者将信息需求转化为不同的问题形式，以便更有效地进行信息检索。

【思考题 2-4】

你是否阅读过《红楼梦》？如果已经阅读过《红楼梦》，能否分享一下你对贾宝玉、林黛玉、薛宝钗三人情感纠葛的看法？面对这类问题，你的信息需求是什么？你是否可以在百度上直接搜索"贾宝玉与林黛玉的爱情"？搜索结果是否与你的观点相吻合？

解析

即便是理工科的学生，通常也会认为科学是客观存在的，通过研究不应出现含糊不清的现象。然而，科学界对于某些问题仍存在分歧。例如，如何有效减少塑料袋造成的污染？又如，在改性淀粉类绿色化学品的开发与应用研究中，羧甲基淀粉、氧化淀粉、阳离子淀粉、交联淀粉、接枝淀粉以及多元改性淀粉的使用现状、研究成果以及未来的发展趋势。这些问题往往难以给出一个统一的标准答案。

2.1.2 信息、信息资源与信息检索的关系

通过上述分析，我们基本掌握了信息检索与信息、信息资源之间的联系。信息检索的目标信息取决于用户对相关领域的初步了解，以及对信息源和检索工具的熟悉程度。因此，信息检索实质上是在丰富的信息资源中寻找所需信息的过程。学术研究者必须清楚哪些学术信息是关键的，以及它们分布在哪些信息资源中。

1. 搜索引擎与信息检索

搜索引擎的工作通常分为三个主要步骤。

(1) 信息抓取阶段。搜索引擎利用被称为"网络爬虫"的程序来搜集网页上的所有链接。大多数网页通过其他页面的链接可以访问，"网络爬虫"能够从一个初始点出发，爬取并访问大部分网页。

(2) 建立索引阶段。搜索引擎从网页中提取关键词，并将页面内容按照特定规则存储到数据库中。

(3) 结果显示阶段。服务器构建关键词索引，并将信息保存到自身的数据库中。当用户输入某个词组进行搜索时，服务器会检索其数据库以快速提供结果。

从广义上讲，信息检索是将信息按照特定方式加工、整理、组织并存储的过程，以便根据用户的特定需求，准确地检索出相关信息。

2. 检索工具与搜索引擎

众多信息系统或平台都配备了信息检索功能，其背后则是搜索引擎在默默工作。搜索引擎是一种专门用于信息检索的技术。在移动互联网时代，即便是被誉为"全球最大的中文搜索引擎"的百度也难以覆盖网络上的所有信息。例如，我们能在百度上找到微信中的所有信息吗(包括私聊内容)？根据搜索方式，搜索引擎可以分为全文搜索引擎、元搜索引擎、垂直搜索引擎和目录搜索引擎。若要查找微信上的相关信息，我们应使用微信平台自身的检索工具。

【思考题 2-5】

你是否意识到像百度这样的通用搜索引擎在信息检索范围上存在局限性？你是否了解百度等搜索引擎无法触及的网络公开信息或信息来源有哪些？

解析

2.1.3　信息如何成为资源

信息检索依赖于信息资源(信息集合)。那么，信息是如何转化为信息资源的呢？信息转化为资源的关键在于理解以下两点：① 信息向信息资源的转化过程；②信息通过管理转化为资源。

1. 信息转化为资源：信息的战略价值使其成为宝贵的资源

信息本身蕴含着价值，如情报、专利、商业秘密等。

(1) 情报包括军事情报、经济情报、竞争情报等。情报可以被视作交流中传递的有用知识或消息，也即满足特定需求的知识或消息。简而言之，情报是关于重要情况的报道。有时，一条短信便蕴含着巨大的价值。

(2) 专利代表了一项发明创造的原创者所拥有的受法律保护的独占权益。

(3) 商业秘密指的是那些不为公众所知，能为权利人带来经济利益，具有实用价值，并且权利人已经采取了保密措施的技术信息和经营信息。

2. 信息通过管理转化为资源

信息的积累能够产生从量变到质变的飞跃。以图书馆为例，单本图书或许不足以构成资源，但当数量累积至100万本时，情况就大不相同了。这100万本图书在图书馆经过一系列精心处理——采购、查重、编目、贴标签、典藏等，最终才得以进入书库或阅览室供用户使用。图书馆的价值并不仅仅在于这100万本图书的简单累加，更在于其对图书的细致分类和有序排列，使得图书以一种整合的信息资源形式呈现给用户。

信息在经过管理后可以转化为资源。以房地产中介为例，它扮演着买方与卖方之间的桥梁的角色。无论是买方还是卖方，对房地产市场的了解都不如专业人士深入，如在市场估价、政策分析、税费处理、贷款办理等方面，房地产中介利用其专业知识为买卖双方提供服务。企业利用在线信息，并对信息进行分析，从而创造价值，使得信息转变为资源。

2.2　信息及信息资源的分类

掌握信息及信息资源的分类对于读者开展学术研究至关重要，它能帮助读者明确信息资源的种类、位置以及各自的功能。

2.2.1　信息分类

1. 信息分类的方法

根据国家质量监督检验检疫总局发布的《信息分类和编码的基本原则与方法》(GB/T 7027—2002)，信息分类旨在依据信息内容的属性或特征，按照既定的原则和方法对信息进行区分和归类，进而构建起一个分类体系和相应的排列顺序。

信息分类的基本原则包括科学性、系统性、可扩展性、兼容性以及综合实用性。信息分类的基本方法涵盖了线分类法、面分类法和综合分类法。

(1) 线分类法：通过选定的多个属性或特征，将分类对象依次划分为相应的层次化类目，构建出一个层次分明、逐步展开的分类体系。在这个体系中，被划分的类目被称作上位类，而划分出的类目则称为下位类。直接由一个类目划分出的下一级各类目，它们之间互为同位类。同位类之间存在并列关系，而下位类与上位类之间则存在隶属关系。

我国的行政区划编码采用的是线分类法，由6位数字组成。其中，第1、第2位数字代表省(自治区、直辖市)，第3、第4位数字代表地区(市、州、盟)，而第5、第6位数字则代表县(市、旗、镇、区)的名称。例如，编码410102表示河南省郑州市中原区。

(2) 面分类法：将选定的分类对象的多个属性或特征视为多个维度，每个维度中又可细分为相互独立的多个类目。在应用时，可以根据实际需求将这些维度中的类目进行组合，从而构建出一个复合类目。

以服装分类为例，可以采用面分类法，选取服装所用材料、男女式样、服装款式作为三个维度，每个维度又可细分为若干个类目。

(3) 综合分类法：结合线分类法与面分类法，是以一种分类法为主导，另一种作为辅助的信息组织方式。

【思考题 2-6】

如果你需要对自己的图书进行分类，你会选择哪些分类方法？

解析

---

2. 常见的信息分类

(1) 计算机中文件的分类。在Windows操作系统中，文件的分类如下。

① 根据内容，文件类型主要分为视频、音频和软件三大类。文件格式(也称为文件类型)指的是计算机为了存储信息而采用的特定编码方式，它用于识别存储在计算机内部的数据。每种信息类型可以保存为一种或多种文件格式。每种文件格式通常会有一种或多种扩展名来标识，有时也可能没有扩展名。扩展名有助于应用程序识别文件的格式。常见的文件格式包括BAK(备份文件)、BAT(批处理文件)、BIN(二进制文件)等。

② 文件还可以分为可执行文件和不可执行文件两种类型。可执行文件是指那些能够独立运行的文件，也称为可执行程序，其扩展名主要包括EXE、COM等；而不可执行文件则是指那些不能独立运行的文件。应用程序软件也会创建具有特定格式的文件，如DOC、WPS、PDF等。

(2) 搜索引擎对于其搜索信息的分类。以百度为例，访问百度首页，你会注意到右上角列出了包括"新闻""hao123""地图""直播""视频""贴吧""学术""登录""设置""更多"在内的多个选项。点击"更多"选项，然后选择"查看全部百度产品"，你将看到"搜索服务"下包含的众多服务，如"百度人工翻译""网页""视频""百度翻译""音乐""地图""新闻""图片""百度识图""太合音乐人""百度学术"等。

【思考题 2-7】

百度是如何对信息进行分类的，其分类依据是什么？其主要目的是什么？

解析

【实践题 2-2】

访问360搜索的主页，探究其对搜索信息的分类方式，并分析它与百度的差异。

解析

---

(3) 互联网网站的分类。网站可以根据多种属性进行分类，如依据所使用的编程语言、网站用途、功能、所有者或商业目标等。

【实践题 2-3】

以百度的"网站导航"和360导航为例，分析两者分类页面的异同。

解析

【思考题 2-8】

你认为网站应该如何进行分类？

解析

(4) 互联网网站新闻的分类。以百度新闻网站为例，新闻内容可细分为国内、国际、军事、财经、娱乐、体育、互联网、科技、游戏、女性、汽车、房产等多个类别。而新浪新闻网站则将新闻内容划分为滚动新闻、新闻排行、政务、国内、国际、军事、文化、司法、黑猫投诉、图片、视频、体育、娱乐、财经、科技、专题等更多元化的类别。

2.2.2　信息资源分类

《信息与文献资源描述》(GB/T 3792—2021)是由国家图书馆等起草，并由国家市场监督管理总局、国家标准化管理委员会共同发布的推荐性国家标准。该标准关于信息资源分类的相关内容如下。

1. 根据信息资源的内容形式和媒体类型标识分类

(1) 信息资源按内容形式可分为数据集、图像、运动、音乐、实物、程序、声音、话语、文本、其他内容形式等。

(2) 信息资源按媒体类型可分为音频、电子、缩微、显微、投影、立体、视频、多媒体、其他媒体等。

2. 文献信息分类

文献是记录知识的一种载体。文献信息按内容形式和媒体类型标识分类可分为会议文献、学术论文、手稿、专著、报纸、古籍、专利文献、期刊、拓片、标准文献、技术报告等。

2.3　图书及其信息资源

在校园图书馆或书店，你将面对成千上万册图书。据最新统计，北京大学图书馆的纸质藏书量已超过800万册。截至2024年底，中国国家图书馆的馆藏总量已突破4 700万册(件)，藏品类型多样，包括但不限于纸质图书、报刊、古籍、缩微胶片、音像制品、电子图书等。美国国会图书馆的实体馆藏量，根据2023年7月的数据，已达到17 578万册件，其中印刷型文献有41 37万册件。我国在2023年出版的纸质图书数量，据估计约119亿册(张)，覆盖了大约20万种图书。用户已经习惯了利用图书馆提供的各种数字资源，如超星、万方、维普等数据库。在众多图书中进行检索时，首先需要对图书的基本信息有所了解。

2.3.1 图书基本知识

1. 概念

任何由出版社(商)出版的印刷品，若其页数超过49页(不包括封面和封底)，并具备以下特征，则该印刷品被定义为图书：拥有特定的书名和作者名，编配了国际标准书号，标有定价，并且获得了版权保护。

2. 构成要素

(1) 图书必须具备可传播的知识和信息。

(2) 需要有记录这些知识的文字和图像符号。

(3) 要有承载这些文字和图像符号的物理介质。

(4) 需具有图书的制作技术和工艺。

3. 特点

(1) 内容系统、全面、成熟且可靠。

(2) 出版周期较长，信息传递速度相对较慢。

4. 分类

(1) 根据学科领域，图书可分为社会科学类和自然科学类。

(2) 从语言种类来看，图书可分为中文图书和外文图书。

(3) 按照使用目的，图书又可分为普通图书和工具书。

(4) 就内容而言，图书可进一步细分为小说、儿童读物、非小说类作品、专业书籍、工具书、手册、书目、剧本、报告、日记、文集、摄影和绘画集。

(5) 就物理特征，图书又可划分为线装书、精装书、平装书、袋装书、电子书、有声读物、盲文书籍以及使用民族语言编写的书籍。

5. 国际标准书号

国际标准书号(international standard book number，ISBN)是专为识别图书及其他出版物而设计的国际通用编号系统。ISBN由13位数字构成，分为五个部分。

第一部分：前缀码，包括978或979。

第二部分：国家、语言或区域代码［如中国(不包括港澳台)的代码为7］。

第三部分：出版社代码，由各国或地区的ISBN分配机构授予出版社(如清华大学出版社的代码为302)。

第四部分：书序码，由出版社为每一种出版物指定。

第五部分：校验码，为单个数字，范围为0到9。

例如，ISBN 978-7-307-21792-8：张怀涛、岳修志、刘巧英、赵春辉著，《信息检索简编》(第2版)，武汉：武汉大学出版社，2020年。国际标准书号查询，请访问：https://isbnsearch.org/。

6. 在版编目

在版编目(cataloguing in publication，CIP)指在图书出版流程中，由一个集中的编目机构或某个图书馆的编目部门，依据出版机构提供的书稿清样执行的文献编目工作。编目数据通常会被印刷在即将出版的图书的特定位置(如书名页背面或版权页)，以便各图书馆及其他文献工作机构能够利用这些数据编制各种目录。

图书在版编目数据由四个部分构成。

第一部分：图书在版编目数据的标题。

第二部分：著录数据，涵盖书名与作者项、版本项、出版项等3项连续著录，以及丛书项、附注项、标准书号项。

第三部分：检索数据，包括书名检索点、作者检索点、主题词、分类号。

第四部分：其他注记。图书《信息检索简编》的CIP数据核字号查询结果如图2-1所示。

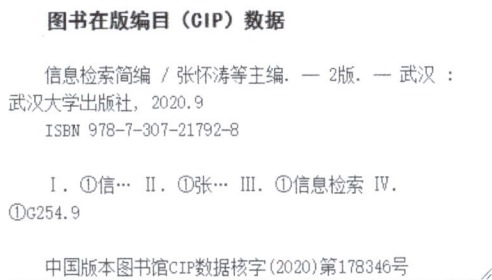

> **图书在版编目（CIP）数据**
>
> 信息检索简编 / 张怀涛等主编. — 2版. — 武汉 ：
> 武汉大学出版社，2020.9
> 　ISBN 978-7-307-21792-8
>
> 　Ⅰ. ①信… Ⅱ. ①张… Ⅲ. ①信息检索 Ⅳ.
> ①G254.9
>
> 中国版本图书馆CIP数据核字(2020)第178346号

图 2-1　图书《信息检索简编》的 CIP 数据核字号查询结果

7. 中国图书馆图书分类法

图书分类法，也称图书分类词表，是根据图书的内容、形式、体裁以及读者的使用需求，在特定哲学思想的指导下，运用知识分类原理，通过逻辑方法，将所有学科的图书依据其学科内容划分为若干主要类别。每个主要类别下进一步细分为多个子类别，每个子类别再细分为更小的子类别。最终，每一种图书都能归入特定的类别，并被赋予一个唯一的类号。《中国图书馆图书分类法》(简称《中图法》)，将图书分为5个大部类(马列主义毛泽东思想、哲学、社会科学、自然科学、综合性图书)以及22个基本大类(A 马列主义毛泽东思想；B 哲学宗教；C 社会科学总论；D 政治、法律；E 军事；F 经济；G 文化、科学、教育、体育；H 语言、文字；I 文学；J 艺术；K 历史、地理；N 自然科学总论；O 数理科学和化学；P 天文学、地球科学；Q 生物科学；R 医药、卫生；S 农业科学；T 工业技术；U 交通运输；V 航空、航天；X 环境科学、安全科学；Z 综合性图书)。

2.3.2 图书检索与资源示例

图书数据库可根据载体类型划分为纸质图书数据库和电子图书数据库两大类。纸质图书数据库也称为图书检索系统，通常由用户所属机构的图书馆提供，主要提供纸质图书的详细信息，包括馆藏位置、借阅状态等特定数据。电子图书数据库则多由相关企业向图书馆销售的数据库构成，主要提供电子图书的全文内容。此外，电子图书公司也运营独立网站，供公众用户访问和使用。比如，当当、京东、亚马逊等图书销售平台，不仅提供纸质图书，还提供电子图书，以满足大众的消费需求。

1. 纸质图书检索项

图书馆提供的纸质图书检索系统通常包括书名、作者、主题词、分类号、出版社、检索书号、图书条码、题名缩拼等检索项。此外，一些系统还提供附加功能，如书刊检索、新书通报、期刊导航、课程参考书、购书推荐、信息发布、学位论文、学科导航、个人图书馆服务以及各类排行榜(如借阅、检索、收藏、书评和查看排行榜)等。

商业图书馆的检索系统不仅涵盖基本检索项(如书名、作者/译者、关键词、出版社、ISBN等)，还提供额外的搜索条件(包括包装、分类、价格区间、折扣、出版时间、库存状态等)。

2. 电子图书检索项

电子图书检索项涵盖书名、作者、主题词、出版年份、分类、中图分类号以及搜索结果显示条数等。电子图书数据库的核心功能是提供全文检索服务。在浏览电子图书内容时，数据库还提供页码导航、放大、缩小、文字提取、打印、下载、多种阅读模式以及书内全文搜索等便捷功能。

对于商业企业用户而言，电子图书检索不限于常规检索项，还扩展至价格、文件大小等实用选项。在浏览图书基本信息时，除了常规内容之外，还可获取内容简介、作者简介、目录、媒体评论、精选书摘、插图展示以及商品评价等丰富信息。

3. 纸质图书检索系统示例

(1) 国内：包括国家图书馆、新华书店等在内的纸质图书检索系统。

(2) 国际：涵盖美国国会图书馆、哈佛大学图书馆、英国国家图书馆、亚马逊(美国)等纸质图书检索系统。

4. 电子图书检索系统示例

(1) 中文：超星、皮书、中国共产党思想理论资源数据库、畅想之星电子书、扫花书库、国学大师等电子图书检索系统。

(2) 外文：RSC英国皇家化学学会电子书、B-OK、PDF图书开放免费下载途径汇集等电子图书检索系统。

(3) 中外文：(由北京大学图书馆提供)中外文电子图书资源简介。

2.4　期刊及其信息资源

　　期刊最初起源于特定活动中用于宣传的小册子，这类出版物特别强调时效性。随着发展，期刊经历了装订并添加了封面。2023年，全国共出版了10 192种期刊，其中自然科学和技术类期刊数量最多，共计5 088种，占期刊总品种的49.92%。我国在高影响力期刊上发表的论文数量在全球名列前茅，特别是在高水平的国际期刊论文方面。为了进一步提高科技期刊的质量和国际影响力，我国政府和相关部门实施了一系列策略。例如，激励发表高质量论文，包括在具有国际影响力的国内科技期刊、公认的国际顶级或重要科技期刊上发表的论文，以及在国内外顶级学术会议上报告的论文。采取这些措施的目的是提升我国科技期刊的学术水平和国际竞争力。

2.4.1　期刊基础知识

1. 概念

　　期刊，也称杂志，是一种具有固定名称，并以卷、期或年、季、月为序号进行连续编号的出版物，它按照既定周期定期发行。在中国(不包含港澳台)，任何期刊出版活动都必须由依法成立的期刊出版单位来执行。这些单位若要出版期刊，必须获得新闻出版总署的批准，并持有国内统一连续出版物号，同时需领取期刊出版许可证。

2. 国际标准连续出版物号

　　国际标准连续出版物号(international standard serial number，ISSN)是一种国际通用的连续出版物识别代码，适用于各种连续出版发行的印刷品或非印刷品，包括期刊、报纸、年报以及各类学会会志、记事、会报、汇刊和丛刊等。ISSN由冠以ISSN字符的8位数字组成，前后4位数字之间用"—"隔开。

3. 国内统一刊号

　　国内统一刊号，即我国报刊的官方代号，是报刊管理部门依据特定规则编排的，旨在方便对报刊进行统计和管理的编号系统。该刊号以《世界各国和地区名称代码》(GB/T 2659　2000)中规定的中国国别代码"CN"作为识别标识。它由报刊登记号和分类号两部分构成，二者之间用"/"进行分隔，如大学图书馆学报，ISSN为1002—1027，CN为11—2952/G2。

4. 期刊分类

期刊按照内容可分为以下四个类别。

(1) 大众期刊。这类期刊注重知识的普及与趣味性，拥有广泛的读者群体，如《读者》、《青年文摘》、*National Geographic*以及*Scientific American*等。

(2) 学术期刊。这类期刊经过同行评审，如*Science Bulletin*、《中国社会科学》、*Nature*和*Science*，发表的文章通常专注于特定学科领域。它们展示了研究领域的最新成果，并具有公示功能。文章内容主要包括原创研究、综述文章和书评等。

(3) 行业期刊。这类期刊主要报道不同行业的最新产品、市场动态、经营管理的进展与趋势，如《汽车博览》《电子产品世界》《中国服饰》等。

(4) 检索期刊。例如《全国报刊索引》和*Chemical Abstracts Service*。

根据学术地位的不同，学术期刊可以分为科技核心期刊(统计源期刊)、中文核心期刊、中国社会科学引文索引(CSSCI)、中国科学引文数据库(CSCD)以及双核心期刊等类别。然而，目前存在更多的学术期刊评价机构，这些将在后续章节中详细阐述。

5. 期刊学术论文

学术论文是记录某一学术课题在实验性、理论性或预测性方面取得的新科学研究成果、创新见解和知识的科学文献。它也可以是对已知原理应用中取得的新进展的科学总结。这些论文只在学术会议上宣读、交流、讨论或在学术刊物上发表，甚至用于其他学术用途。学术论文的核心在于提供新的科技信息，其内容必须包含发现、发明、创造或进步，而不是简单地重复、模仿或抄袭前人的工作。

2.4.2 期刊检索与资源示例

1. 期刊及论文检索项

期刊和论文的检索项通常包括主题、篇名、关键词、作者、单位、刊名、ISSN、CN、期号、基金项目、摘要、全文、参考文献、中图分类号、数字对象唯一标识符(digital object unique identifier，DOI)、栏目信息等。

其中，DOI是一种用于识别数字资源的机制，涵盖的资源类型包括视频、报告、书籍等。它不仅提供了一种为资源命名的方案，还包含了一套将标识符解析为具体位置的协议。DOI的表现形式主要包括二维码、条形码、字符码、网络域名等。数字对象的唯一性是DOI的核心特性，它在数字时代扮演着"身份证"号码的角色。例如，岳修志在《大学图书馆学报》上发表的论文《基于公共项目视角的阅读推广活动绩效评价体系框架研究》的DOI标识为10.16603/j.issn1002-1027.2018.06.011。

2. 期刊资源数据库示例

(1) 学术期刊数据库包括中国知网学术期刊网络版、维普资讯中文期刊资源服务平台、超星期刊数据库、Elsevier SD数据库、Springer-Link外文期刊数据库、EBSCOhost外文全文数据库等。

(2) 大众期刊数据库涵盖爱读宝电子期刊数据库、博看网期刊数据库、龙源期刊网。

(3) 相关集成链接有中国国家图书馆期刊资源库、清华大学图书馆电子期刊导航系统。

(4) 开放存取资源期刊数据库包含中国科技论文在线、中国预印本服务系统、GoOA 开放获取论文一站式发现平台、Scientific Research Publishing、DOAJ(Directory of Open Access Journals)、Spischolar学术资源在线、Worldlib-Sci 精品学术论文。

开放存取提供了一种与传统订阅模式不同的选择。它借助先进的数字技术和网络通信，使公众可以实时、免费且无限制地访问网络上的各种文献资源，包括同行评议的期刊文章、参考文献、技术报告、学位论文等全文内容，以支持科研、教育和其他领域的活动。开放存取是一种创新的学术信息交流方式，作者分享作品不是为了直接的经济利益，而是为了让公众能够在公共网络上自由使用这些知识成果。

【思考题 2-10】

你阅读过哪些期刊？你是否了解图书馆中专业或普通期刊阅览室的具体位置？你是否曾经利用过这些阅览室？你在网络上浏览过哪些期刊？专业期刊又有哪些作用？

解析

2.5　学位论文及其信息资源

2023年，全国共有高等学校3 074所，各种形式的高等教育在学总规模4 763.19万人。2024年，全国研究生在学总规模人数为409.5万人。我国高等教育人才培养体系，以新工科、新医科、新农科、新文科为代表，正在全面进行创新。申请学位的人员必须严格遵守学术道德和规范，在指导教师的指导下独立完成学位论文。本科毕业论文着重评估学生的基础学术规范和素养，涵盖选题的重要性、写作的组织、逻辑结构、专业技能以及学术规范等。而博士(硕士)学位论文则着重评估研究生的创新能力和科研实力。

2.5.1　学位论文基础知识

1. 概念

学位论文是指为了获得相应学位，申请者按照要求撰写的学术论文。依据《中华人民共和国学位法》的规定，学位分为学士、硕士和博士三个等级，相应的学位论文也分为学士论文、硕士论文、博士论文。

2. 论文结构

论文包括封面、目录、摘要、前言、正文、结论、致谢、参考文献、毕业设计小结、附录、封底。

3. 检索项

常用检索字段包括主题、题名、关键词、第一作者、作者单位、作者、摘要、DOI、学位-专业、学位、学位授予单位、导师、学位-学位。后4位是学位论文专用检索项。

2.5.2 学位论文数据库示例

1. 中国学位论文查询系统示例

中国学位论文查询系统有中国知网的中国优秀硕博士论文数据库、万方数据知识服务平台的中国学位论文全文数据库、HKMO(港澳)优秀博硕论文全文数据库、台湾学术文献数据库中的学位论文数据库。

2. 国外学位论文查询系统示例

国外学位论文查询系统有PQDT Global(国外博硕士论文全文数据库)和ProQuest博硕士论文文摘索引数据库。其中，ProQuest是美国国会图书馆指定的收藏全美国硕士、博士论文的机构，收录自1743年起至今，全球超过3 000所高校、科研机构的逾448万篇硕士、博士论文信息。其中，硕士、博士学位论文全文文献超过218万篇，内容涵盖了从1861年获得通过的全世界第一篇博士论文(美国)到18世纪欧洲培养单位的博士论文。

【思考题 2-11】

请问本科毕业论文、硕士毕业论文、博士毕业论文在格式上存在哪些差异？

解析

2.6 报纸及其信息资源

国家新闻出版署《2023年新闻出版统计公报》显示：2023年，全国出版报纸1 669种，较2022年减少2.3%；总印数261.0 亿份，减少3.7%，降幅收窄0.6个百分点。随着互联网和移动客户端的迅猛发展，传统报纸行业正面临严峻的挑战和压力，迫切需要进行转型。

拓展阅读2-1

北京大学图书馆
提供的各类报纸
数据库资源

2.6.1 报纸基础知识

报纸，也称报章或新闻纸，是一种采用轻质、低成本纸张印刷的出版物，读者阅读后可随意处理。报纸通常包含各类主题的新闻、资讯、评论、专栏等内容，并且经常附带商业广告。它们通常每日发行(日报)或每周发行(周报)。

2.6.2　报纸数据库资源示例

报纸数据库通常指的是收集并整合了多种报纸信息的可检索数据库。目前，报纸出版机构已经构建并开放了多种检索渠道，以便用户能够访问历年来的报纸数据库。其中，全国报刊索引是一个广为人知的报纸数据库示例。

【思考题 2-12】

你是否习惯阅读报纸？通常你会选择纸质版还是电子版？在你的手机上，有哪些报纸类的微信公众号或应用程序是你关注的？

解析

2.7　会议文献及其信息资源

国际大会与会议协会(ICCA)发布2024年国家与城市排名。报告显示：2024年中国大陆(不包含港澳台)排名第11，较2023年有所提升，共举行249场协会会议。在2024年我国(不包含港澳台)城市举办的国际会议数量排名中，上海、北京和杭州位列前三名。

2.7.1　会议文献基础知识

1. 概念

会议文献涵盖了在学术会议上宣读、交流的论文、报告以及其他相关资料。这类文献的特点在于其信息传递的时效性较强，内容新颖且具有较强的专业性和针对性，种类繁多，并且出版形式多样。

2. 出版形式

会议文献的出版形式并非一成不变，它们可能被收录在学会或协会的期刊中，以专号、特辑或增刊的形式呈现；或者发表在专门用于刊载会议记录或会议论文摘要的期刊上。

3. 检索项

常用的检索项包括主题、篇名、关键词、摘要、全文、论文集名称、参考文献以及中图分类号等。

【思考题 2-13】

你是否曾经听说过或参与过学术型会议？参加学术会议是否仅限于听取报告或专家讲座？

解析

2.7.2　会议文献数据库资源

为了更有效地利用会议文献资源，多个国家开发了多种会议文献检索工具，并建立了相应的数据库。

1. 中国知网的会议文献数据库

中国知网会议，主要收录自 1999 年起，由中国科学技术协会系统及国家级以上学会、协会，高等院校、科研院所，以及政府机构主办的重要会议中发表的文献。在这些文献中，国际会议的文献占比超过 20%，全国性会议的文献则占总量的 70% 以上，部分核心会议的文献甚至可追溯至 1953 年。中国知网的中国学术会议网汇集了众多会议的相关信息。

2. 中国学术会议文献数据库

中国学术会议文献数据库涵盖了中文会议论文和外文会议论文。中文会议论文的收录始于 1982 年，每年覆盖超过 3 000 个重要的学术会议，并新增约 20 万篇全文，数据每月进行更新。至于外文会议论文，则主要源自国家科技图书文献中心(NSTL)外文文献数据库，收录了自 1985 年以来由世界主要学术协会和出版机构出版的学术会议论文，总计达到 766 万篇全文。

3.《科技会议录索引》

《科技会议录索引》(*Index to Scientific & Technical Proceedings*，ISTP)自 1978 年问世以来，一直由美国科学情报研究所负责编辑和出版。该索引广泛收录了包括生命科学、物理与化学科学、农业、生物和环境科学、工程技术和应用科学等多个学科领域的会议文献。这些文献涵盖了从一般性会议、座谈会、研究会、讨论会到发表会等多种形式的会议。在这些文献中，工程技术与应用科学类的文献占比约为 35%，而其他学科的覆盖范围则与科学引文索引(SCI)大致相同。

拓展阅读2-2

中国科技大学图书馆提供的会议文献数据库

2.8　科技报告及其信息资源

中国科学技术信息研究所建有国家科技报告服务系统，向社会公众无偿提供科技报告摘要浏览服务，向专业人员提供在线全文浏览服务，向各级科研管理人员提供统计分析服务。目前提供的报告超 26 万篇，涉及科学技术部、国家自然科学基金委员会、交通运输部、地方科技报告等。

2.8.1　科技报告基础知识

1. 概念

科技报告旨在详述科学研究的流程、进展以及成果，或记录科研过程中出现的问题。与期刊论文、会议论文等科技论文形式不同，科技报告在发布前通常不会经历独立的同行评审过程，即便存在评审环节，也多为机构内部的审查。因此，科技报告通常没有专门的正式发表渠道，往往是内部发布或以非正式的方式公开。

2. 主要内容

科技报告的主要内容涵盖项目概述、所引标准、设计理念(实用性、创新性、可扩展性)、研究目标与关键技术指标、相关鉴定报告、质量检验报告以及专利状况和项目研究总结。

3. 检索项

常用的检索项包括标题、关键词、索取号、摘要、作者、作者单位以及出版地。

2.8.2　科技报告示例

我国的科技报告涵盖了多个国家级科研项目，包括国家高技术研究发展计划(863计划)、国家重点基础研究发展计划(973计划)、国家科技支撑计划、国家科技重大专项、国家重大科学研究计划、国家国际科技合作专项、国家重大科学仪器设备开发专项、国家科学技术奖励项目以及国家重点研发计划等。

拓展阅读2-3

相关的中国科技计划

2.8.3　科技报告检索资源

科技报告检索资源包括中国知网科技报告(部分包含全文)、国家科技报告服务系统、国家科技管理信息系统公共服务平台、国家技术报告图书馆(*National Technical Reports Library*，NTRL)。

【思考题 2-14】

科技报告与图书、期刊论文、会议论文在内容和格式上存在哪些差异？科技报告的主要用途是什么？

解析

2.9　其他类型信息资源

其他类型信息资源除年鉴、地方志、民国文献、家谱、视频资料、老照片、非物质文化遗产、少数民族资源、少儿资源、年画、科普科教、历史文化等信息资源外，还包括手稿数据库和古籍数据库。本节将简要介绍手稿数据库和古籍数据库。读者可根据自己的学习或研究需求，进一步探索更多相关信息。

2.9.1　手稿数据库

1. 手稿的概念

作者在纸张、布料或竹简上书写的原稿被称为手稿。手稿的范畴广泛，种类繁多，包括钞本、稿本、笔记、注释、日记、书信、手抄乐谱、手绘地图等。学术界通常也将手工打字机打印的文稿归为手稿。

国家图书馆和上海图书馆各自设立了手稿特藏室。国家图书馆的馆藏珍品特藏包括敦煌遗书、名家手稿等共计280余万册件。

2. 手稿数据库示例

手稿数据库包括19世纪作品在线(Nineteenth Century Collections Online，NCCO)、敦煌文献数字图书馆、纳西手稿集数字化平台以及数字化牛顿手稿等。

2.9.2 古籍数据库

1. 古籍的概念

古籍通常指的是辛亥革命(1911年)之前各个朝代的写本、刻本、稿本、拓本等。此外，辛亥革命之后影印或排印的线装书籍，如《四部丛刊》和《四部备要》也被归为古籍。目前，存世的古籍大约有10万余种，其中大部分古籍为线装形式，但也有相当数量的卷轴装、经折装、蝴蝶装、包背装等不同装帧形式。

2. 古籍数据库示例

中国国家图书馆的古籍资源库汇集了丰富的历史文献，涵盖了多个专题领域，包括中华古籍资源库、中华医药典籍资源库(测试版)、甲骨世界、碑帖菁华、敦煌遗珍、西夏碎金、数字方志、年画撷英、民国图书、民国期刊、民国法律、前尘旧影、宋人文集、中华古籍善本国际联合书目系统、东京大学东洋文化研究所汉籍全文影像数据库、哈佛大学哈佛燕京图书馆善本特藏资源、徽州善本家谱、古代典籍、四部丛刊、全宋诗分析系统、全唐诗分析系统、二十五史研习系统、国学宝典、四部丛刊增补版、中国基本古籍、宝卷新集、中国经典库(道藏篇)、敦煌文献库、二十五史考补、明清实录、中国方志库、全四库、历代石刻史料汇编、中国类书库、中国谱牒库等。

拓展阅读2-4

图书、期刊等相关信息资源网络连接

本章小结

本章首先阐述了信息、信息资源以及信息检索等核心概念，并探讨了它们之间的相互联系，特别是信息转化为信息资源的过程。接着，本章深入介绍了信息资源的分类，特别聚焦学术型信息资源。信息资源主要以数据库形式存在，这些数据库提供了多种检索项，这些检索项既包括通用的也包括特定领域的，这取决于信息资源数据库的特性。读者需要对不同信息资源的文档格式和内容有所了解，并掌握它们的独特属性。

思考与练习

1. 请分析信息、知识、情报的关系与异同。你在生活和学习中是否有将信息转换为知识、情报的经历？试谈谈三者转换的过程。

2. 选择一则你感兴趣的新闻报道，分析其中包含的本体论信息和认识论信息。例如，新闻报道了一次自然灾害，本体论信息可能是自然灾害本身的发生、发展过程及其影响，而认识论信息则包括人们对灾害原因的分析、对受灾情况的评估以及对救援工作的认识等。(目的：通过分析新闻报道中不同层次的信息，帮助学生理解信息的复杂性和多样性，培养学生批判性思维和深入分析问题的能力。)

3. 请自行查找下列名词的概念，了解这些概念的特点，并说明查找的相关资料来源，评价这些获得的信息及其来源的权威性。名词如下：会议文献、学术论文、手稿、专著、报纸、古籍、专利文献、期刊、拓片、标准文献、技术报告。

4. 假设你是一名图书馆管理员，需要对图书馆的图书进行分类管理。请根据《中国图书馆图书分类法》的规定，为以下几本书选择合适的分类号，并说明分类依据：《知识产权总论》《人工智能原理与应用》《红楼梦》《世界历史》。(目的：通过实际的图书分类练习，让学生了解信息资源管理的基本方法和原则，提高学生的信息组织和管理能力，为学生将来从事相关工作打下基础。)

5. 选择一个你熟悉的领域，如计算机科学、经济学等，运用线分类法、面分类法和综合分类法对该领域内的信息进行分类。例如，在计算机科学领域，可以将信息按照编程语言、应用领域、技术类型等维度进行分类。(目的：通过将理论应用于实践，加深学生对不同信息分类方法的理解和掌握，培养学生分类思维和系统化思考问题的能力。)

6. 选取一本你最近阅读的图书，分析其基本信息(如书名、作者、出版社、出版时间等)、内容特点、适用读者群体以及在学术研究或个人成长中的价值和作用。(目的：通过分析图书信息，引导学生深入思考图书的价值和意义，培养他们的分析能力和批判性思维，同时激发他们的阅读兴趣和学习动力。)

7. 为你所在专业的新生推荐几本必读图书，并撰写一份图书推荐。在图书推荐中，要简要介绍每本书的主要内容、特点以及推荐理由，并给出你对该书的评价和阅读心得。(目的：通过图书推荐和评价，锻炼学生的表达能力和沟通能力，同时促进学生之间的学术交流和资源共享，营造良好的学习氛围。)

8. 阅读一篇发表在学术期刊上的论文，分析其研究方法、实验设计、数据分析以及结论的科学性和合理性。例如，选择一篇关于"气候变化对农业生产影响"的论文，分析其采用的气候模型、数据来源、统计方法等。(目的：通过阅读和分析期刊论文，提高学生的学术阅读能力和科研思维能力，培养他们严谨的科研态度和批判性思维。)

9. 模拟向学术期刊投稿的过程。首先，选择一个你感兴趣的研究课题，撰写一篇简短的学术论文，并按照期刊投稿要求进行格式排版、参考文献标注等。然后，模拟期刊编辑的身份，对你的论文进行审稿，提出修改意见和建议。(目的：通过模拟期刊投稿和审稿过程，让学生了解学术期刊的运作机制和学术论文的写作规范，提高他们的学术写作能力和科研实践能力。)

10. 选取一份报纸，阅读其中的新闻报道、评论文章等，筛选出与你专业相关的或你感兴趣的信息，并对其进行分析和总结。例如，从经济类报纸中筛选出关于"数字经济产业发展"的报道，分析其发展趋势、政策支持以及面临的挑战等。(目的：通过报纸信息的筛选和分析，培养学生的快速阅读能力和信息筛选能力，提高他们对社会热点问题的敏感性和分析能力。)

11. 阅读一份科技报告，分析其研究背景、研究内容、研究方法、实验结果以及结论的科学性和实用性。例如，选择一份关于"新能源汽车电池技术"的科技报告，评价其对新能源汽车产业发展的影响和意义。(目的：通过阅读和评价科技报告，提高学生的科技文献阅读能力和评价能力，培养他们的科技思维和创新意识，加深他们对科技前沿动态和产业发展趋势的了解。)

12. 选取一份手稿或一部古籍进行研究和分析。可以从手稿或古籍的作者、创作背景、内容特点、历史价值以及对现代社会的影响等方面入手，撰写一篇研究论文或报告。(目的：通过对手稿或古籍的研究，提高学生的文献研究能力和历史思维能力，培养他们的文化传承意识和创新精神，让他们挖掘和利用传统文化资源，为现代社会发展提供历史借鉴和文化支撑。)

13. 请尝试找出所在学校图书馆馆藏和电子数据库中本专业的相关资源以及网络资源中本专业可以利用的资源。其中，本专业中文纸质图书5本、外文纸质图书5本、中文电子图书全文5本、外文电子图书全文5本，共计20本。要求如下。

(1) 纸质图书应列出纸质书籍的基本信息、馆藏地点。

(2) 电子图书应下载电子图书全文到本地硬盘后，列出书目信息。

(3) 写出搜索过程和心得体会。

14. 请分析比较图书、期刊论文、学位论文、报纸、科技报告等文献的特点。

15. 在内容生成式人工智能(artificial intelligence generated content，AIGC)日益普及的时代，它能够自动获取和分析各种信息，我们是否仍需了解信息的种类及其特性？

16. 信息资源综合应用题：结合你所学的专业知识和技能，设计一个信息资源综合应用项目。例如，可以设计一个基于大数据分析的市场调研项目，利用图书、期刊、报纸、会议文献等多种信息资源，对某一行业的市场现状、发展趋势以及消费者需求等进行深入分析和研究。(目的：通过信息资源的综合应用，锻炼学生的创新思维和实践能力，提高他们解决实际问题的能力，培养学生跨学科的综合素质和团队合作精神，为其将来在各行业领域的就业和创业奠定坚实基础。)

第**3**章

原理：信息检索效果与技术

信息检索效果评价指标对衡量计算机系统性能和提升检索质量至关重要。党的二十大报告强调创新驱动发展，信息检索作为关键手段，其效果提升可为创新提供更丰富、准确的信息支持。例如，在科技创新领域，高效信息检索有助于快速掌握研究前沿，提高科研效率和创新能力。此外，信息检索效果提升也是数字中国建设的重要部分，有助于促进信息资源的共享和利用，推动经济社会数字化转型。对于初级研究者来说，信息检索的核心挑战在于提升检索的全面性和准确性，而这要求信息需求或问题明确。仅从文献类型来看，高效且高质量地获取图书和论文信息是科研工作的基础和核心。由于图书和论文的数字化格式不同，检索过程中侧重点也有所不同。此外，在某些科研领域，特种文献的检索同样重要。

【场景】目前，你面临一个明确的任务：撰写一篇与特定课程或专业相关的结课论文或报告。在构思论文或报告标题的同时，你需要确定一些检索关键词，以便在不同类型的数据库中搜索并获取相关文献。然而，你是否确定这些关键词的有效性和充分性？是否准备好开始这段可能既漫长又烦琐的信息检索之旅？当你输入关键词后，面对成千上万的文献信息，你是否认为已经足够？这些文献是否真正满足你的需求？如果答案是肯定的，你是否需要逐一阅读这些文献信息？是否检索到的文献越多，就意味着你的信息需求得到了更好的满足？面对内容相似的文献信息，你如何判断哪些值得深入研究，哪些可以忽略？因此，在检索之前，让我们先了解一些信息检索的技巧和注意事项。

▍**思维导图**

3.1 信息检索效果评价指标

个人信息世界的内容要素涵盖各类信息源、信息以及信息资产。对于个人来说，信息源可细分为物理上可及的信息源、可获取的信息源、基础信息源以及信息资产或资产化的信息。这四类信息源与个体的使用频率和习惯紧密相关。以互联网为例，其上的大部分信息对每个人都是开放的。网络上流行的一句话是："你朋友圈的平均水平，就是你的水平。"那么，是什么造成了个人信息世界的差异呢？个人信息世界的边界由三个维度构成：空间、时间和智识。频繁利用信息的空间、时间和智识决定了每个人利用信息的独特方式，同时个体是否具有利用信息的动力决定了信息世界是否能够发生变化。本节假设个人信息世界因素保持不变，探讨如何提升信息检索的查全率和查准率。

信息检索效果是指信息检索系统在信息检索方面的效能。它不仅体现了信息检索系统的能力，还涉及执行检索任务的人员能否充分利用系统达到最佳的检索效果和效益。信息检索效果的评估涉及六个关键指标：收录范围、(系统)响应时间、查全率(recall ratio)、查准率(precision ratio)、用户(检索)负担(成本)和输出形式。在这些指标中，查全率和查准率是两个核心的衡量标准。

3.1.1 收录范围

在传统的检索效果评估标准中，数据库的收录范围被视为衡量查准率的一个辅助性指标，旨在反映数据库的覆盖广度。其计算方式为系统在特定时间内收录的文献总数除以同期相关领域实际存在的文献总量。

3.1.2 (系统)响应时间

计算机响应用户输入或请求所需的时间被称为(系统)响应时间。计算机(系统)响应时间必须考虑用户数量：随着用户数量的增加，响应时间必须相应加快，以确保每位用户都能获得可接受的响应速度。者你试试在W

3.1.3 查全率

1. 查全率的概念

查全率是指检索出的相关文献数量与检索系统中实际存在的相关文献总量之间的比例，它是评估信息检索系统检索相关文献能力的一个重要指标。其计算公式为

$$查全率 = \frac{检索出的相关文献总量}{系统中的相关文献总量} \times 100\% \tag{3-1}$$

举个例子，若使用某个检索系统查询特定课题，假设系统数据库内共有相关文献40篇，但仅检索出30篇，则该检索系统的查全率为75%。

2. 查全率的影响因素

(1) 信息存储(系统)方面：数据库(检索系统)收录的文献信息存在遗漏；索引词汇缺乏规范管理和专业针对性；词表结构存在缺陷；词间关系表述模糊或错误；文献标引不够详尽；标引过程前后不一致；标引人员有时忽略了原文中的关键概念或使用了不恰当的术语。

(2) 信息检索人员方面：检索策略设计过于基础；选词和逻辑组合操作不当；检索途径和方法选择有限；业务技能不精熟且耐心不足；检索系统缺少截词功能和反馈机制，导致检索时无法全面准确地表达检索需求。

3. 查全率的局限性

查全率的局限性主要体现在两个方面。

(1) 查全率衡量的是检索出的相关信息量与检索系统中存储的全部相关信息量的比例。然而，系统中实际存储的相关信息总量通常是未知的，只能进行估算。

(2) 查全率在一定程度上带有"假设性"的局限，这种假设是基于检索出的相关信息对用户具有相同的价值，而现实情况往往并非如此。对于用户而言，信息的相关性在某种程度上比其数量更为重要。

4. 提高查全率的方法

以下方法可能涉及后续知识，建议先行了解。

(1) 扩展检索课题的目标范围。

(2) 利用更广泛的数据库资源。例如，通过中国知网的跨库检索功能，实现对不同类型文献的一站式检索。

(3) 逐步拓展检索途径的广度。依次选择题名、关键词、文摘、主题、任意字段(全文)检索，这通常能逐步提升检索的全面性。使用分类号检索也可获取更多相关信息。

(4) 取消或放宽检索条件的限制。例如，减少对信息类型、语种、地理范围、时间范围等检索条件的限制。

(5) 降低检索词的精确度。可从词表或已检出的文献中挑选一些泛化词或相关词来扩充检索词。

(6) 对外文单词采用截词检索技术，可采用前截断、后截断、前后截断等方法。在中文数据库中，使用更简短的检索词也是可以的。例如，在中国知网的中文期刊数据库中检索关于国内英语等级考试的文章，在题名字段输入"英语""级"和"考试"，并用逻辑运算符"并且"连接。检索结果将包含"等级""四级""五级""六级"和"A级"等词汇。

(7) 逐步扩展算符的检索范围，以提高查全率。算符的顺序依次为位置算符(w→nw→near)→逻辑算符(and→or)。

【思考题 3-1】

提升相关文献的检索量，是否意味着查全率也随之提高？能否通过获取更多相关信息，有效地补充先前的信息？或者说，检索到100篇符合要求的文献，其有效信息量就真的是50篇文献的2倍吗？

解析

3.1.4 查准率

1. 查准率的概念

查准率是评估检索系统性能的一个关键指标，它反映了检索结果中相关文献与总文献的比例。具体而言，查准率是指检索出的相关文献数量占检索出的总文献数量的百分比。其计算公式为

$$查准率 = \frac{检索出的相关文献量}{检索出的文献总量} \times 100\% \tag{3-2}$$

例如，检索出的文献总数为50篇，经过审查后确认其中40篇与研究课题相关，而另外10篇与课题不相关，则此次检索的查准率为80%。

【思考题 3-2】

请计算图3-1中的查全率和查准率。

解析

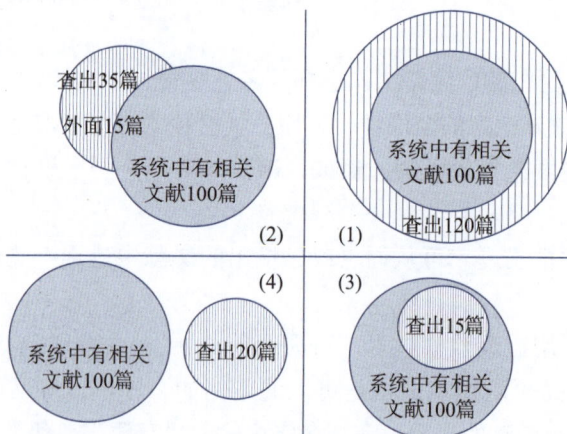

图 3-1　查全率和查准率示意图

2. 影响查准率的因素

影响查准率的因素包括：索引词无法精确反映文献主题和检索需求；组配规则缺乏严谨性；选词及词间关系设置不恰当；标引过于烦琐；组配出现错误；检索时使用的检索词

(或检索式)专指性不足，导致检索范围超出需求；检索系统缺少逻辑"非"功能和反馈机制；检索式中允许的词汇数量有限制；截词位置选择不当；检索式中逻辑"或"的使用不恰当等问题。实际上，影响检索效果的因素极为复杂。

3. 查准率与查全率的关系

国外专家进行的实验显示，查全率与查准率之间存在反比关系。检索的准确性主要依赖检索语言的精度以及检索策略是否能够精确地反映用户的真实信息需求。如果检索策略设定得过于宽泛，涉及的检索词数量较少，且主题词的含义比用户的信息需求更为宽泛，那么检索的准确性会下降，而检索的全面性则会提高。这是因为两者通常呈现一种相反的关系。

检索准确性反映了检索系统在操作过程中排除不相关文献、挑选出相关文献的能力，同时间接衡量了用户从检索结果中进一步筛选出所需文献所需的时间。为了提高检索的全面性，通常需要逐步放宽检索范围和限制，这可能导致许多不相关文献被纳入，从而影响检索准确性。同时，提升检索的全面性和准确性是具有挑战性的，过分强调其中一方面而忽视另一方面都是不恰当的。应当根据具体研究课题的需求，合理平衡检索的全面性和准确性，以确保检索结果的有效性。

4. 提高查准率的具体方法

在确定了检索系统和数据库的范围后，若要提升文献检索的精确度，应选择更为狭窄的主题词范围，并提高其专指性。同时，逻辑算符的选择应倾向于具有缩小检索范围意义的逻辑与。

(1) 筛选主要概念和基本概念。为了提高检索精确性，应当从多个主题概念中筛选出主要概念和基本概念，同时剔除重复概念以及与研究课题不直接相关的概念。

(2) 提升主题词的专指性。为了提高文献检索的精确度，选择主题词时应尽量避免使用外延过于宽泛的上位词，而应选用或替换为专指性更强的主题词和下位词。

(3) 采用规范的专业术语进行检索。许多全文数据库支持关键词(自由词)检索。由于关键词未经过词形和词义的控制，检索语言中存在大量的同义词、近义词、多义词、同形异义词以及含义模糊的词汇，这通常会降低检索的准确性。因此，为了提高检索的精确度，应优先选择规范的专业术语作为主题词。

(4) 运用逻辑与进行组配。在文献检索过程中，单个主题词的计算机检索相对简单，而两个或更多主题词的检索则需要根据检索课题的要求对主题词进行组配。逻辑与组配有助于缩小检索范围。因此为了提高检索的精确度，可以使用"and"连接一些能够进一步限定主题概念的相关检索项。

【思考题 3-3】

假设你负责一个信息检索系统，在查全率与查准率之间，你会选择优化哪一个呢？

解析

3.1.5　用户(检索)负担(成本)

信息检索成本，也称信息搜索成本，涵盖了为获取所需信息(如某物品的市场最低价)所付出的全部费用、时间、精力以及承担的各种风险。随着人类文明的发展，信息检寻成本显著下降。首先，科技的进步推动了知识存储介质和传播媒介的革新。例如，电子传播和网络传播时代的到来，使得信息与物理实体分离，彻底突破了地理限制。其次，人类社会组织方式的演变促进了信息在不同领域的优化分布，如在企业、学校、图书馆和沙龙等场所。

在信息论领域，信号检测理论被用来阐释人类处理信息的多种行为。人们对于信息的响应可以归纳为四种类型：命中、正确拒绝、误报和漏报。命中指成功定位目标信息，正确拒绝是指有效地过滤掉信息干扰，误报是将干扰误认为目标信息，漏报则是将目标信息误判为干扰。有效的信息搜索是命中与正确拒绝的结合，即成功地找到目标信息并排除干扰。其成本公式可表示为

$$信息搜索成本 = 获取目标信息的成本 + 排除信息干扰的成本 \tag{3-3}$$

在不同的历史阶段，这两种成本的相对重要性有所差异。在信息稀缺、流通不畅的时期，获取目标信息的成本通常远高于排除干扰的成本。相反，在信息泛滥、流通畅通无阻的时代，排除干扰的成本往往超过获取目标信息的成本。

3.1.6　输出形式

系统检索出的情报通常以文献号、题录、文摘或全文等形式呈现。输出形式是网络信息检索性能评估的关键指标之一。检索工具应具备灵活定义检索结果输出形式的能力。利用网络环境的优势，如果检索工具能提供标题、简介、URL、文件格式、语言、文摘等多种选项，并以超链接形式供用户选择，这将有助于提升系统检索的准确度。输出信息量越大且易于浏览，用户进行相关性评估就越便捷。

【思考题 3-4】

当代大学生在使用各种信息系统时，是否考虑信息系统的收录范围、响应时间、检索成本和输出形式？你更倾向于关注系统的哪些特性呢？

3.2　信息检索基本技术

检索过程实质上是将用户的查询请求与数据库中的检索标识进行比较，以决定是否接受的过程。当两者匹配时，即视为命中。命中结果可以进一步与新的查询条件进行比较和匹配。通常，一个检索任务需要经过多次调整和匹配，直到最终检索出的文献满足用户需求。在这一过程中，主要运用以下几种基本的检索技术。

3.2.1　布尔逻辑检索

运用布尔逻辑运算符进行检索词的逻辑组合，是一种普遍采用的检索技术。常见的逻辑运算符包括三种：and(逻辑与)、or(逻辑或)、not(逻辑非)。它们的优先级顺序是not、and、or。如果检索式中包含括号，则优先计算括号内的表达式。布尔逻辑运算见表3-1。

表3-1　布尔逻辑运算

名称	符号	表达式	功能
逻辑与	* 或and	A*B	同时含有提问词A和B的文献，为命中文献
逻辑或	+ 或or	A+B	凡是含有提问词A或B的文献，为命中文献
逻辑非	− 或not	A−B	凡是含有提问词A但不含有B的文献，为命中文献

布尔逻辑检索三者的关系如图3-2所示。

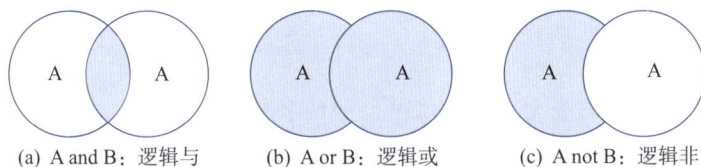

(a) A and B：逻辑与　　(b) A or B：逻辑或　　(c) A not B：逻辑非

图 3-2　布尔逻辑检索三者的关系

3.2.2　初级检索

初级检索是一种基础的搜索方式，通过选择检索项(如主题、题名、关键词、摘要等)，输入相应的检索词，然后点击检索按钮，系统将在所选的检索项中执行搜索。任何一项与检索条件相匹配的记录都将被视为命中结果。

详细的操作流程：选择检索项—输入检索词—设定词频—选择是否扩展—确定起止年份—选择更新时间—设定检索范围—选择匹配方式—进行排序—设置每页显示的条目数。

3.2.3　高级检索

高级检索相较于初级检索更为复杂，却也支持简易的检索操作。其独特功能包括多项双词逻辑组合检索以及双词频控制。

所谓多项，意味着用户可以选择多个检索项；双词是指在一个检索项内可以输入两个检索词(分别在两个输入框中输入)，并且这两个检索词之间可以实现五种不同的组合方式(并且、或者、不包含、同句、同段)。此外，每个检索项中的两个检索词还可以独立地应用词频、最近词、扩展词等功能；逻辑方面，检索项之间可以利用逻辑与、逻辑或、逻辑非等操作进行组合。

通过高级检索系统，用户能够迅速且高效地执行组合查询，其显著优势在于查询结果的冗余度低，命中率高。对于那些对命中率有较高要求的查询，推荐使用高级检索方式。

3.2.4 引文检索

引文部分涵盖了引证文献和参考文献的链接。参考文献指链接到当前文章的引用文献，引证文献指链接到引用了当前文章的其他文献。

引文链接功能不仅有助于构建一个相关的知识网络，而且可以用于个人、机构、论文、期刊等的计量与评价。例如，通过"引证文献链接"可以逐篇统计某位作者的期刊论文被引用的情况。

上述检索技术将在后续章节中介绍，并在实际的数据库检索操作中穿插讲解。

为了提高检索的查准率，可以使用"and"操作符连接一些能够进一步限定主题概念的相关检索项。

【思考题 3-5】

请思考布尔逻辑运算与查全率、查准率之间的联系。

解析

3.3 信息检索过程

在信息检索的过程中，熟悉各种信息源是基础，是不可忽视的关键环节。检索不仅是一种方法论、一门科学，更是一门需要综合运用知识和技巧的艺术。在信息检索的过程中，你可能会发现自己的研究课题存在问题，需要对课题进行否定，或者需要调整研究方向。深入思考信息检索的全过程，你可能会学到新知识并发现新的研究方向。

3.3.1 规划课题

分析问题和研究主题可以由导师提供，研究者自行提出，或参考相关项目成果确定，关键在于确保课题具有研究价值，用词专业且科学，避免歧义，并且目标清晰、明确。

例如，某课题组专注于研究AI技术促进的阅读推广活动的评价指标，旨在进行科学性和可操作性的研究。基于前期研究成果，初步设定的研究主题为：基于AI技术的阅读推广活动绩效评价指标的自适应性优化研究。

3.3.2 制定关键词

针对课题的标题和研究主题，制定相应的关键词。这些关键词可以是直接从课题和相关资料中提取的，抑或是基于研究内容深入挖掘出的，但它们必须具备专业性和独特性。通常建议选取3~5个主要关键词，关键词过多会使检索过程变得烦琐，而关键词过少则可能导致检索结果过于泛滥。

在确定关键词时，需留意同义词、上位词、下位词的区分。对于英文关键词，需注意单词的变体形式、单复数等语法变化，以及名词、动词、形容词、过去式等不同词性和语法结构，同时要考虑词组的固定搭配。

例如，基于初步研究成果，针对阅读推广活动评价指标的自适应性和科学性研究，主要关键词包括人工智能、阅读推广、评价指标、自适应优化。

(1) 通过查询相关数据库，与"人工智能"相关的中文术语包括机器人、人工智能技术、计算机视觉、决策系统、大数据、人工智能时代、问题求解、神经网络、深度学习、智能机器人、专家系统、物联网、机器学习、人工智能领域、人工智能产业、人工神经网络、知识库、云计算、知识工程、人工智能应用、故障诊断、传感器、智能制造、模式分类、数据挖掘、数据库、工业机器人、图像处理、搜索技术、工业互联网、区块链、计算机、学习者、遗传算法、电气自动化控制、模式识别、大数据时代、人工智能系统、数字化转型等。

(2) 与阅读推广相关的中文词汇包括图书馆、阅读推广活动、高校图书馆、公共图书馆、图书馆阅读、全民阅读、全民阅读推广、阅读推广策略、儿童阅读推广、阅读推广模式、经典阅读、数字阅读、少儿阅读推广、新媒体、全民阅读活动、阅读服务、高职院校图书馆、数字阅读推广、儿童阅读、图书馆服务、大学生阅读、微信公众平台、少儿阅读、推广研究、策略研究、阅读活动、实践与思考、少儿图书馆、阅读推广人、高职院校、图书馆员、阅读现状、推广服务、新媒体时代、高校阅读推广、中国图书馆学会、阅读推广委员会、大学图书馆、新媒体环境下等。

(3) 与评价指标相关的中文术语包括指标体系、层次分析法、评价指标体系、综合评价、绩效评价、模糊综合评价、指标体系研究、评价体系、评价方法、绩效评价指标体系、实证研究、综合评价指标体系、评价模型、指标权重、因子分析、主成分分析、二级指标、模糊综合评价法、实证分析、平衡计分卡、熵权法、一级指标、风险评价、熵值法、竞争力评价指标体系、模糊综合评判、主成分分析法、绩效评价体系、模糊数学、安全评价、判断矩阵、高职院校、指标研究、竞争力、德尔菲法、综合评价研究等。

(4) 与自适应优化相关的中文术语包括自适应、遗传算法、粒子群算法、粒子群优化算法、自适应遗传算法、收敛速度、优化算法、粒子群优化、优化设计、多目标优化、自适应控制、变异概率、神经网络、交叉概率、参数优化、惯性权重、控制器、测试函数、差分进化算法、目标函数、优化控制、粒子群、模糊控制、函数优化、变异算子、最优解、蚁群算法、变异率、控制器参数、局部最优、改进遗传算法、参数自适应、健壮性、优化研究、支持向量机、种群多样性、目标函数值、主动控制等。

基于上述关键词，我们需综合考量主要的搜索词和内容，并且可以考虑对标题进行相应的调整。

3.3.3 限定检索范围

拓展阅读3-2

在进行数据库和其他信息资源的初步筛选时，需要考虑如信息资源的语言、出版年份、文献类型等因素。通常情况下，图书作为研究的基础，可以提供概念和原理方面的参考。期刊作为文献的主要来源，无论是外文文献还是中文文献，都拥有丰富的资料。随着研究层次的提升，课题研究应包含更多最新的研究成果。此外，专利和学位论文等特殊类型的文献，其重要性会根据不同的研究项目而有所不同。

在大一入学前布置"科研"任务，这波操作很有"未来感"

3.3.4 评估检索结果

评估检索结果的数量和质量，不仅需要专业知识，还应参考网络上各种媒体发布的最新相关知识。一些信息主要来源于行业网站或政府部门网站，如统计数据。解读并快速分析这些信息至关重要，同时，对于某些文献信息，需要重点阅读和学习以增强课题的专业性，这些文献应当予以保留。

3.3.5 完成检索

完成检索并不意味着必须穷尽所有相关文献。实际上，课题研究通常受到人力、物力和财力的限制。如果检索结果已经满足了课题对信息的需求，或者新检索到的文献与现有文献重复度过高，或者新文献与课题研究的相关性逐渐减弱，那么就应该适时停止。在研究过程中，新的文献会不断涌现，因此，对参考文献资料进行实时更新是必要的。信息检索过程如图3-3所示。

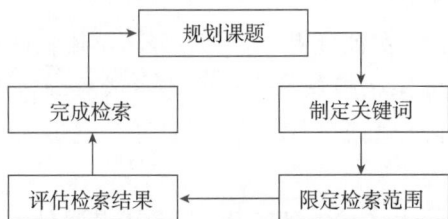

图 3-3　信息检索过程

【思考题 3-6】

在信息检索的五个阶段中，你认为哪一个阶段是最关键的，哪一个阶段又是最具挑战性的？

解析

本章小结

首先本章介绍信息检索效果评价指标，查全率和查准率的概念及其影响因素，以及提高查全率和查准率的具体方法；接着，本章探讨了信息检索的基本技术，涵盖布尔逻辑检索、初级检索、高级检索以及引文检索；最后，本章分析了信息检索的主要过程。随着具体操作的熟练运用以及教学科研需求的不断增长，信息检索的熟练程度和效果将逐步提升，同时在信息检索过程中也会不断获得新的知识点。

思考与练习

1. 请运用百度、360搜索等主流搜索引擎，结合个人的专业知识或熟悉领域，执行信息检索任务。基于检索效果的六个评估标准，对百度、360搜索等系统的检索性能进行评价。(目的：提升学生对信息检索系统检索效果的认识与分析技能，其结果不作为任何评分或评价的依据。)

2. 案例分析题：某大学生小李在撰写毕业论文时使用了某学术数据库进行文献检索，他发现检索到的文献数量很多，但与论文主题高度相关的文献却不多。请结合信息检索效果评价指标，分析小李在检索过程中可能存在的问题，并给出改进建议。

思考提示： 可以从查全率和查准率的角度分析，如是否关键词选择不够精准、检索策略设计不合理等，建议优化关键词、调整检索条件等。

实践意义： 通过分析实际案例，提高学生对信息检索效果评价指标的理解和应用能力，帮助他们在实际研究中更好地获取所需信息。

3. 对比分析题：请选取两个不同的学术数据库(如中国知网和万方数据)，分别检索同一主题的文献，对比分析这两个数据库在收录范围、(系统)响应时间、用户(检索)负担(成本)和输出形式等方面的表现，并谈谈你更倾向于使用哪一个数据库，原因是什么。

思考提示： 可以从数据库的文献类型、更新频率、检索速度、检索成本、检索结果呈现方式等方面进行对比。

实践意义： 培养学生对不同信息资源的评估和选择能力，使他们能够根据自己的需求选择最合适的数据库进行信息检索。

4. 操作练习题：请使用布尔逻辑运算符设计一个检索式，用于检索与"人工智能在医疗领域应用"相关的文献，并解释设计的检索式中每个运算符的作用。

思考提示： 可以使用"人工智能and医疗and应用"等检索式，解释时需说明"and"运算符用于限定多个关键词同时出现的情况。

实践意义： 通过实际操作和解释，加深学生对布尔逻辑检索技术的理解，提高他们的检索技能。

5. 策略制定题：假设你要进行一项关于"大学生心理健康影响因素"的研究，请制定一个详细的信息检索策略，包括确定关键词、选择检索项、设定检索条件等，并说明你制定该策略的依据。

思考提示： 关键词可以包括"大学生""心理健康""影响因素"等，检索项可以选择题名、关键词、文摘等，检索条件可以设定为近5年发表的文献等。

实践意义： 锻炼学生制定信息检索策略的能力，使他们能够更有针对性地获取研究所需信息，提高研究效率。

6. 课题规划题：请设计一个与你所学专业相关的研究课题，并阐述你选择该课题的原因、研究意义以及预期的研究目标。

思考提示： 可以从专业前沿问题、实际应用需求等方面选择课题，原因可以是个人兴趣、社会需求等，研究意义可以从理论和实践两个层面分析，预期目标可以是解决某个具体问题、提出新的理论模型等。

实践意义： 培养学生的课题规划能力，使他们能够明确研究方向和目标，为后续的信息检索和研究工作奠定基础。

7. 结果评估题：在完成一项信息检索任务后，请从数量和质量两个方面评估你检索到的文献结果，并谈谈你对评估结果的满意度以及后续的改进措施。

思考提示： 在数量方面，可以统计检索到的文献总数；在质量方面，可以从文献的相关性、权威性、新颖性等方面进行评估；在满意度方面可以从是否满足研究需求、是否超出预期等角度分析；在改进措施方面可以是优化检索策略、拓展检索范围等。

实践意义： 提高学生对检索结果的评估能力，使他们能够及时总结经验教训，不断改进信息检索工作，提升研究质量。

第4章

深入：单类型文献检索

通过单类型文献(如数据库)的检索技巧及其应用实例，可以帮助用户更清晰地理解单类型数据库的功能与内容，这也是满足用户信息检索需求的基本要求。

【场景】 如果你目前需要一本特定的图书或相关资料，请描述你寻找这本书的策略或步骤：你是打算购买还是借阅，是偏好电子图书(资料)还是纸质图书(资料)。若选择借阅图书馆的书籍，你是否熟悉纸质图书的检索系统。若需要电子图书，你是否了解电子图书的检索方法；你是否清楚电子图书与纸质图书在检索界面和功能上的差异。如果你只是想了解某个知识点，寻找相关或权威的图书，你会如何操作，是通过电子图书还是纸质图书更容易获取所需信息呢？假设你现在需要一些相关的期刊论文，当你输入几个关键词后，面对成千上万篇论文，你如何挑选；如何迅速确定符合要求的适量期刊论文；通用搜索引擎获取图书和期刊论文是否具有参考价值。假设你仅需某一个特定的文献，还有哪些特殊的文献资源或数据库可以利用呢？

▌思维导图

4.1 图书检索

图书检索不仅涵盖基于图书主要检索项的简单查询，还包括根据内容需求进行的深入检索。随着文献信息全文检索功能的实现，电子图书及其检索方式展现了更多优势。同时，一些数据库中关于纸质图书的检索内容也在持续扩充。围绕图书、用户及其阅读行为构建的阅读社区已经成为纸质图书与电子图书共存的图书检索数据库的主要表现形式。

检索图书的顺序：先免费资源，后付费资源。具体步骤如下：①利用图书馆的纸质图书检索系统；②访问图书馆的(中文、外文)电子图书数据库；③使用图书馆文献传递系统(如NSTL、CASHAL等)；④通过网络电子图书检索及全文系统；⑤考虑当当网等商业化的纸质和电子图书商店。

4.1.1 纸质图书检索

1. 纸质图书检索系统中的匹配方式

(1) 精确匹配。当精确输入检索关键词时，系统将返回完全符合输入条件的检索结果。

(2) 前向匹配。前向匹配也称前缀匹配，是指系统将检索出所有以输入关键词为前缀的结果，即便后续字符未必符合检索条件。因此前向匹配的检索结果数量通常多于精确匹配。

(3) 模糊匹配。只要检索项部分符合输入条件，系统即会将其检索出来，导致检索结果的数量远超前向匹配。

2. 纸质图书高级检索示例

(1) 多字段检索。在中国国家图书馆网站的联机公共目录查询系统中，通过多字段检索功能，对图书进行精确搜索。可选的检索项涵盖了主题、作者、题名起始字(以题名首个字为起点)、题名、出版年份、出版机构、关键词邻近搜索以及书目库(包括中文和外文资料)。在检索时，可以设定项与项之间的关系为与逻辑。此外，还可以根据语言(如中文、日语、英语等)、起始年份、截止年份、资料类型以及分馆等条件，对检索结果进行限制。多字段检索示例如图4-1所示。

在相关检索字段中输入关键词后，检索结果将展示以下信息：头标区、ID号、通用数据、题名与责任者、版权项、出版项、载体形态项、语言、题名责任注释、内容提要、主题词、中图分类号、著者、所有单册以及馆藏等。纸质图书检索示例结果如图4-2所示。

	多字段检索
主题	
著者	
题名起始于	(以题名的第一个字开始)
题名	
出版年	
出版者	
词临近?	○否 ●是
书目库	中文文献库 ▼

| 确　定 | 清　除 | 多语种键盘 |

	检索限制:
语言: 全部 ▼	开始年份 [　　] 结束年份 [　　] yyyy (当不使用起/止时，使用？作截词)
资料类型: 全部 ▼	分馆 全部 ▼

图 4-1　多字段检索示例

头标区	-----nam0 22----- 450
ID 号	010971527
通用数据	20201126d2020 em y0chiy50 ea
题名与责任	●信息检索简编 [专著] / 张怀涛[等]主编
版本项	2版
出版项	●武汉 : 武汉大学出版社, 2020
载体形态项	212页 : 图 ; 26cm
语言	chi
题名责任注释	主编还有: 岳修志、刘巧英、赵春辉
内容提要	本书系统地介绍信息检索的基础知识，选择性地介绍各类信息资源和数据库的检索技术与获取方法，旨在提高大学生的信息素养，培养学生资助获取信息的技能。本书总共分为七章，通过全面而系统地介绍信息检索的基础知识，选择性地介绍各类信息资源和数据库的检索技术与获取方法，旨在提高大学生的信息素养，培养学生自主获取信息的技能。
主题	●信息检索
中图分类号	●G254.9
著者	●张怀涛 主编
所有单册	查看所有馆藏单册信息
馆藏	中文基藏❶
馆藏	书刊保存本库❶

图 4-2　纸质图书检索示例结果

(2) 多库检索。在中国国家图书馆的联机公共目录查询系统中，用户可通过多库检索功能访问多种图书资源及其他数据库。这些资源包括中文及特藏数据库，如中文普通图书库、音像制品和电子资源(涵盖中外文)、民语文献、中文期刊、中文报纸、中文缩微文献、台港图书及海外出版的中文图书、普通古籍(含新线装)、善本古籍文献、学位论文、联合国资料、地方志、家谱文献等。此外，外文文献数据总库也提供了丰富的外文图书、外文善本、外文缩微文献、外文期刊、外文报纸(包括台港外文报纸)、外文乐谱、外文地图、国际组织和外国政府出版物等资源。多库检索如示例图4-3所示。

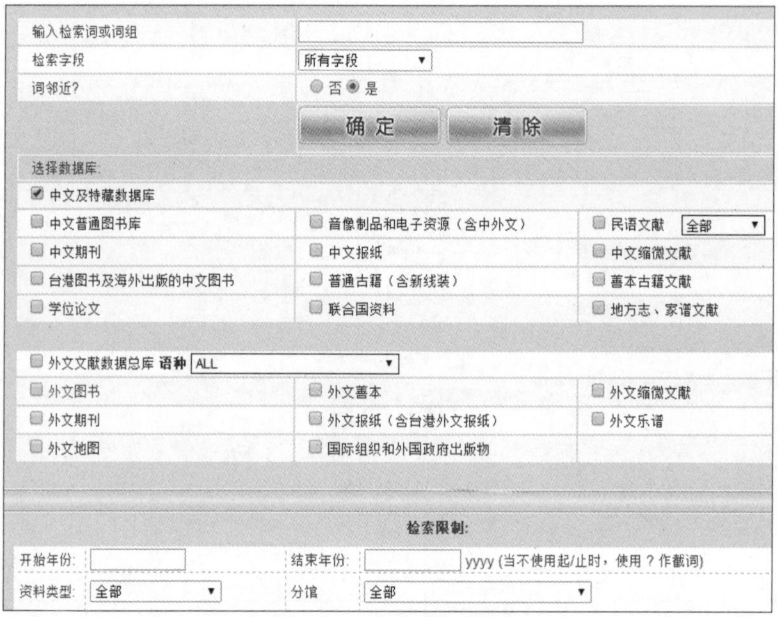

图 4-3　多库检索示例

(3) 组合检索。在中国国家图书馆联机公共目录查询系统的组合检索功能中，所有检索字段默认以与(and)的逻辑关系进行匹配。这些字段包括正题名、其他题名、著者、主题词、中图分类号、论文专业、论文研究方向、论文学位授予单位、论文学位授予时间、出版地、出版者、丛编、索取号、ISSN、ISBN、ISRC、条码号、系统号等在内的多个检索项。组合检索示例如图4-4所示。

图 4-4　组合检索示例

3. 通用命令语言检索

通用命令语言(common command language，CCL)是系统所提供的用于检索的命令语言。

(1) 提示1，CCL检索命令。

WRD=(笔记本 OR 手提电脑) and 芯片，将检索出包含笔记本或手提电脑，且包含芯片的记录。

WRD —— 任意字段　　　　WTI —— 题名字段　　　　WAU —— 作者字段

WSU —— 主题字段　　　　WPU —— 出版者字段　　　　WYR —— 出版年字段

(2) 提示2，词邻近选择如下。

词邻近选择为"是"，表示检索词或短语完整地出现在检索字段中。

词邻近选择为"否"，表示检索词可以分开位于所检索的字段中。

没有选择"是"或"否"，系统将以上次检索的值为默认选择进行检索。

(3) 提示3，系统不区分字母的大/小写。

(4) 提示4，检索词中的标点符号应当去掉，如"Python 3.0"中的点应在检索时去掉，输入30。

(5) 提示5，外文文献的作者姓名输入顺序为姓在前名在后。

(6) 提示6，and(与)为检索词之间的默认逻辑运算。如果需要使用其他逻辑操作，可以选择通用命令语言方式。

(7) 提示7，"?"或"*"可用于单词的开始或结尾，代替单词的其他部分。例如，"?ability"检索到usability、inflammability、adaptability、dependability、variability等，"photo?"检索到photosensitization、photoirradiation、photoconductive、photoelectroluminescence等。"?"查找不同的拼写方式，如apologi?es可以匹配apologises和apologizes。"?"不能同时用于单词的开始和结尾。"?"或"*"作为占位符，可以代替任意多个字符。例如con?tion，检索到以con开头，以tion结尾的所有单词。

(8) 提示8，"%"和"!"，分别如下。

① 使用"%"与数字结合的方式，可以指定两个检索词之间允许出现的单词数量少于该数字，且检索词的顺序可以不固定。例如，搜索"Library %3 service"将返回如下结果：Library electronic lending service，Library Public Information Service，Library management service，Library intelligent service，Library integrated service，Service Oriented Library等。

② 使用"!"与数字的组合，可以指定两个检索词之间必须恰好出现指定数量的单词，同时保持检索词的原始顺序。例如，搜索"Library !3service"将返回Library electronic lending service，但不会包括Service Oriented Library。

③ 使用"%"和"!"时，"词邻近"必须选择"是"。通用命令语言检索示例如图4-5所示。

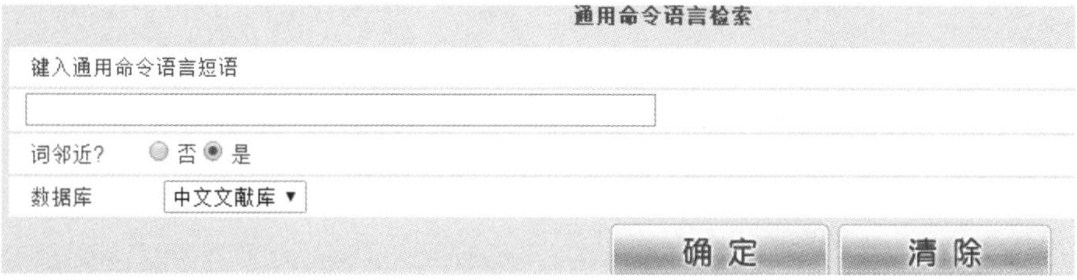

图 4-5　通用命令语言检索示例

某些纸质图书检索系统可提供新书通报、购书推荐、排行榜(包括借阅、检索、收藏、书评、查看等多种排行榜信息)、个人图书馆(展示个人借阅记录等信息)、阅读报告、学科服务等丰富内容。

4.1.2　电子图书检索

1. 电子图书检索功能

相较纸质图书的检索界面，电子图书通常会提供更为先进的全文检索功能。在高级检索功能方面，两者差异不大。通常，电子图书数据库由供应商统一提供，与纸质图书检索相比，缺少了如书号、馆藏位置、购置时间等检索项。超星汇雅电子图书数据库检索界面如图4-6所示。

图 4-6　超星汇雅电子图书数据库检索界面

2. 电子图书阅读界面功能

电子图书数据库的优势在于支持图书的全文在线浏览和下载。一些电子图书数据库不仅提供在线阅读服务，还借助专用软件增强阅读体验。它们通常提供目录导航，允许用户选择章节进行阅读；支持按任意页码翻阅；能够调整文本的显示大小；提供文本摘录功能；允许打印文档；具备纠错机制；支持内容下载；提供全文检索服务。图4-7所示为超星汇雅电子图书数据库提供的电子图书阅读界面。

图 4-7　超星汇雅电子图书数据库提供的电子阅读界面

3. 电子图书数据库其他功能

电子图书数据库不限于提供图书本身，还涵盖了一系列相关功能。以超星汇雅电子图书数据库为例，它提供了图书分类浏览、每日推荐、特色专题库、新书推介、分类推荐以及计算机和手机客户端下载等多项服务。

4.1.3　图书阅读社区(平台)

1. 传统图书数据库的阅读功能扩展

纸质图书检索系统不仅提供了读者和图书的检索、借阅行为的汇总，还能生成各类排行榜，如图书借阅排行榜、图书检索排行榜、图书推荐排行榜，以及读者的借阅记录等详细信息。此外，一些纸质图书检索系统集成了本图书馆所拥有的电子资源，实现了纸质图书与电子资源信息的无缝对接。

电子图书数据库依托分类和算法技术，提供了一系列功能，包括图书分类浏览、特色库构建以及个性化图书推荐等。同时，电子图书数据库致力于加强移动阅读平台的建设。以超星汇雅电子图书为例，它在移动设备上实现了与图书馆微信平台的整合，提供了纸质图书检索和电子图书阅读服务，并推出了"移动图书馆"和"学习通"等手机应用软件。这些移动应用不限于图书阅读，还提供了广泛的文献信息检索服务，并支持用户间的交流互动，以及阅读推广活动的发布和参与。得益于手机应用软件能够追踪用户特定信息的功能，它们能够向用户推送定制化和个性化的信息内容。

2. 综合型图书阅读社区(平台)

独立的综合型阅读社区，通过用户分享的阅读体验和图书信息，巧妙地将用户间、图书间以及用户与图书之间的联系编织在一起，构建了一个庞大的图书交流网络。例如，豆瓣读书和微信读书就是这样的平台。以豆瓣读书为例，其搜索功能十分简洁，仅提供书名、作者、ISBN等检索选项。用户在搜索框输入关键词后，豆瓣读书不仅能提供关于特定图书的书名、页码、ISBN、封面图片等基本信息，还能展示豆瓣评分、阅读状态("想读""在读""读过""评价")、互动功能("写笔记""写书评""加入购书单""分享到")、内容简介、作者简介、目录、原文摘录、用户常用标签、相似图书推荐、短评、读书笔记以及论坛等丰富的内容。此外，"当前版本有售"选项还提供了该书不同版本的信息，以及一些电子图书销售网站的链接和二手市场的相关资讯。

在豆瓣读书的首页，用户可以找到包括"我读""动态""豆瓣猜""分类浏览""购书单""电子图书""豆瓣书店""年度榜单""书影音报告""购物车"等多个栏目。此外，还有"新书速递""图书资讯""最受关注图书榜""豆瓣书店""电子图书""最受欢迎的书评""热门标签""畅销图书榜"以及"豆瓣图书250"等特色栏目供用户探索。

微信读书主要提供电子图书的检索与全文阅读服务，同时依据用户的登录信息，还提供我的书架、猜你喜欢、TOP200总榜、TOP200新书出版、分类榜单等个性化功能。

【思考题 4-2】

想要阅读关于"人工智能"的书籍，如何挑选合适的书单呢？

解析

4.1.4 图书推荐及排行榜信息

某些图书提供了必须阅读的书目信息，网络上也流传着各种图书推荐清单，而一些图书检索系统和阅读平台则展示了相关的图书排行榜，这些资源均可作为阅读时的参考或指导。

1. 推荐书目的图书

推荐书目旨在为特定的读者群体或特定目的服务，它围绕某一特定主题，精选相关文献，旨在指导用户自学或普及知识。下面列举几部当前推荐书目信息的图书。

(1) 王余光. 中国读者理想藏书[M]. 北京：光明日报出版社，1999.

(2) 王乐. 30部必读的科普经典[M]. 北京：北京工业大学出版社，2006.

(3) 张秀平，王晓明. 影响中国的100本书[M]. 南宁：广西人民出版社，1993.

(4) 程悦，叶立义，桑靖宇，等. 影响中学生的100部名著[M]. 武汉：长江文艺出版社，2005.

(5) 刘锋，张杰，吴文智. 20世纪影响世界的百部西方名著提要[M]. 桂林：漓江出版社，2000.

2. 书单和图书排行榜

人民网、中国共产党新闻网曾依据习近平总书记多次在重要场合提及的读书单对推荐书目进行整理，该书单极具价值，可为人们读书提供有益的参考与指引。另外，也有一些图书书单和排行榜，对人们阅读起到帮助作用。(具体书单见拓展阅读4-1)

拓展阅读4-1

书单和图书排行榜示例

4.2 期刊论文数据库检索

在期刊数据库中，通过输入篇名或作者的关键词，可以初步检索到一些论文。但如何精确地找到所需论文？如何迅速地跟随导师进行文献阅读，高效地开展科研工作？本专业的研究热点和趋势又是什么？这些问题，我们又该如何从期刊论文的研究中寻找答案呢？

4.2.1 期刊论文数据库功能简介

以中国知网期刊全文数据库为例，数据库界面主要分为三个部分：① 检索分类，涵盖高级检索、专业检索、作者发文检索、句子检索等；② 辅助功能，包括文献分类目录、检索历史、浏览历史；③ 核心的检索区域。

1. 高级检索

检索功能是数据库的核心组成部分。高级检索功能涵盖以下方面。

(1) 在检索项中，用户可以输入关键词，如主题、篇关摘、关键词、篇名、摘要、全文、被引文献、中图分类号、DOI、栏目信息等。关键词之间可以设置为"并含""或含"或"不含"的关系，而检索项之间可以使用"并且""或者"或"不含"的逻辑运算。

(2) 检索条件还允许用户指定作者单位、年限、特定日期、更新时间、来源期刊、来源类别、支持基金等参数。

(3) 检索结果的展示包含资讯、网络首发、增强出版、数据论文、中英文扩展、同义词扩展等多种形式。期刊论文数据库主要界面示例如图4-8所示。

图 4-8　期刊论文数据库主要界面示例

2. 专业检索

可以在文本框中输入专业的检索表达式。可检索的字段包括：SU=主题，TKA=篇关摘，TI=题名，KY=关键词，AB=摘要，FT=全文，AU=作者，FI=第一作者，RP=通信作者，AF=作者单位，JN=期刊名称，RF=被引文献，RT=更新时间，YE=期刊年，FU=基金，CLC=中图分类号，SN=ISSN，CN=CN号，CF=被引频次。例如：

(1) TI='力学' and KY='材料科学' and (AU % '米'+'秦') 能够检索到题名包含"力学"且关键词包含"材料科学"，同时作者为"米"姓或"秦"姓的所有文章。

(2) SU='多目标优化'*'粒子群算法' and FT'电动汽车' 可以找到主题涉及"多目标优化"和"粒子群算法"，并且全文提及"电动汽车"的相关文献。

(3) SU=('可织性'+'颜色深度')*'标准差'-'心电' 能够检索出与"可织性"或"颜色深度"相关的"标准差"信息，同时排除与"心电"相关的部分。

(4) TI='压缩 $ 2' 可以检索到篇名中"压缩"一词至少出现两次的文献。

(5) KY=xls('稻田土壤') and KY=xls('三维荧光光谱') 能够检索到关键词同时包含"稻田土壤"和"三维荧光光谱"的中英文文献。

3. 作者发文检索

用户可以在检索字段"作者"和"作者单位"中输入关键词。若一位作者曾经或目前隶属于多个单位，用户可以继续添加更多的作者单位信息。

4. 句子检索

在检索项的"同一句"或"同一段"文本框中输入关键词。同时，"同一句"与"同一段"的关系可以设定为"并且""或者"或"不含"。

4.2.2　期刊论文检索的确定过程

以中国知网期刊全文数据库为研究对象，选取30篇或适量的中文期刊论文，关键词定为"染整"，检索日期设定为2020年12月27日。

当以篇名为检索项，输入"染整"时，会出现下拉菜单，可以看出与染整相关的范围更小的词语，如染整工艺针织物、染整工艺竹纤维织物、染整工艺竹纤维、中空聚酯纤维染整工艺、染整技术、染整新技术、染整助剂、染整工艺与原理、染整工艺原理、染整加工、染整工程、染整设备、染整废水、纺织品染整学、皮革染整、针织物染整、轻化工程染整、绿色染整、艺术染整、生态染整、涤纶染整、新型染整等。

1. 以篇名为检索项检索

篇名含有"染整"的论文有3 701篇。

2. 确定年限

收集近5年来的论文。2016—2020年，论文有399篇。

3. 调整期刊来源类别

取消"全部期刊"选项，转而选择SCI、工程索引(EI)、核心期刊、CSCD，共有115篇论文被检索到。不选择CSSCI的原因在于染整领域的论文主要属于自然科学范畴。检索结果左侧提供了学科分类、来源类别、期刊、关键词、推荐等栏目，便于对检索到的论文进行初步分类。检索结果的右侧是主要区域，可以按照"主题""发表年度""基金""研究层次""作者""机构"等进行分组浏览；论文还可以根据"相关度""发表时间""被引次数""下载量"等标准进行排序；每篇检索到的论文信息包括篇名、作者、刊名、发表时间、被引次数、下载量、阅读次数、收藏情况等。期刊论文数据库检索示例结果如图4-9所示。

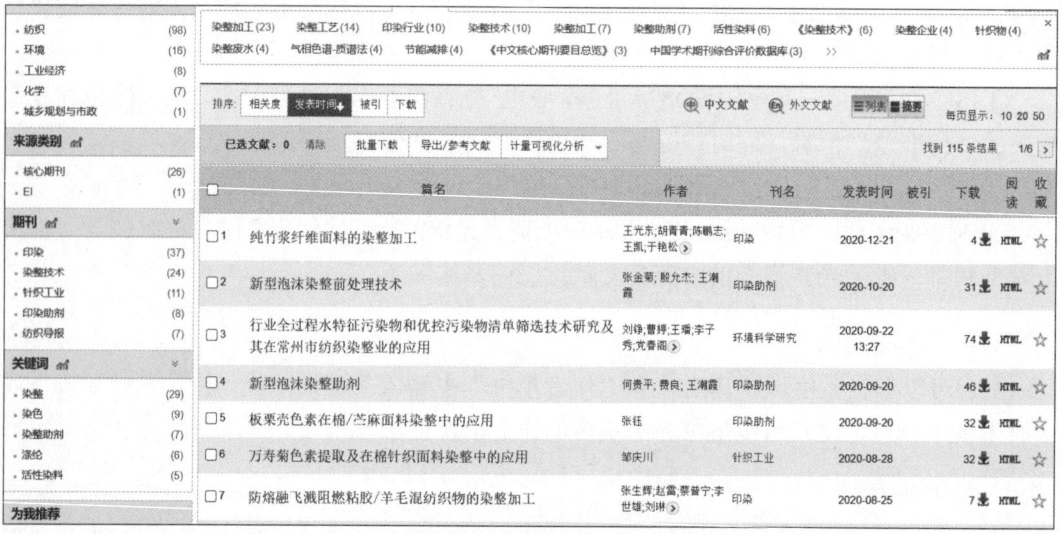

图4-9　期刊论文数据库检索示例结果

4. 根据三种排序获得主要论文

(1) 按“被引”排序，获得前N(示例中N=10)篇论文，检索结果如图4-10所示。

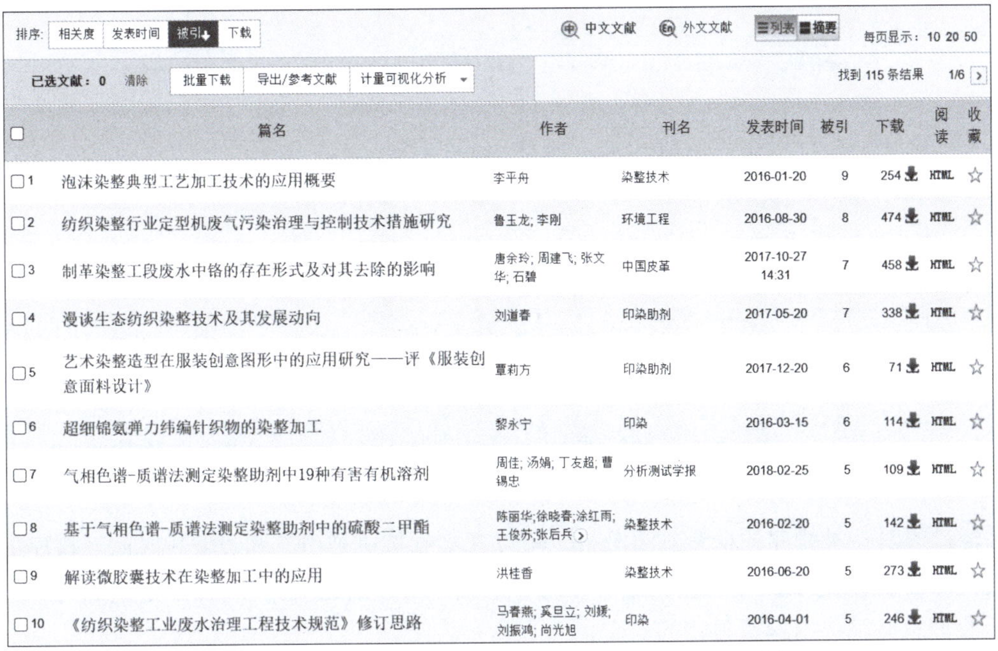

	篇名	作者	刊名	发表时间	被引	下载	阅读	收藏
1	泡沫染整典型工艺加工技术的应用概要	李平舟	染整技术	2016-01-20	9	254	HTML	☆
2	纺织染整行业定型机废气污染治理与控制技术措施研究	鲁玉龙; 李刚	环境工程	2016-08-30	8	474	HTML	☆
3	制革染整工段废水中铬的存在形式及对其去除的影响	唐余玲; 周建飞; 张文华; 石碧	中国皮革	2017-10-27 14:31	7	458	HTML	☆
4	漫谈生态纺织染整技术及其发展动向	刘道春	印染助剂	2017-05-20	7	338	HTML	☆
5	艺术染整造型在服装创意图形中的应用研究——评《服装创意面料设计》	覃莉方	印染助剂	2017-12-20	6	71	HTML	☆
6	超细锦氨弹力纬编针织物的染整加工	黎永宁	印染	2016-03-15	6	114	HTML	☆
7	气相色谱-质谱法测定染整助剂中19种有害有机溶剂	周佳; 汤娟; 丁友超; 曹锡忠	分析测试学报	2018-02-25	5	109	HTML	☆
8	基于气相色谱-质谱法测定染整助剂中的硫酸二甲酯	陈丽华;徐晓春;涂红雨;王俊苏;张后兵	染整技术	2016-02-20	5	142	HTML	☆
9	解读微胶囊技术在染整加工中的应用	洪桂香	染整技术	2016-06-20	5	273	HTML	☆
10	《纺织染整工业废水治理工程技术规范》修订思路	马春燕; 奚旦立; 刘媛; 刘振鸿; 尚光旭	印染	2016-04-01	5	246	HTML	☆

图 4-10　期刊论文数据库检索结果按“被引”排序示例

(2) 按“发表时间”排序，获得前N(示例中N=10)篇论文(或近一年)，检索结果如图4-11所示。

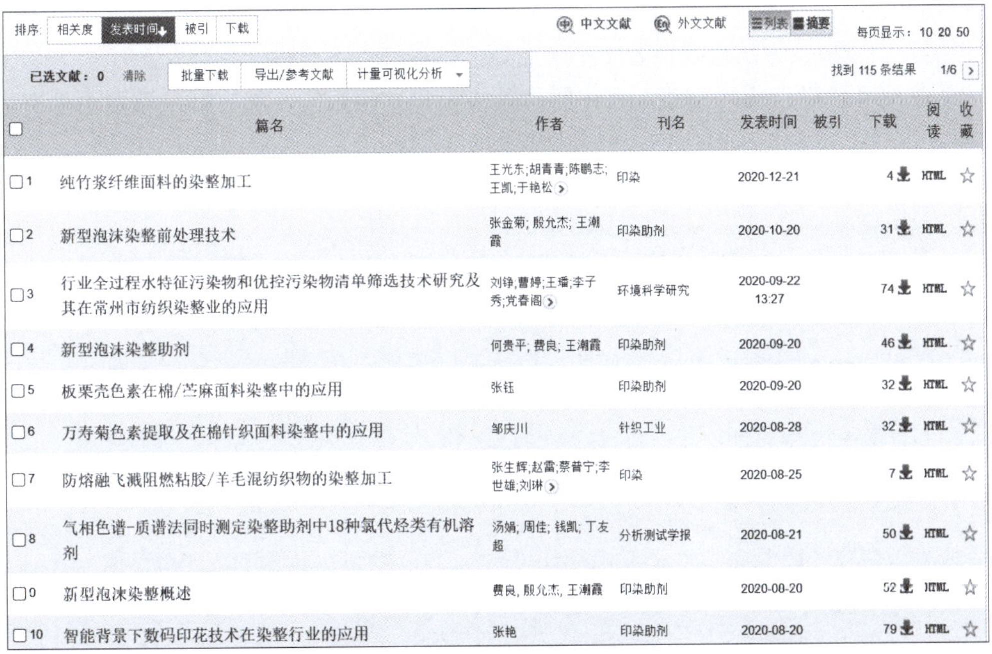

	篇名	作者	刊名	发表时间	被引	下载	阅读	收藏
1	纯竹浆纤维面料的染整加工	王光东;胡青青;陈鹏志;王凯;于艳松	印染	2020-12-21		4	HTML	☆
2	新型泡沫染整前处理技术	张金菊; 殷允杰; 王潮霞	印染助剂	2020-10-20		31	HTML	☆
3	行业全过程水特征污染物和优控污染物清单筛选技术研究及其在常州市纺织染整业的应用	刘锋;曹婷;王瑶;李子秀;党春阁	环境科学研究	2020-09-22 13:27		74	HTML	☆
4	新型泡沫染整助剂	何贵平; 费良; 王潮霞	印染助剂	2020-09-20		46	HTML	☆
5	板栗壳色素在棉/苎麻面料染整中的应用	张钰	印染助剂	2020-09-20		32	HTML	☆
6	万寿菊色素提取及在棉针织面料染整中的应用	邹庆川	针织工业	2020-08-28		32	HTML	☆
7	防熔融飞溅阻燃粘胶/羊毛混纺织物的染整加工	张生辉;赵雷;蔡普宁;李世雄;刘琳	印染	2020-08-25		7	HTML	☆
8	气相色谱-质谱法同时测定染整助剂中18种氯代烃类有机溶剂	汤娟; 周佳; 钱凯; 丁友超	分析测试学报	2020-08-21		50	HTML	☆
9	新型泡沫染整概述	费良, 殷允杰, 王潮霞	印染助剂	2020-08-20		52	HTML	☆
10	智能背景下数码印花技术在染整行业的应用	张艳	印染助剂	2020-08-20		79	HTML	☆

图 4-11　期刊论文数据库检索结果按“发表时间”排序示例

(3) 按“下载”排序，获得前N(示例中N=10)篇论文(或近一年)，检索结果如图4-12所示。

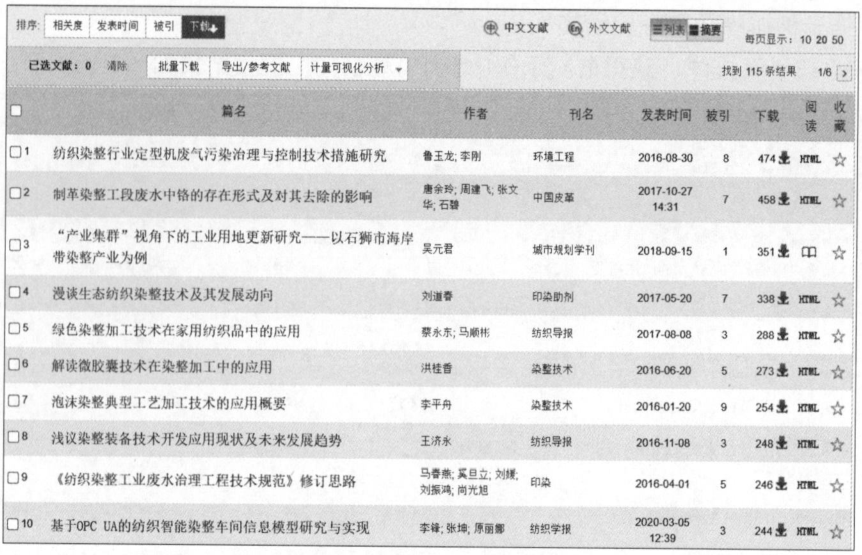

排序：相关度 发表时间 被引 下载 | 中文文献 外文文献 | 列表 摘要 | 每页显示：10 20 50

已选文献：0 清除 | 批量下载 | 导出/参考文献 | 计量可视化分析 | 找到 115 条结果 1/6

	篇名	作者	刊名	发表时间	被引	下载	阅读	收藏
1	纺织染整行业定型机废气污染治理与控制技术措施研究	鲁玉龙; 李刚	环境工程	2016-08-30	8	474	HTML	☆
2	制革染整工段废水中铬的存在形式及对其去除的影响	唐余玲; 周建飞; 张文华; 石碧	中国皮革	2017-10-27 14:31	7	458	HTML	☆
3	“产业集群”视角下的工业用地更新研究——以石狮市海岸带染整产业为例	吴元君	城市规划学刊	2018-09-15	1	351		☆
4	漫谈生态纺织染整技术及其发展动向	刘道春	印染助剂	2017-05-20	7	338	HTML	☆
5	绿色染整加工技术在家用纺织品中的应用	蔡永东; 马顺彬	纺织导报	2017-08-08	3	288	HTML	☆
6	解读微胶囊技术在染整加工中的应用	洪桂香	染整技术	2016-06-20	5	273	HTML	☆
7	泡沫染整典型工艺加工技术的应用概要	李平舟	染整技术	2016-01-20	9	254	HTML	☆
8	浅议染整装备技术开发应用现状及未来发展趋势	王济永	纺织导报	2016-11-08	3	248	HTML	☆
9	《纺织染整工业废水治理工程技术规范》修订思路	马春燕; 奚旦立; 刘媛; 刘振鸿; 尚光旭	印染	2016-04-01	5	246	HTML	☆
10	基于OPC UA的纺织智能染整车间信息模型研究与实现	李锋; 张坤; 原丽娜	纺织学报	2020-03-05 12:39	3	244	HTML	☆

图 4-12　期刊论文数据库检索结果按“下载”排序示例

经过对这三种排序的检索结果分析，可以观察到按“被引”和“发表时间”排序的论文之间不存在重复项，然而按“被引”与“下载”排序的论文中却有6篇是重叠的。基于此，我们总共筛选出24篇独特的论文。

4.2.3　期刊论文检索方式的改进及技巧

1. 期刊论文检索方式的改进

当然，上述检索方法也存在若干不足之处，可进行以下改进。

(1) 在按“被引”或“下载”排序时，若不设定期限限制，将有助于获取更为有效的论文结果。以“被引”排序为例，检索结果如图4-13所示。

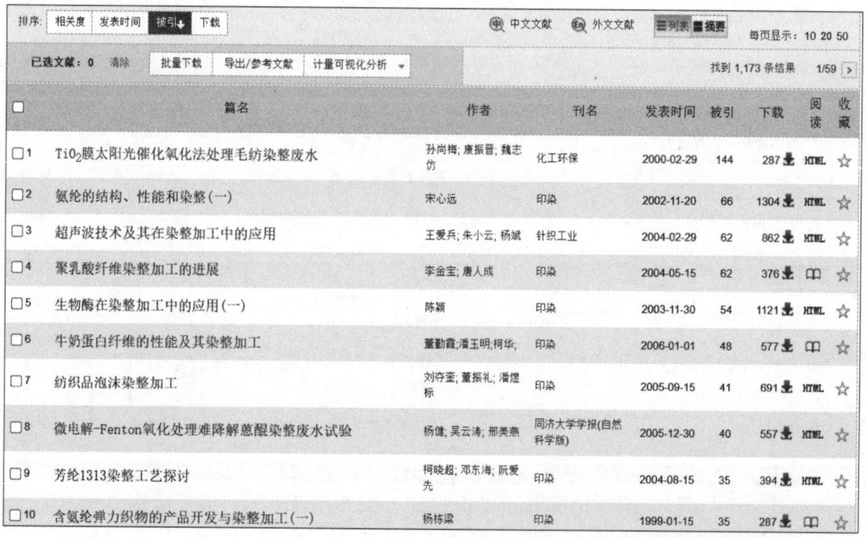

排序：相关度 发表时间 被引 下载 | 中文文献 外文文献 | 列表 摘要 | 每页显示：10 20 50

已选文献：0 清除 | 批量下载 | 导出/参考文献 | 计量可视化分析 | 找到 1,173 条结果 1/59

	篇名	作者	刊名	发表时间	被引	下载	阅读	收藏
1	TiO_2膜太阳光催化氧化法处理毛纺染整废水	孙尚梅; 康振晋; 魏志仿	化工环保	2000-02-29	144	287	HTML	☆
2	氨纶的结构、性能和染整(一)	宋心远	印染	2002-11-20	66	1304	HTML	☆
3	超声波技术及其在染整加工中的应用	王爱兵; 朱小云; 杨斌	针织工业	2004-02-29	62	862	HTML	☆
4	聚乳酸纤维染整加工的进展	李金宝; 唐人成	印染	2004-05-15	62	376		☆
5	生物酶在染整加工中的应用(一)	陈颖	印染	2003-11-30	54	1121	HTML	☆
6	牛奶蛋白纤维的性能及其染整加工	董勤霞;潘玉明;柯华;	印染	2006-01-01	48	577		☆
7	纺织品泡沫染整加工	刘夺奎; 董振礼; 潘煜标	印染	2005-09-15	41	691	HTML	☆
8	微电解-Fenton氧化处理难降解蒽醌染整废水试验	杨健; 吴云涛; 邢美燕	同济大学学报(自然科学版)	2005-12-30	40	557	HTML	☆
9	芳纶1313染整工艺探讨	柯晓超; 邓东海; 阮爱先	印染	2004-08-15	35	394	HTML	☆
10	含氨纶弹力织物的产品开发与染整加工(一)	杨栋梁	印染	1999-01-15	35	287		☆

图 4-13　期刊论文数据库检索结果按“被引”且不限年限排序示例

在按照"被引"排序且不设时间限制的条件下，检索结果与仅限近5年内的检索结果存在显著差异。究竟哪一种结果更优，这要由专业人员根据具体需求来作出判断。

(2) 对于社会科学或人文学科的论文，研究年限可能需要更为宽泛，甚至不设限制。

2. 期刊论文检索技巧

上述检索方法是科研与学习的基础环节。在粗读阶段，直接在数据库中逐篇查阅论文的摘要和关键词等简要信息并不便捷。接下来，介绍一些实用的小技巧。

中国知网的"导出/参考文献"功能示例如图4-14所示。

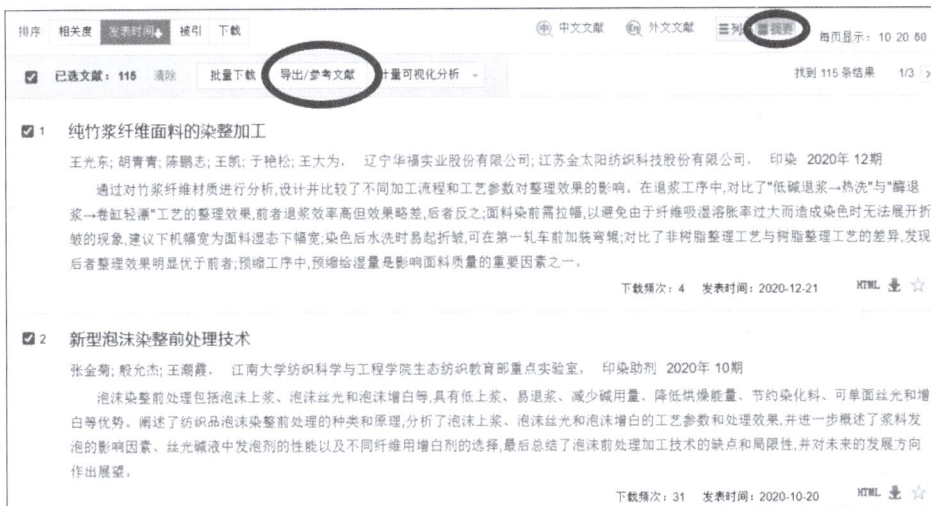

图 4-14　中国知网的"导出 / 参考文献"功能示例

(1) 选择115篇文献，首先单击"摘要"按钮，然后单击"导出/参考文献"按钮。

(2) 选择NoteExpress格式，选择doc或xls格式导出。

比如，文件名称为CNKI-637446840713750000.doc，打开的文献管理中心-文献输出界面如图4-15所示。

图 4-15　中国知网的文献管理中心 - 文献输出界面 (NoteExpress 格式)

【思考题 4-3】

如何评估一所学校在特定专业或研究方向上发表的期刊论文数量与质量？

解析

4.2.4　论文引文网络

某论文的引文网络示例如图4-16所示。

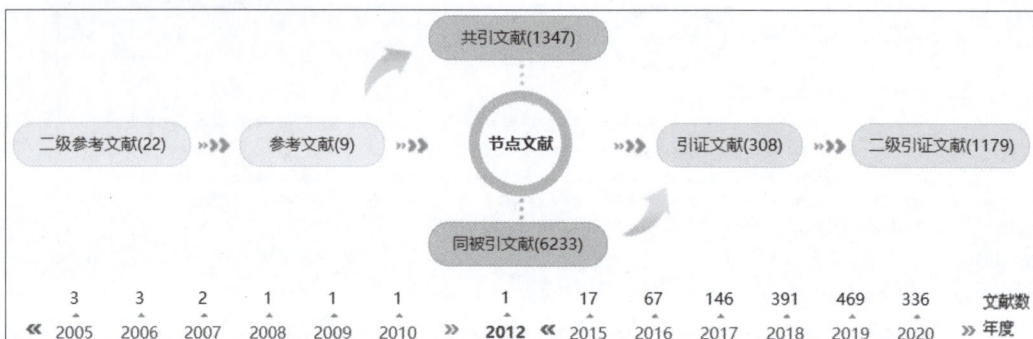

图 4-16　某论文的引文网络示例

论文引文网络主要概念如下。

1. 节点文献

节点文献即本文献。

2. 参考文献

参考文献反映本文研究工作的背景和依据。

3. 二级参考文献

二级参考文献是指本文参考文献的参考文献，进一步反映本文研究工作的背景和依据。

4. 引证文献

引证文献是指引用本文的文献，是本文研究工作的继续、应用、发展或评价。

5. 二级引证文献

二级引证文献是指本文引证文献的引证文献，它更进一步反映本文研究工作的继续、发展或评价。

6. 共引文献

共引文献，也称同引文献，指与本文有相同参考文献的文献，与本文有共同研究背景或依据。

7. 同被引文献

同被引文献是指与本文同时被作为参考文献引用的文献，与本文共同作为进一步研究的基础。

4.2.5　基于期刊论文统计分析的学科学术热点和学术趋势

1. 学科学术热点

学科学术热点，即某一阶段受研究者关注的课题。例如，2024年度"中国十大学术热点"评选活动由学术月刊编辑部与中国人民大学书报资料中心联合主办，经过学界推荐、文献调研、学者研讨、专家评议、投票确定等程序，评选出"习近平文化思想的学理研究"等十大学术热点，包括习近平文化思想的学理研究、进一步全面深化改革推进中国式现代化、新质生产力研究、中国传统伦理思想的开新、教育强国建设研究、中国人口结构性变化与高质量发展、人工智能的价值对齐、"大一统"的历史书写、世界中国学研究、"全球南方"与国际秩序演变。

拓展阅读4-2

2024年度"中国十大学术热点"

在学科学术热点这一板块中，中国学术文献网络出版总库对前4万篇文献进行了分组，并选取了前60个分组词，从而形成了热点主题。这些主题涵盖了包括主要知识点、主题所属学科名称、热度值、主要文献数量、相关国家课题数量、主要研究人员数量以及主要研究机构数量等在内的多项信息。用户可以热点主题或主要知识点作为检索项，输入相应的关键词，以展示相关的检索结果。中国学术文献网络出版总库的"学科学术热点"部分内容如图4-17所示。

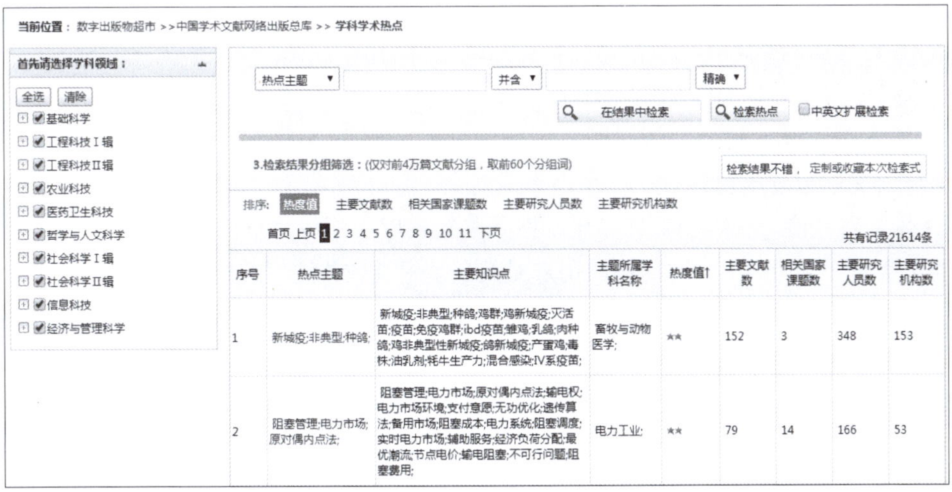

图 4-17　中国学术文献网络出版总库的"学科学术热点"部分内容

2. 学术趋势

中国知网对学术动态的洞察：依托庞大的资源库，学术趋势搜索深入剖析自1997年以来发表的期刊文献，揭示其发展趋势和关注度。它为用户生成学术关注趋势图和用户关注趋势图，同时统计历年及各年度的热门被引文章，以及近1年及各月份的热门下载文章，助力用户快速掌握研究领域或方向的最新动态。中国知网的"学术趋势"——以"生物制品"检索词为例，如图4-18所示。

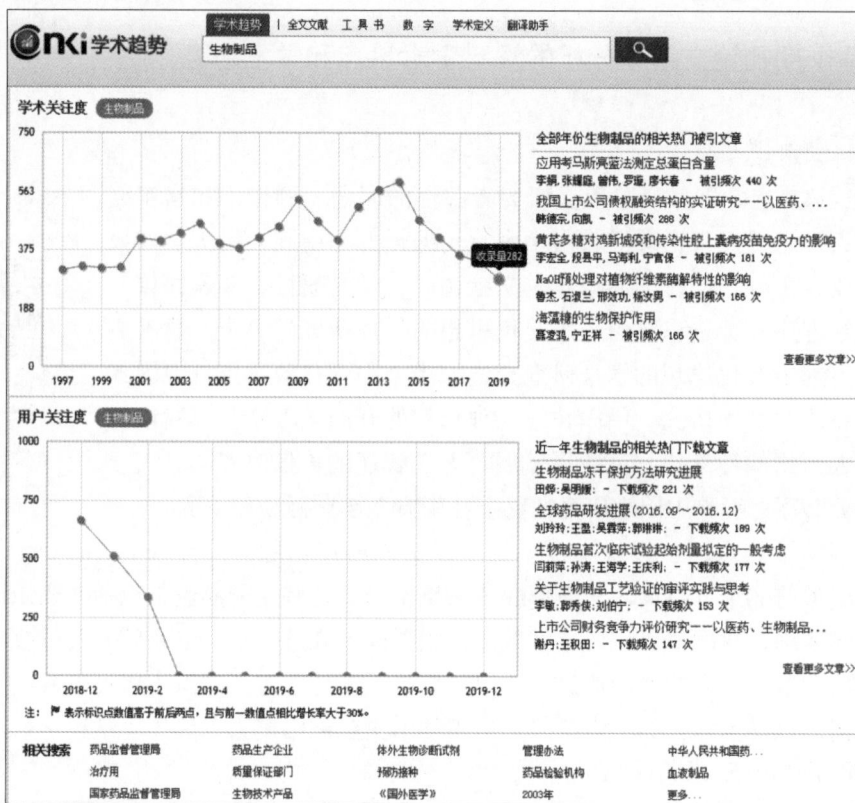

图 4-18　中国知网的"学术趋势"——以"生物制品"检索词为例

学术趋势的核心概念包括以下几个。

(1) 学术关注度。基于中国知网知识资源总库中与关键词最相关的文献数量，统计关键字词作为文献主题出现的频次，从而形成对某一学术领域学术界关注度的量化指标。

(2) 用户关注度。依据用户在中国知网系列数据库中下载文章的数量，统计关键词作为主题的文章被下载的频次，进而构成用户对某一学术领域关注度的量化指标。

(3) 高频被引文献。在学术关注度统计图中被突出标记的区域，指示了该年份中被频繁引用的文献。

(4) 高频浏览文献。在用户关注度统计图中被突出标记的区域，展示了该月份中被频繁浏览的文献。

4.3　基于特殊需求的特种文献检索

除了图书和期刊之外，文献(数据库)还包括多种特殊类型的资料。例如，报纸主要报道新闻和时事评论；年鉴则记录上一年度的各类事务进展和发展状况；会议文献涵盖了各国或国际学术会议发表的论文和报告；百科全书作为介绍人类知识或特定领域知识的工具书，不仅提供查询所需的知识和事实资料，还旨在拓宽读者的知识视野，辅助读者进行系统性学习；词典用于阐释词语的含义、概念和用法；手册则汇编了一般性资料或专业领域的知识；专利文献记录了专利申请、审查、批准过程中产生的相关文件资料；标准文献则由技术标准、管理标准、经济标准以及其他具有标准性质的文件组成，属于特种文献的一种。

特种文献包含多种类型，各自具有独特的用途。本节将重点介绍博士和硕士学位论文数据库的检索技巧，旨在达到举一反三的目的。

4.3.1 硕士/博士学位论文检索概述

以万方数据知识服务平台中的"学位论文"模块为例，检索功能涵盖了高级检索、专业检索、精确检索等多种方式。

1. 高级检索
高级检索常用的检索字段包括主题、题名或关键词、题名、第一作者、作者单位、作者、关键词、摘要、基金、DOI等。检索项之间的关系可以是与(and)、或(or)、非(not)。逻辑运算符的优先级顺序为：括号() > 非(not) > 与(and) > 或(or)。输入的关键词可以进行精确匹配或模糊匹配。

2. 专业检索
通过使用""(双引号)，专业检索能够实现对检索词的精确匹配。例如，检索表达式"题名：'设计'or (摘要：'服装'and作者单位：中原工学院)"将帮助用户找到题名中包含"设计"一词的文献，或者摘要中包含"服装"且作者单位为中原工学院的文献。

3. 精确检索
输入作者姓名和所属机构等信息以精确检索相关学术成果。系统默认进行精确匹配，用户可自行选择精确匹配或模糊匹配。此外，点击文本框前的"+"按钮即可添加更多检索字段。若未填写某行的作者姓名或所属机构，系统将自动采用上一行的相应信息作为默认值。

【思考题 4-4】
作为一名大学生，你正考虑报考研究生。在挑选学校和导师时，你将如何借助学位论文数据库来获取参考信息？

解析

4.3.2 学位论文数据库中专业与学校及导师的匹配检索

以万方数据知识服务平台中的学位论文数据库为例，当设定"专业—学位"为"机械制造及其自动化"时，将检索到26 398篇相关学位论文。

检索结果页面左侧提供了论文的分类选项，包括学位授予时间、学科分类、授予学位、学位授予单位、语种、来源数据库以及导师等。用户可以进一步在"授予学位"选项中筛选出硕士学位论文，并结合"学位授予单位"和"导师"等条件，精确选择所需信息。万方数据知识服务平台的学位论文数据库检索示例结果如图4-19所示。

图 4-19　万方数据知识服务平台的学位论文数据库检索示例结果

本章小结

　　本章对于单类型的文献及其数据库检索进行了深入介绍。首先，在图书检索中，介绍了纸质图书和电子图书的检索示例，分析了纸质图书和电子图书检索的异同之处，对于网络上的阅读社区和图书排行进行了介绍，以满足用户对图书信息以及阅读信息的需求。其次，在期刊论文检索中，介绍了期刊论文数据库的检索功能、基于需求的期刊论文检索过程。期刊论文检索与图书检索在检索界面上有很大的不同。基于学术研究的需要，期刊论文的关系形成了引文网络，介绍了引文网络中7个重要概念。最后，在特种文献检索中，重点介绍了学位论文数据库的检索与功能。学习单类型文献检索的过程和方法，是进行综合型文献数据库检索的基础，在学习和研究中，文献的检索过程同样如此：从简单到复杂，从单一到综合。

思考与练习

1. 如何查找原始文献？

(1) 梁启超所列的国学入门书目，特别是那些被标榜为"最低限度必读书目"的，可以通过网络搜索来查找。请探究：梁启超是在何时首次提出这些书目的？它们是在哪篇文献中发布的？这些书目是一次性推荐还是曾多次被推荐？

(2) 在百度上进行"检索"关键词搜索，在百度百科的"检索"条目中你会看到"详细解释"部分提到了"检查搜索"。宋吴曾《能改斋漫录·记事一》中记载："学官集同舍检索，因得其金。"请查找《能改斋漫录·记事一》的纸质图书和电子图书，确认该句子是否存在，并结合网络搜索结果，分析网络提供的电子图书与图书馆馆藏数据库中电子图书的版本和内容的差异。

2. 纸质图书检索。

(1) 任务目标：熟练掌握纸质图书检索系统中的多种匹配方式及高级检索功能，了解检索结果的呈现内容。

(2) 具体步骤：

① 选择学校图书馆的纸质图书检索系统，分别运用精确匹配、前向匹配和模糊匹配三种方式检索同一关键词(如"人工智能")，记录并对比三种匹配方式检索到的图书数量及前10条检索结果的书名、作者、出版年份等信息。

②运用"多字段检索"功能，以"主题"为"人工智能"，"作者"为"李航"，"出版年份"限定在2015年至当前，检索图书，将检索结果截图，并整理出检索到的图书的详细信息，包括但不限于书名、作者、出版社、ISBN、馆藏位置等。

③尝试运用"组合检索"功能，自选至少三个检索字段进行检索，如"正题名"包含"机器学习"，"作者"为"周志华"，"出版地"为"北京"，记录检索结果数量及前5条检索结果的详细信息。

(3) 作业成果提交：提交一份纸质图书检索报告，内容包括三种匹配方式的检索结果对比分析、多字段检索和组合检索的具体检索过程及结果展示，要求图文并茂，条理清晰。

3. 电子图书检索。

(1) 任务目标：熟悉电子图书数据库的检索功能、阅读界面功能及其他相关功能，掌握利用电子图书数据库获取所需图书资源的技巧。

(2) 具体步骤：

① 登录学校图书馆提供的超星汇雅电子图书数据库。

② 运用"高级检索"功能，设定"主题"为"心理学"，"作者"为"弗洛伊德"，以检索相关的电子图书。完成检索后，对检索结果进行截图，并下载检索到的前3本图书的电子版。

③ 打开下载的电子图书文件，通过电子图书阅读界面的功能，执行以下操作：浏览图书的目录，并跳转至第5章，阅读第5章的第1~2页；将文本显示大小调整至最大，再次阅读第5章的第1~2页；摘录第5章第1页中的一段文字，确保不少于150字；将该段文字打印出来(仅需打印文字内容)。

④ 浏览超星汇雅电子图书数据库的"图书分类浏览""每日推荐""特色专题库"等其他功能板块。选择一个自己感兴趣的专题库，阅读其中一本图书的前言和第1章，并撰写一篇不少于300字的读书笔记，分享对该书内容的初步理解和感受。

(3) 作业成果提交：提交一份电子图书检索与阅读报告，内容应包括电子图书检索过程及结果展示、阅读界面功能操作的截图及说明以及读书笔记等，以文档形式提交。

4. 期刊论文基础检索与筛选。

(1) 任务目标：掌握期刊论文数据库的基础检索技巧，并学会通过设定不同筛选条件来快速找到高质量、高度相关的论文。

(2) 具体步骤：

① 登录中国知网期刊全文数据库，以"新能源汽车"为关键词进行检索，不对检索项设限。记录检索到的论文总数。

② 在检索结果的基础上，限定年限为最近5年(2021—2025年)，并记录筛选后的论文数量。

③ 在筛选结果中进一步选择"核心期刊""EI来源期刊""SCI来源期刊"作为来源类别，记录此时的论文数量。

④ 对筛选出的论文按照"被引"进行降序排列，选取前10篇论文，并将这些论文的篇名、作者、刊名、发表时间、被引次数等信息整理成表格。

(3) 作业成果提交：提交一份期刊论文基础检索与筛选报告，报告中应包含各步骤的检索条件、检索结果数量以及最终筛选出的前10篇论文的详细信息表格。确保数据的准确性，并保持排版的整洁。

5. 期刊论文的深入分析与研究。

(1) 任务目标：本研究旨在通过深入检索和分析特定主题的期刊论文，掌握该领域的研究热点、趋势以及主要研究团队或机构，为未来的学术研究或课程论文撰写提供有价值的参考。

(2) 具体步骤：

① 以"人工智能在医疗领域的应用"为主题，在中国知网期刊全文数据库中执行高级检索。在检索条件中，设定"主题"为"人工智能"，"关键词"包括"医疗""医学""医院"等任一词，不设定年限和来源类别，记录检索到的论文总数。

② 对检索结果进行深入分析，识别出现频率最高的5个关键词(排除已设定的关键词，如"人工智能""医疗"等)，并以这5个关键词为新的检索条件，分别进行检索，记录每个关键词对应的论文数量以及按"被引"排序次数最高的前10篇论文的详细信息，包括篇名、作者、刊名等。

③ 分析检索结果中论文的作者单位分布，确定发表相关论文数量最多的前5个单位，并

分别检索这些单位在该主题下发表的论文数量及被引次数排名前三的论文信息。

④ 运用中国知网的学术趋势功能，以"人工智能医疗应用"为关键词，生成学术关注度和用户关注度的趋势图。分析该主题自2015年以来的关注度变化趋势，识别关注度较高的年份和时段，并结合检索到的高频被引文献和高频浏览文献，简要探讨其背后的原因。

(3) 作业成果提交：提交一份关于"人工智能在医疗领域应用"的期刊论文深入分析报告，内容包括主题检索结果分析、高频关键词检索结果及分析、核心研究单位检索结果及分析、学术趋势分析及原因探讨等，要求分析深入，逻辑清晰，图文结合，不少于1 500字。

6. 如何确定你需要的本专业或你感兴趣的60篇相关期刊论文？

请在中国知网期刊全文数据库、维普资讯中文期刊资源服务平台、爱思唯尔SD数据库或EBSCOhost外文期刊全文数据库等数据库中找到你想阅读的本专业的30篇中文期刊论文和30篇外文期刊论文。要求写出论文的参考文献并下载全文，并回答问题：你是如何确定这60篇论文的？请写出检索过程的心得体会。

7. 学位论文检索。

(1) 任务目标：掌握学位论文数据库的检索技巧，了解不同专业的学位论文分布情况以及特定学校或导师的学位论文指导情况，为考研、选校、选导师提供参考依据。

(2) 具体步骤：

① 登录万方数据知识服务平台的"学位论文"模块，利用高级检索功能，分别检索"计算机科学与技术""软件工程""人工智能"3个专业的硕士学位论文和博士学位论文数量，并记录各专业的论文总数、硕士论文数量、博士论文数量。

② 选取自己感兴趣的1个专业(如计算机科学与技术)，进一步筛选出该专业下"授予学位单位"为"清华大学""北京大学""上海交通大学"的硕士学位论文和博士学位论文数量，分别记录并比较3所高校在该专业中学位论文的授予情况。

③ 在上述检索结果中选取"清华大学"计算机科学与技术专业的硕士学位论文，按照被引次数降序排列，选取前10篇论文，查看并记录这些论文的导师信息。统计这10篇论文中出现次数最多的前3位导师，并分别检索这3位导师在该专业指导的硕士学位论文总数及被引次数排名前3的论文信息。

(3) 作业成果提交：提交一份学位论文检索报告，内容包括3个专业的学位论文数量统计、3所高校在特定专业中学位论文授予情况的比较分析、特定高校特定专业下高被引论文的导师信息及导师指导论文情况的详细展示，要求数据准确，分析有理有据，以文档形式提交。

第 5 章

专题：专利信息检索

专利信息素养是大学生应具备的一种信息素养。大学生作为创新主体中最有潜质、最活跃的因素，需要不断提高专利信息素养，培养创新能力。大学生创新思维培养的过程也是大学生思政教育的过程，是大学生精神塑造、品德修养、社会责任意识强化的过程。

在大学阶段，通过对专利文献的检索、阅读能获取相关技术领域最新最完整的技术方案，了解实现技术方案的关键技术，是非专利文献所不能达到的学习结果。专利信息的检索及分析是大学生在课题研究过程中找到解决研究难题思路、激发科技创新的有效途径。而大学生创新能力的培养是未来职业生涯中创新创业的奠基石。

本章将从高校理工科需求的角度介绍专利从申请到授权的相关基础知识，以及专利申请到授权过程中专利信息资源的获取与利用。

【场景】 作为一名大学生，你对与专业相关的专利了解多少？假设你正在你的专业教师带领下进行技术研究或专利申请，又将如何在丰富的专利信息资源中获取你所需要的信息？如何从一项专利的申请、审查到授权各种文献中捕捉到对课题研究有用的技术信息？如果你要开题或撰写技术论文，你在研究前是否进行过相关专利检索与分析？你拟开研究的关键技术及相关技术是否已经被申请了专利？课题的技术瓶颈在哪里？你计划采用什么技术手段解决该技术难题？课题研究过程中的技术创新点是否打算申请专利？如何申请专利？如何准备申请专利的相关材料？怎样撰写专利文本？如何与自己的职业生涯相结合进行专利的申请布局？这些都是大学生开展毕业课题时应考虑的问题。

▌ 思维导图

5.1　专利信息检索基础知识

拓展阅读5-1

在知识经济时代，知识产权作为一个国家提高核心竞争力的战略资源，显示出前所未有的重要地位。专利是知识产权的重要组成部分。专利信息广泛存在于技术、法律、经济和贸易等社会的各领域，已成为科研人员进行科学研究、技术开发的重要信息资源。本节主要介绍专利的相关基础知识。

大学生发明的专利，4年狂赚8个亿

《教育部 国家知识产权局 科技部关于提升高等学校专利质量促进转化运用的若干意见》(教科技〔2020〕1号)明确指出，高校应将知识产权管理体现在项目的选题、立项、实施、结题、成果转移转化等各环节。围绕科技创新2030重大项目、重点研发计划等国家重大科研项目，探索建立健全专利导航工作机制。《国务院办公厅关于深化高等学校创新创业教育改革的实施意见》(国办发〔2015〕36号)明确提出，各高校要设置合理的创新创业学分，建立创新创业学分积累与转换制度，探索将学生开展创新实验、发表论文、获得专利和自主创业等情况折算为学分，将学生参与课题研究、项目实验等活动认定为课堂学习，使大学生在创新活动中获得的成果得到了认定。

大学生应具备知识产权保护意识。在课题研究过程中，自主研发的技术成果如果不申请专利，就得不到法律的认可和保护。当他人盗用了自己的研究成果时，由于研发成果没有专利权，得不到法律的保护，就无法追究盗用者侵权的法律责任。《中华人民共和国专利法》(以下简称《专利法》)规定，具有新颖性、创造性、实用性的发明创造，谁先申请专利就授权给谁。如果不及时申请专利，进行知识产权保护，研发者就无法追究他人侵权的法律责任。所以，高校在课程中应不断加强大学生专利信息的检索、分析、利用能力，培养大学生的专利撰写能力，不断提高大学生的知识产权保护意识。

5.1.1　专利基础知识

1. 发明创造
《专利法》所称的发明创造是指发明、实用新型和外观设计。

2. 专利
专利权(简称"专利")，是发明创造人或其权利受让人对特定的发明创造在一定期限内依法享有的独占实施权，是知识产权的一种。

3. 专利的分类
专利可以从以下三个方面来分类。

(1) 发明。发明是指提供新的做事方式或对某一问题提出新的技术解决方案的产品或方法。被授予专利权的发明，应当具备新颖性、创造性和实用性。

(2) 实用新型。实用新型是指对产品的形状、构造或者其结合所提出的适用实用的新的技术方案。

(3) 外观设计。外观设计是指对产品的形状、图案或者其结合以及色彩与形状、图案的结合所作出的富有美感并适合工业应用的新设计。

【实例5-1】 发明专利与实用新型专利的关系。图5-1为纳米细菌纤维素超细纤维纱的加工技术申请发明专利文件中说明书摘要部分。图5-2为纳米细菌纤维素超细纤维纱的加工技术申请实用新型专利文件中说明书摘要部分。这两项专利为已授权的专利。两项专利的发明人为同一技术团队。从两项专利的说明书摘要可看出，该技术团队在纳米细菌纤维素超细纤维纱加工技术的研发过程中，对纳米细菌纤维素超细纤维纱的加工方法以及利用该加工方法加工纳米细菌纤维素超细纤维纱的加工设备研发出了创新技术，为了对此创新技术进行知识产权保护，按上述发明专利与实用新型概念及《专利法》的相关要求，在进行专利申请时，纳米细菌纤维素超细纤维纱加工技术的加工方法应申请发明专利，纳米细菌纤维素超细纤维纱加工技术的加工设备应申请实用新型专利。

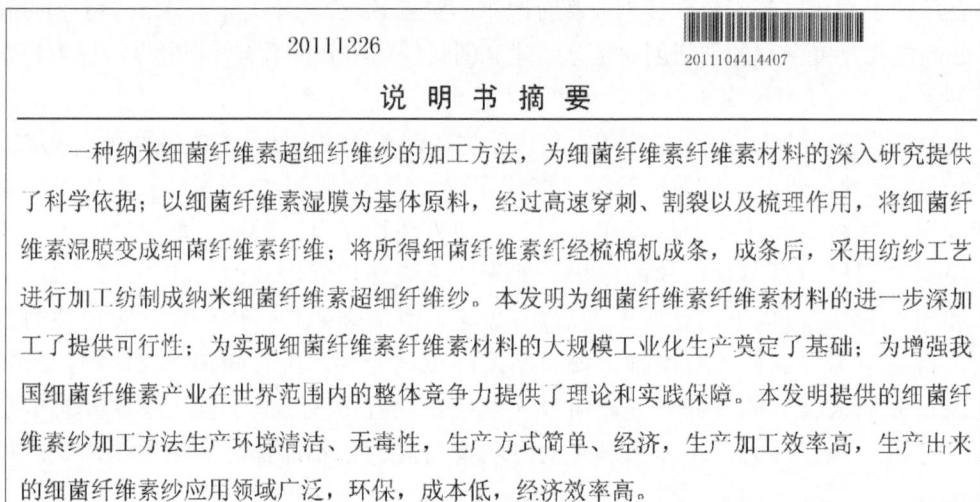

20111226

2011104414407

说 明 书 摘 要

一种纳米细菌纤维素超细纤维纱的加工方法，为细菌纤维素纤维素材料的深入研究提供了科学依据；以细菌纤维素湿膜为基体原料，经过高速穿刺、割裂以及梳理作用，将细菌纤维素湿膜变成细菌纤维素纤维；将所得细菌纤维素纤经梳棉机成条，成条后，采用纺纱工艺进行加工纺制成纳米细菌纤维素超细纤维纱。本发明为细菌纤维素纤维素材料的进一步深加工了提供可行性；为实现细菌纤维素纤维素材料的大规模工业化生产奠定了基础；为增强我国细菌纤维素产业在世界范围内的整体竞争力提供了理论和实践保障。本发明提供的细菌纤维素纱加工方法生产环境清洁、无毒性，生产方式简单、经济，生产加工效率高，生产出来的细菌纤维素纱应用领域广泛，环保，成本低，经济效率高。

图 5-1　纳米细菌纤维素超细纤维纱的加工技术申请发明专利文件中说明书摘要部分

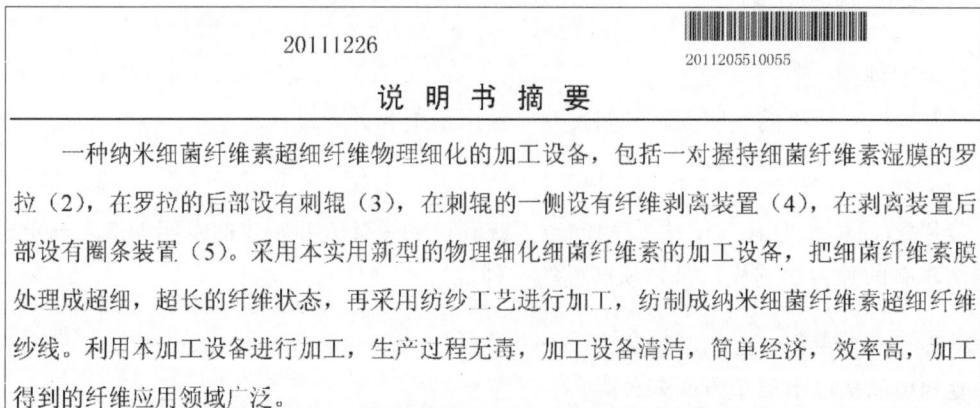

20111226

2011205510055

说 明 书 摘 要

一种纳米细菌纤维素超细纤维物理细化的加工设备，包括一对握持细菌纤维素湿膜的罗拉（2），在罗拉的后部设有刺辊（3），在刺辊的一侧设有纤维剥离装置（4），在剥离装置后部设有圈条装置（5）。采用本实用新型的物理细化细菌纤维素的加工设备，把细菌纤维素膜处理成超细，超长的纤维状态，再采用纺纱工艺进行加工，纺制成纳米细菌纤维素超细纤维纱线。利用本加工设备进行加工，生产过程无毒，加工设备清洁，简单经济，效率高，加工得到的纤维应用领域广泛。

图 5-2　纳米细菌纤维素超细纤维纱的加工技术申请实用新型专利文件中说明书摘要部分

5.1.2　专利信息基础知识

1. 专利信息

为什么专利申请人要披露有关其发明的大量信息呢？这是由专利体系决定的，其要求在授予发明专利持有人的专有权和公开披露新开发技术的信息之间保持平衡。所以，专利是以公开换保护。

专利制度体系要求专利申请人披露其发明信息对于技术的持续发展至关重要。此种信息为其他发明人开发新的技术解决方案提供了基础。没有公开，公众就无法获得技术进步的新信息。

专利信息通常是指专利申请和授权专利中的信息。专利信息可能包括发明人和专利申请人以及专利持有人的著录数据、要求保护的发明的说明书、该技术领域的相关发展以及对申请人要求专利保护的范围进行说明的一系列权利要求书等。

2. 专利文件的用途

专利文件包括一般不以任何其他形式进行公开的技术信息，涵盖了几乎每个技术领域。专利文件具有相对标准的格式，并按照技术领域进行分类，以便为识别文档提供便利。总而言之，利用专利文件可以轻松获得海量人类知识。

【思考题 5-1】

根据你的专业或你的导师的研究方向，在国家知识产权局网站上检索相关专利文献，思考专利文件所含的信息对于研发人员、企业家等的作用。

解析

3. 如何获得专利信息

越来越多的专利管理机构通过在线数据库提供专利文件，这提高了专利信息的可得性。尽管如此，有效利用这些信息还是需要一定技巧的，包括开展定向专利检索，对专利检索结果进行有意义的分析等。

专利文献通常由国家和地区专利局在专利申请首次提交后的18个月或者专利申请人所要求保护的发明被授权之后公开。有些专利局通过免费的在线数据库公开专利文献，使获取专利信息变得方便便捷。

使用WIPO PATENTSCOPE的数据库可以免费查询通过《专利合作条约》(PCT)体系提交的数以百万计的国际专利申请，也可以查询向美国专利商标局(USPTO)、欧洲专利局(EPO)等国家和地区专利局提交的专利文件。

【实例5-2】图5-3～图5-6分别为用于净化PM2.5的雪尼尔屏风专利文件的扉页、权利要求书、说明书发明内容、具体实施例。该专利来源于张迎晨、吴红艳等的用于净化PM2.5的雪尼尔屏风(CN201410246536.1)发明专利。

如图5-3所示，通过扉页可以了解该项专利相关的注录事项，如专利的申请时间、申请号、专利权人、发明人、申请公开号、申请公开日、国际专利分类(international patent classification，IPC)号等信息。

(19) 中华人民共和国国家知识产权局

(12) 发明专利申请

(10) 申请公布号 CN 104083038 A ← 专利公布号

(43) 申请公布日 2014.10.08 ← 专利公布日

申请号 → (21) 申请号 201410246536.1

(22) 申请日 2014.06.05 ← 申请日

D06M 15/256 (2006.01)
D06M 10/00 (2006.01)

专利权人 → (71) 申请人 中原工学院
地址 451191 河南省郑州市新郑龙湖经济开发区淮河路1号

(72) 发明人 张迎晨 吴红艳 彭松娜 黄程博 ← 发明人
阚淑文 李文旺 高尚 伍思远

(74) 专利代理机构 郑州优盾知识产权代理有限公司 41125
代理人 张绍琳 孙诗雨

(51) Int. Cl.
A47G 5/00 (2006.01)

IPC分类号 → *B01D 39/08* (2006.01)
B01D 39/14 (2006.01)
B01D 46/00 (2006.01)
D02G 3/42 (2006.01)

权利要求书1页 说明书6页 附图4页

(54) 发明名称
发明名称 → 用于净化 PM2.5 的雪尼尔屏风

(57) 摘要

摘要 → 本发明公开了一种用于净化 PM2.5 的雪尼尔屏风,它包括借助机织、针织品、针织、钩编、经编或编织工艺,通过雪尼尔纱线系统互连形成的三维立体连续体,所述三维立体连续体的至少两面是由雪尼尔纱线构成的过滤面,所述过滤面中间的夹层和起支撑作用的纤维构成支撑空间,在所述支撑空间中间隔排布有雪尼尔衬垫纱线和 LED 线,与现有技术相比,本发明有以下优点:①具有极强的抗菌杀菌性能和负离子释放性能;②添加电气石纳米粉的超细纤维经高压静电处理后,具有极强的吸附 PM2.5 的性能和高效的空气过滤性能;③本发明雪尼尔纱线构成的过滤面的外表面经拒油拒水抗污处理,便于清洁和擦洗。

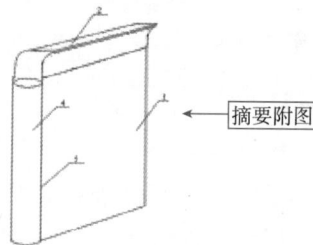

摘要附图 ←

图 5-3　用于净化 PM2.5 的雪尼尔屏风专利文件的扉页

如图5-4所示，权利要求书作为专利最重要的技术文件，通过其独立权利要求，可以快速了解该项专利技术方案的主要技术特征；通过各项从属权利要求可以更进一步了解独立权利要求中作为专利的必要技术特征的各项技术特征的具体范围、实验数据、技术参数等。

20140605

2014102465361

权 利 要 求 书

独立权利要求 →
1. 一种用于净化 PM2.5 的雪尼尔屏风,其特征在于:它包括借助机织、针织品、针织、钩编、经编或编织工艺,通过雪尼尔纱线系统互连形成的三维立体连续体,所述三维立体连续体的至少两面是由雪尼尔纱线构成的过滤面(1),所述过滤面中间的夹层和起支撑作用的纤维构成支撑空间,在所述支撑空间中间隔排布有雪尼尔衬垫纱线和 LED 线(6)。

从属权利要求 →
2. 根据权利要求 1 所述的用于净化 PM2.5 的雪尼尔屏风,其特征在于:所述起支撑作用的纤维为雪尼尔纱线或初始模量3000～10000N/mm² 的单丝。

3. 根据权利要求 1 所述的用于净化 PM2.5 的雪尼尔屏风,其特征在于:所述三维立体连续体的加工设备为三维织机、双针床针织机、双针床经编机、多相织机。

4. 根据权利要求 1 所述的用于净化 PM2.5 的雪尼尔屏风,其特征在于:所述支撑空间的宽

图 5-4　用于净化 PM 2.5 的雪尼尔屏风专利文件的权利要求书

如图5-5所示，通过说明书可以了解实现该项专利技术的完整技术方案及实现该技术方案的技术方法。

CN 104083038 A　　　　　　　　　　说　明　书　　　　　　　　　　1/6 页

发明名称 →

用于净化 PM2.5 的雪尼尔屏风

技术领域 →

技术领域

[0001]　本发明涉及一种屏风,具体涉及一种用于净化 PM2.5 的雪尼尔屏风。

背景技术 →

背景技术

[0002]　现有技术中的雪尼尔纱线其芯线是以腈纶纱为原料加捻而成,羽纱是以粘胶纱为原料切割成短羽而成,被广泛地应用于家纺及针织服装领域。采用普通的雪尼尔纱线织造的织物一般多取其装饰效果,其舒适性方面较差。很少用于空气过滤用途。

[0003]　中国在经历了 18 世纪工业革命带来的"煤烟型污染"和 19 世纪石油和汽车工业带来的"光化学烟雾污染"之后,现代人正经历以具有中国特色的"严重 PM2.5 型雾霾大气环境污染"为标志的第三污染时期。现在人们所处的生活环境越来越恶劣,无尽的工业排放废气、随处可见的汽车尾气导致了日益严重的空气污染。雾霾天气,PM2.5 已经向人们警示空气污染的严重影响。工业化的进程对空气过滤器的需求日趋严格,如医疗、卫生、食品、化工、电子等洁净车间,洁净厂房,实验室及洁净室,或者用于电子机械通信设备等的防尘。

发明内容 →

发明内容

[0009]　针对现有技术中存在的问题,本发明提供一种用于净化 PM2.5 的雪尼尔屏风,该屏风具有抗菌负离子释放性能,并兼具空气净化、房间美化和隔断的作用。

[0010]　为解决上述问题,本发明采用以下技术方案:

　　一种用于净化 PM2.5 的雪尼尔屏风,它包括借助机织、针织品、针织、钩编,经编或编织工艺,通过雪尼尔纱线系统互连形成的三维立体连续体,所述三维立体连续体的至少两

图 5-5　用于净化 PM2.5 的雪尼尔屏风专利文件的说明书

如图5-6所示，通过具体实施例可以了解实现该项专利技术的技术方案中的一种具体实施方法。

附图说明 →

附图说明

▸ [0020]　图 1 为本发明的结构示意图。

[0021]　图 2 为本发明中支撑空间中雪尼尔衬垫纱线和 LED 线的结构分布图。

[0022]　图 3 为本发明中雪尼尔纱线构成的过滤面的结构示意图。

[0023]　图 4 为图 1 的拆分状态结构示意图。

具体实施例 →

具体实施方式

[0024]　**实施例 1**

　　如图 1、图 2、图 3 和图 4 所示,本实施例用于净化 PM2.5 的雪尼尔屏风,它包括借助机织、针织品、针织、钩编,经编或编织工艺,采用三维织机进行加工,通过雪尼尔纱线系统互连形成的三维立体连续体,所述三维立体连续体的两面是由雪尼尔纱线构成的过滤面 1,所述过滤面中间的夹层和起支撑作用的雪尼尔纱线构成支撑空间,该雪尼尔纱线芯纱的直径为 2mm,羽纱的直径为 20mm,支撑空间的间距为 40mm,在支撑空间中具有直径为 20mm 的雪尼尔衬垫纱线和 LED 线 6 间隔排布。

图 5-6　用于净化 PM2.5 的雪尼尔屏风专利文件的附图说明、具体实施例

通过公开的专利文件，我们可以便捷地获取所需的技术信息、法律信息、商业信息，通过有效的加工，为研发人员、企业家等人员提供情报信息服务。

5.1.3 专利文献基础知识

1. 专利文献概述

专利文献是指实行专利制度的国家及国际专利组织在受理、审批、注册专利过程中产生的官方文件及其出版物的总称。

世界知识产权组织(World Intellectual Property Organization，WIPO)于1988年编写的《知识产权教程》阐述了现代专利文献的概念：专利文献是包含已经申请或被确认为发现、发明、实用新型和工业品外观设计的研究、设计、开发和实验成果的有关资料，以及保护发明人、专利所有人及工业品外观设计和实用新型注册证书持有人权利的有关资料的已出版或未出版的文件(或其摘要)的总称。

专利信息是指以专利文献为主要内容或以专利文献为依据，经分解、加工、标引、统计、分析、整合和转化等信息化手段处理，并通过各种信息化方式传播而形成的与专利有关的各种信息的总称，包括技术信息、法律信息、经济信息、战略信息。

专利文献是记载专利申请、审查、批准过程中所产生的各种有关文件的文件资料，可分为一次文献和二次文献，如图5-7所示。

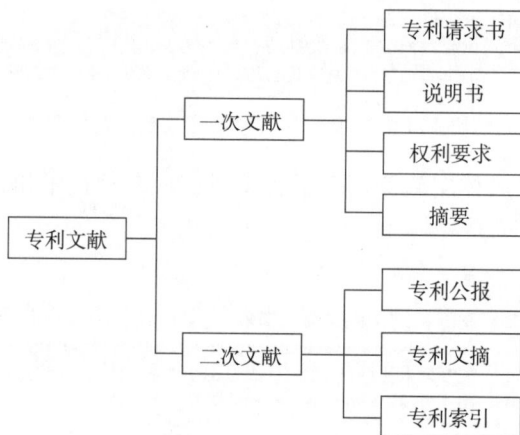

图 5-7　专利文献分类

(1) 一次文献。一次文献是指狭义的专利文献，包括专利请求书、说明书、权利要求书、摘要在内的专利申请说明书和已经批准的专利说明书的文件资料。

(2) 二次文献。二次文献是指广义的专利文献，包括专利公报、专利文摘、专利索引等专利文献，是一种集技术、经济、法律三种情报于一体的文件资料。常见的二次专利文献有专利公报、官方专利文摘周报、官方专利索引以及官方有关法律保护状态变更的出版物。二次专利文献的主要目的不仅是传播有关申请专利的新发明创造信息，也是在进行专利事务的公告。

2. 专利文献种类标识代码

专利申请、授权整个流程中产生的各种文本都用不同号码进行标识从而区分不同种类的文献，如申请号码、公开号码、公告号码等。这些号码是用来唯一识别这些专利文献的编号，每个号码都蕴含着各种信息，用户可以通过阅读不同号码的专利文献，从中获取专利权种类、不同审批程序中出版的说明书以及说明书出版时的编号系列的专利信息，如专利的申请国家，专利的类型是发明专利、实用新型还是外观设计，申请的年份，处于哪个阶段的文献等信息。

学习专利文献基础知识可以快速、清晰地获取专利文献中的信息。专利申请人在递交专利申请之后，通过初步审查，如果是发明申请还要通过实质审查，在专利审查的不同阶段会产生不同的文献，如申请文本、公开文本、公告文本等，这些文本是公众获取专利信息的途径。

为完善中国知识产权行业标准体系，中华人民共和国国家知识产权局(以下简称国家知识产权局)根据《中华人民共和国标准化法》和《专利法》，并参照WIPO发布的相关标准，2004年7月1日起施行新的专利文献种类标识代码体系，方便相关人员完整、准确地标识公布的中国专利文献种类，并快捷地存储、检索、获取中国专利文献与信息，提高为社会公众服务的质量。

(1) 标识代码标准管理。由国家知识产权局指定的标准管理者依据标准的条款内容，对专利文献种类标识代码标准进行管理，并负责建立一个专利文献种类标识代码标准有效运行环境。

(2) 标识代码组成部分。专利文献种类标识代码以一个大写英文字母，或者一个大写英文字母与一个阿拉伯数字的组合表示，纯数字不能作为专利文献种类标识代码使用。大写英文字母表示相应专利文献的公布或公告，阿拉伯数字用来区别公布或公告阶段中不同的专利文献种类。

【思考题 5-2】

我国各类专利说明书自1985年9月开始出版以来，随专利审批程序的变化不断推陈出新。请查阅相关网站和相关资料对专利文献种类标识代码中字母的含义进行辨析。

解析

(3) 专利文献种类标识代码要求。为了完整、准确地标识不同种类的专利文献，应当将中国国家代码CN、专利文献号、专利文献种类标识代码联合使用，排列顺序应为国家代码CN、专利文献号、专利文献种类标识代码。如果需要，也可以在国家代码CN、专利文献号、专利文献种类标识代码之间分别使用1位单字节空格，如：

CN　×××××××××　A
CN　×××××××××　B
CN　×××××××××　C
CN　×××××××××　U
CN　×××××××××　Y
CN　×××××××××　S

【**实例5-3**】图5-8所示为发明专利溶胶凝胶型喷墨打印机用纳米铝粉墨水的加工方法CN 201310174457在2014年11月19日的专利申请公布文献，公布号为CN 104151931A，其中专利文献种类标识代码"A"表示发明专利申请公布。图5-9所示为发明专利纳米细菌纤维素超细纤维纱的加工方法(CN 2011104414407)在2016年2月17日的专利授权公告文献，公告号为CN 103173899 B，其中专利文献种类标识代码"B"表示发明专利授权公告。图5-10所示为实用新型专利一种阅读架CN 2014200281852在2014年7月2日的专利授权公告文献，公告号为CN 203676448 U，其中专利文献种类标识代码"U"表示实用新型专利授权公告。

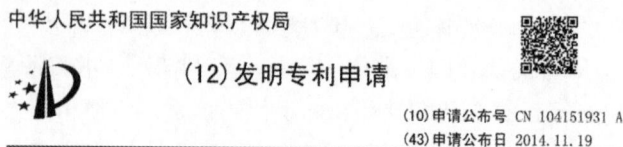

中华人民共和国国家知识产权局

(12)发明专利申请

(10)申请公布号 CN 104151931 A
(43)申请公布日 2014.11.19

图 5-8　发明专利 CN 201310174457 文献种类标识代码

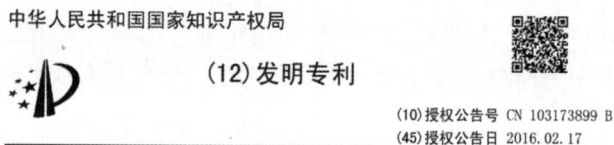

中华人民共和国国家知识产权局

(12)发明专利

(10)授权公告号 CN 103173899 B
(45)授权公告日 2016.02.17

图 5-9　发明专利 CN 2011104414407 文献种类标识代码

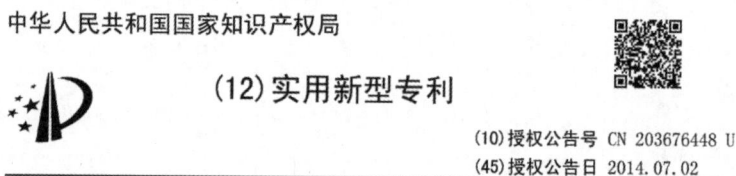

中华人民共和国国家知识产权局

(12)实用新型专利

(10)授权公告号 CN 203676448 U
(45)授权公告日 2014.07.02

图 5-10　实用新型专利 CN 2014200281852 文献种类标识代码

3. 专利文献著录项目的INID码

为了扫除专利文献用户在浏览各国专利文献时的语言障碍，WIPO制定了标准《关于专利及补充保护证书著录项目数据的建议》(ST.9)和《工业品外观设计著录数据推荐标准》(ST.80)。两项标准规定了专利文献著录项目识别代码，即INID码。INID码是由两位阿拉伯数字组成的代码，共有9个系列：(10)系列、(20)系列……(90)系列。INID码的(20)系列见表5-1。

表 5-1　INID 码的 (20) 系列

INID码	含义
21	申请号
22	申请日期
23	其他日期(包括临时说明书提出之后完整说明书提出日期)
24	工业产权权利开始生效日期
25	原始公布时的语种

INID码既方便计算机处理数据，又有利于扫除读者在浏览各国专利文献时的语言障碍，特别是小语种专利文献的语言障碍。该标准用于发明、实用新型、补充保护证书的专利文献著录项目，它在各国专利说明书扉页专利公报以及其他检索工具中广泛应用。

【实例5-4】 如图5-11所示，实用新型专利CN 201420028191.8中"(21)申请号201420028191.8"表示该专利的申请号信息，其中(21)为表5-1中的"21"代码，代表申请号。"(22)申请日期2014.01.17"表示该专利的申请日信息，其中(22)为表5-1中的"22"代码，代表申请日期。

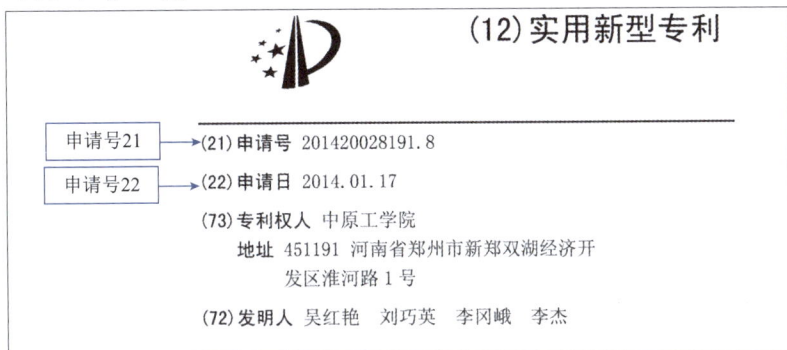

图 5-11　实用新型专利 CN 201420028191.8 的 INID 码

如图5-12所示，发明专利CN 201710148599.7中"(71)申请人 中原工学院"表示该发明专利的申请人信息，其中(71)为表5-2中的"71"代码，代表申请人。"(72)发明人 吴红艳 张迎晨 刘媛媛 王柔云 孙杰 彭松娜 尹双瑶"表示该发明专利的发明人信息，其中(72)为表5-2中的"72"代码，代表发明人。INID码的(70)系列见表5-2。

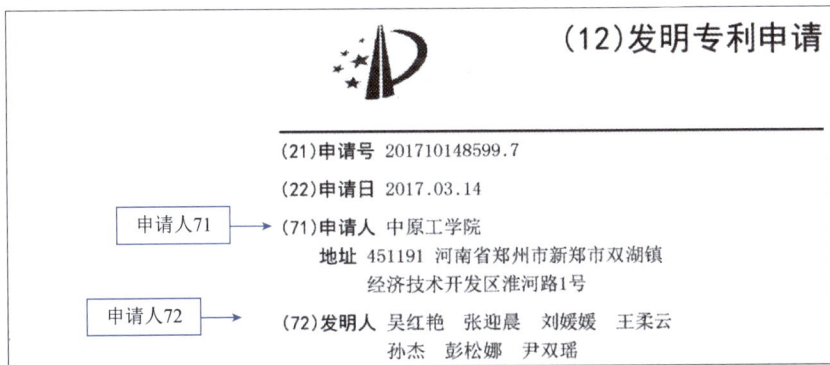

图 5-12　发明专利 CN 201710148599.7 的 INID 码

表 5-2　INID 码的 (70) 系列

INID码	含义
71	申请人姓名
72	发明人姓名
73	保护文件的获得者、持有者或其法律继承者的姓名
74	专利代理人或代表人姓名
75	申请人兼发明人的姓名
76	申请人兼保护文件获得人和发明人的姓名

4. 专利文献的分类

IPC, 1971年3月24日在法国斯特拉斯堡通过, 1975年生效。IPC是目前唯一国际通用的专利文献分类, 各国专利局或国际性专利组织每年都要受理数目可观的专利申请, 出版大量专利文献。按IPC规定的方法将文献进行归档, 采用一个合理的程序将它们查找出来, 对于巨量的专利文献分类管理以及公众利用专利文献具有重大的意义。

我国1985年使用IPC, 1996年6月递交《IPC协定》, 1997年6月正式加入斯特拉斯堡协定。

IPC表包括了与发明创造有关的全部技术领域, 将不同的技术领域分成八个部分, 每一个部分定为一个分册, 用英文大写字母A～H表示。分类体系是由高到低依次排列的等级式结构, 是把与发明创造有关的全部技术领域按不同的技术范围设置成部、大类、小类、大组或小组, 由大到小降次顺序排列。

国家知识产权局于2018年3月5日发布IPC分类表(2018版), IPC分类表(2024.01版)可在国家知识产权局网站获取。该页面提供了A～H部的各个分册链接供下载。

部的类号是用大写英文字母表示, 如A部、B部等。八个部分所涉及的技术范围如下。

A部为人类生活必需。

B部为作业、运输。

C部为化学、冶金。

D部为纺织、造纸。

E部为固定建筑物。

F部为机械工程、照明、加热武器、爆破。

G部为物理。

H部为电学。

每个部有部类名, 部类名主要是概要地指出该部所包括的技术范围, 通常对部类名的技术范围不作精确的定义。

(1) 大类。每一个部按不同的技术领域分成若干个大类, 每一个大类的类名对它所包含的各小类的技术主题作全面的说明, 表明该大类所包括的主题内容。每一大类的类号由部的类号和在其后加上的两位数字组成。

(2) 小类。每一大类包括一个或多个小类。IPC的设置原则是通过各小类的类名, 并结合小类的有关参见或附注, 尽可能精确地定义该小类所包括的技术主题范围。每一小类的类号由大类类号加上一个英文大写字母组成。

(3) 组。每一小类细分成若干个大组或小组, 大组和小组统称为组。

① 大组: 大组是小类的细分。大组的类号由小类类号加上1～3位数字、斜线(/)及数字"00"组成。

② 小组: 小组是大组的细分, 大组可以细分成若干个小组。每一个小组的类号由小2类号加上1～3位的数字、斜线(/)及一个除"00"以外的至少两位数字组成, 小组的类名可检索属于该大组范围之内的一个技术主题范围。小组的类名前一个或几个圆点表示该小组的等级位置, 即表示一个小组是它上面, 离它最近的, 比它少一个圆点的那个小组的细分类。

【实例5-5】 一种阅读架的专利IPC分类号为A47B 23/00，如图5-13所示，"A47B 23/00"是一个完整的分类号，如图5-14所示。依照IPC分类表，其中，"A"代表"部"，其含义是"人类生活必需"，是IPC体系中的最高层级；"A47"代表"大类"，含义是"桌子类"，"A47B"代表"小类"，它的范围是桌子里面涉及"写字台；办公家具；柜橱；抽屉；家具的一般零件"的相关专利文献；"A47B 23/00"是"桌子"的"大组"，是IPC体系中的低层级。

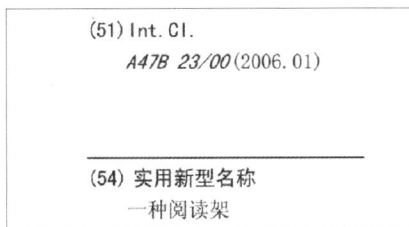

```
(51) Int. Cl.
    A47B 23/00 (2006.01)

    _____

(54) 实用新型名称
    一种阅读架
```

图 5-13　一种阅读架的专利 IPC 分类号

```
A47B 桌子；写字台；办公家具；柜橱；抽屉；家具的一般零件(家具的连接部件入 F16B 12/00)
17/00 至 23/00，27/00
计算机工作站用的
21/00
家庭使用的
29/00 至 35/00
其他桌子
23/00，25/00，37/00
```

图 5-14　IPC 分类表相关部分

由此可见，一种阅读架的专利IPC分类号"A47B 23/00"由代表部、大类、小类和大组类的号构成。

5. 专利文献的特点

专利文献既是一个技术文本，也是一个法律文本。专利文献除了记录了该项发明的技术之外，还体现了法律效应，如专利的专利权属、法律状态等。专利文献在前期撰写时的专利挖掘、专利布局、专利组合，在有效规避侵权隐患的同时还可以通过后期的专利运营来体现专利的经济价值。专利文献的特点如下。

(1) 文献内容。内容新颖，涉及技术领域广泛。《专利法》规定，专利是以公开换保护，且大多数国家的专利法均规定采用先申请原则，即分别就同样发明内容申请专利的，专利权将授予最先申请者。这就要求申请专利的发明具有新颖性、创造性，促使发明人在产生了新的创新思路后迅速申请专利。为了使创新技术得到知识产权的有效保护，各技术领域的企业、个人对自主创新的技术绝大多数都申请了专利。

(2) 文献获取。公开、免费、定期出版、便于查询。很多国家相继采用了早期公开制，发明说明书自申请专利之日起满18个月即向公众公开，不仅加快了专利以公开换保护的进程，而且为人们获取专利文献提供了便捷。

(3) 文献形式。格式统一、资料规范、便于阅读。各国专利说明书都是按照国际统一的格式印刷出版的，著录项目都有统一的识别代码，国家名称也有统一的代号。读者在阅读专利文献时，可以按照专利说明书的特征进行阅读，快速地从专利文献中提取有效的文献信息。

(4) 技术效力。传播最新的科学技术信息。

(5) 法律效力。集技术、法律、经济信息于一体。

6. 专利文献在课题研究中的作用

(1) 研究课题开题立项时，可全面了解课题技术领域的现有技术水平，选择高起点及新的科研领域，避免重复劳动和投入，节省时间及科研经费。

(2) 立项评估阶段进行新颖性检索可为项目申报与鉴定提供科学尺度。

(3) 在科研活动中，了解科研项目的发展历史、已取得的成果及各种解决方案，有利于科研人员拓展思路，启发创造性的思维。

(4) 有利于了解某一项技术在该领域比较活跃的高校、科研机构、企业及其技术水平等，有助于预测未来的技术、经济和市场等的发展趋势，从而调整课题的研究方向。

(5) 有助于实现科技产业化，使科研与市场较好地结合，加速科技成果的推广与运用。

(6) 有利于了解世界科技发展动态，及时引进国外新技术，提高我国科研水平及总体实力。

(7) 借鉴专利文献信息，有效避免产学研过程中侵权隐患或产权纠纷。

5.2　专利信息检索概述

海量的专利信息蕴含着大量技术信息、法律信息和经济信息。专利信息检索是获得专利信息的主要方法，是课题研究的必要途径。科研人员在课题立项、课题研究、研究成果申请专利时都应进行专利信息检索，以实现课题研究的实效性。

5.2.1　专利信息检索的概念及特征

专利信息检索是指根据一项或数项特征，从大量的专利文献或专利数据库中挑选符合某一特定要求的文献或信息的过程。简单地说，专利信息检索就是有关专利信息的查找。

专利信息检索中的信息特征，即专利信息检索时各种文献特征及影响专利信息检索的因素。常用的专利信息检索特征有数据量、数据特点、检索目的、检索策略、检索系统、检索方式、检索入口、检索种类、检索范围等。

5.2.2　专利信息检索的分类

专利信息检索从技术角度可以分为两大类，即非技术角度检索和技术角度检索。专利信息检索的分类如图5-15所示。

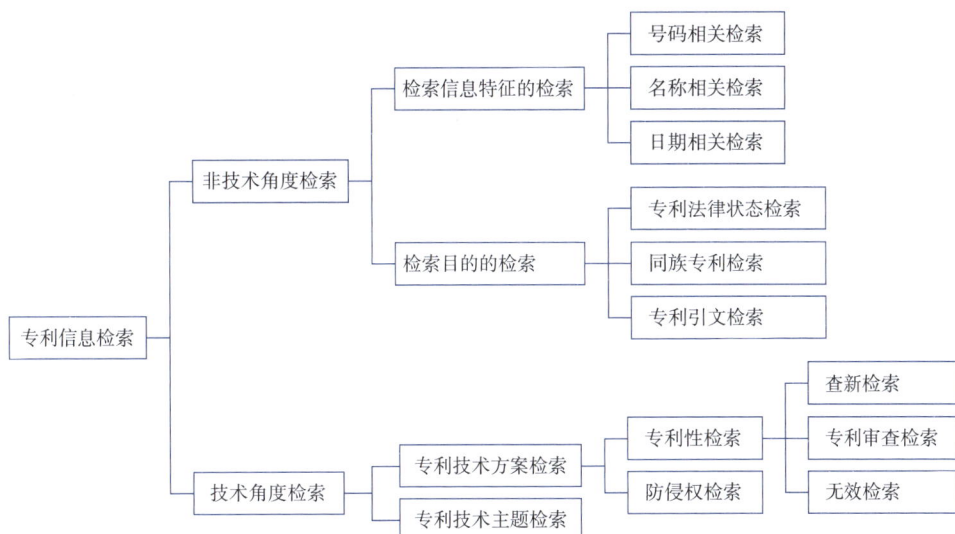

图 5-15　专利信息检索的分类

根据检索目的的不同，完成一项专利信息检索工作，其检索的方式、途径都有所不同。每一次检索都需要经历一个复杂的过程，这个过程不仅受到检索目的、检索策略、检索系统、检索方式、检索入口、检索范围、数据特点等因素的影响，而且与检索人员自身的检索经验以及检索技巧有关，其检索结果也会有所差异。在进行专利信息检索之前，首先要确定检索目的，再根据检索目的选择适当的专利网站、专利数据库。

5.2.3　专利信息检索的工具

1. 专利信息检索工具概述

各国专利信息公开程度具有差异性。部分国家和地区数据库能检索权利要求甚至专利全文，部分国家数据库可检索到发明的名称和摘要，部分国家数据库仅可以检索到发明名称。中国、美国、欧洲、日本等一些国家公开的专利信息程度相对大一些。

《专利法》第二十一条规定："国务院专利行政部门应当加强专利信息公共服务体系建设，完整、准确、及时发布专利信息，提供专利基础数据，定期出版专利公报，促进专利信息传播与利用。"2000年1月，我国专利文献全部实现通过互联网公开出版。

1998年，欧洲专利局开始向因特网用户提供免费的专利服务，使用户便捷有效地获取免费的专利信息。

依据1999年通过的《美国发明者保护法》(AIPA)，从2001年3月15日起，美国专利商标局开始出版专利申请说明书，并提供网上服务。

2. 专利信息检索工具的三大要素

(1) 数据源。各国专利局公开的信息以及信息提供商加工后的数据信息。

(2) 数据加工。对专利文献进行信息的深度抽取和处理，分为初加工和深加工。

(3) 平台功能。专利信息平台所提供的检索分析和管理功能。

3. 常用专利数据库及专利信息检索与分析平台介绍

国家知识产权局官方网站(https://www.cnipa.gov.cn)为公众提供了多种免费专利检索服务。通过国家知识产权局官方网站提供的专利检索服务系统可以检索专利申请、审查、授权流程中的各种专利信息，如专利的法律状态、专利同族、专利引文、专利缴费等。同时，国家知识产权局官方网站提供了专利的检索分析功能系统，但其分析功能相对弱一些。除了国家知识产权局官方网站之外，我国还涌现出一批商业专利信息数据库及专利检索与分析平台，极大地提高了检索效率，增强了分析的功能。部分商业数据库及检索平台提供免费使用、免费试用服务，为专利的检索与分析提供了极大的便利。

以下是常用专利数据库及专利信息检索与分析平台的介绍。

(1) 专利检索及分析。

网址：https://pss-system.cponline.cnipa.gov.cn。

该网站收录了103个国家、地区和组织的专利数据，以及引文、同族、法律状态等数据信息，其分析功能包括快速分析、定制分析、高级分析、生成分析报告等。使用专利检索及分析数据库，以申请人"中原工学院"为检索词进行检索，然后单击"申请人趋势分析"按钮，得到2016—2024年中原工学院趋势分析图，如图5-16所示。

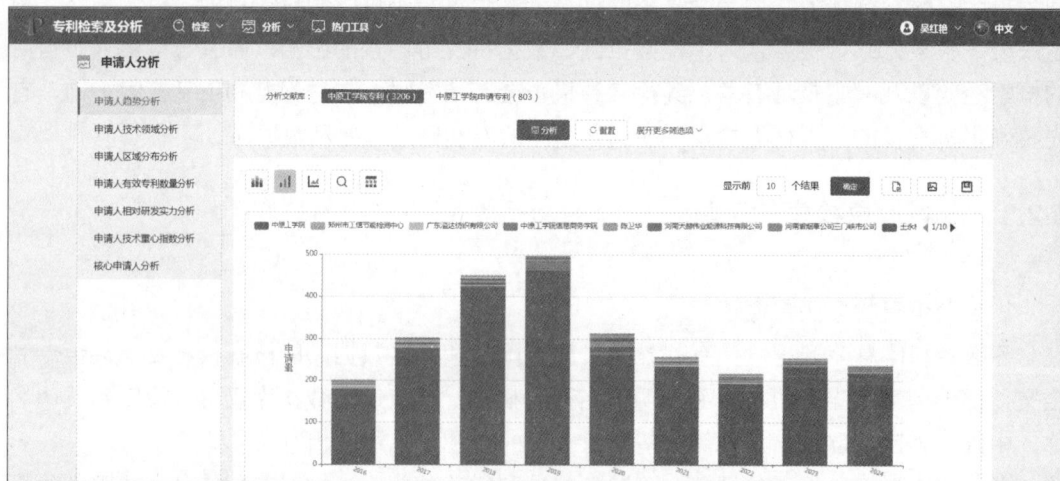

图 5-16　专利检索及分析界面

(2) 中国专利公布公告。

网址：http://epub.cnipa.gov.cn。

该网站包括自1985年9月10日以来公布公告的全部中国专利信息，利用其检索功能可以对发明公布、发明授权、实用新型和外观设计四种公布公告数据进行查询，具体包括中国专利公布公告信息，以及实质审查生效、专利权终止、专利权转移、著录事项变更等事务数据信息。例如，利用中国专利公布公告查询系统，以专利申请号2018102402943进行查询，检索到一种智能3D假发制备方法与设备的公布信息。图5-17为中国专利公布公告查询系统检索界面。

图 5-17 中国专利公布公告查询系统检索界面

(3) 国家知识产权局 专利复审和无效审理部。

网址：http://www.cnipa.gov.cn/col/col2632/index.html。

用户可在该网站复审和无效审理部页面，通过"口审公告及决定查询"选项，进入"审查决定检索"，输入关键词，如申请(专利)号、决定号、请求人等信息，查询已经公告的复审案件和无效案件的决定书。图5-18为国家知识产权局专利复审和无效部检索界面。

图 5-18 国家知识产权局专利复审和无效检索界面

(4) 中国及多国专利审查信息查询。

网址：https://cpquery.cponline.cnipa.gov.cn。

中国及多国发明专利审查信息查询包括中国国家知识产权局(CNIPS)、欧洲专利局、日本特许厅、韩国特许厅、美国专利商标局受理的发明专利申请及审查信息。例如，利用中国及多国专利审查信息查询数据库，以发明专利名称为一种聚四氟乙烯纳米纤维过滤材料及其加工方法(申请号2020110169929)进行查询，即可获得各种查询信息。图5-19为中国及多国专利审查信息查询界面。用户可分为注册用户和普通用户。其中，注册用户是指电子申请注册用户，可查询该注册用户名下的所有专利申请的相关信息，如基本信息、费用信息、审查信息、公布公告信息、专利授权证书信息等；普通用户为社会公众，可以通过输入申请号、发明名称、申请人等内容，对已经公布的发明专利申请，或已经公告的发明、实用新型及外观设计专利申请的基本信息、审查信息、公布公告信息进行查询。

图 5-19 中国及多国专利审查信息查询界面

(5) 美国专利商标局(USPTO)。

网址：https://www.uspto.gov/。

检索美国专利，进入https://www.uspto.gov/patents。

检索美国商标，进入https://www.uspto.gov/trademarks。

美国专利授权数据库收录了授权专利说明书中的全部信息，能满足大部分专利权检索的需要。美国专利授权数据库提供1790年至今的美国授权专利文献，其中1790—1975年的数据只有图像型专利全文数据，可以从专利号、公告日、分类号三种途径检索。1976年以后的数据除了图像型专利全文数据，还提供编码型专利全文数据，可以通过所提供的多种字段进行检索，对专利文献的引用数据仅限于1976年后。美国专利商标局检索界面如图5-20所示。

专利检索步骤如下。

① 进入官网。登录美国专利商标局官方网站，单击网站首页左上方的"Patents"下的"Search for patents"。

② 选择检索入口。单击"Patent Public Search"。

③ 选择检索方式。用专利号检索，单击"Basic Search"进入基本搜索；若需更复杂条件检索，可选择"Advanced Search"高级搜索。

④ 输入检索信息。在"Basic Search"的"Quick Lookup"板块输入专利号，或在相应输入框输入其他检索条件，如关键词、发明人等。在"Advanced Search"可根据具体字段要求输入更详细的检索式。

⑤ 查看检索结果。单击"Search"后，页面下方会出现检索结果，单击"PDF"可查看专利证书详细信息。

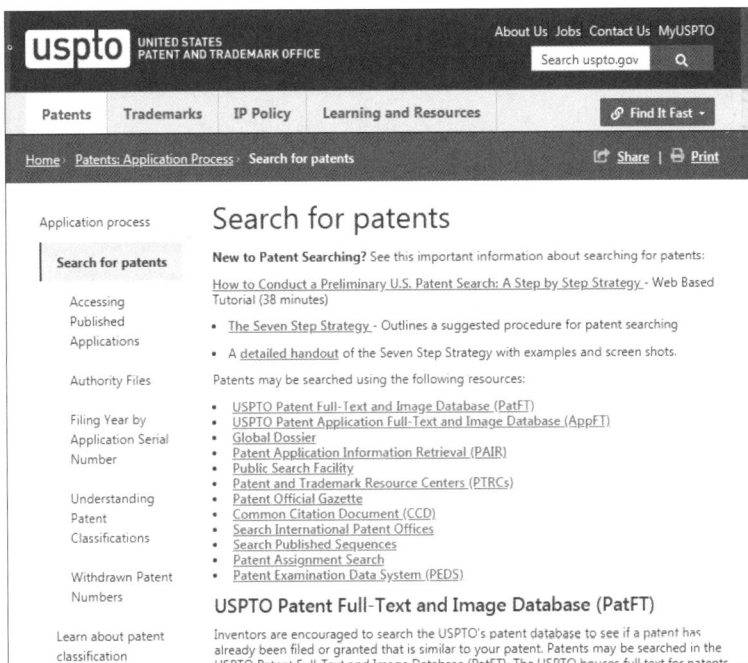

图 5-20　美国专利商标局检索界面

(6) EPO专利信息检索系统。

欧洲专利局有多个专利信息检索系统，本书将重点介绍三个，分别是Espacenet Patent Search (Espacenet)、European Patent Register(EP Register)和Common Citation Document (CCD)。

① Espacenet检索系统是欧洲专利局为公众提供的基于其已公布的欧洲专利申请与专利及其收集到的世界各国专利申请与专利的信息服务系统。Espacenet检索系统除可以检索全世界范围内专利申请的著录项目、专利申请说明书外，还可以检索同族专利、法律状态等信息。其网址为https://worldwide.espacenet.com。图5-21为Espacenet检索系统检索界面。

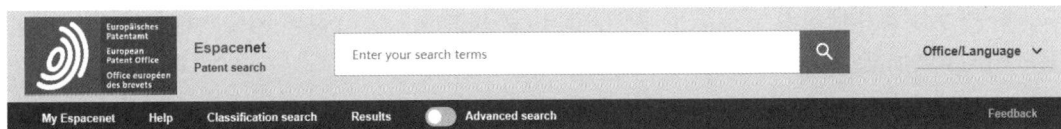

图 5-21　Espacenet 检索系统检索界面

② EP Register是欧洲专利局为公众提供的欧洲专利申请以及进入内法律状态及审查过程等信息的查询系统。其网址为https://register.epo.org/regviewer。图5-22为EP Register检索系统检索界面。

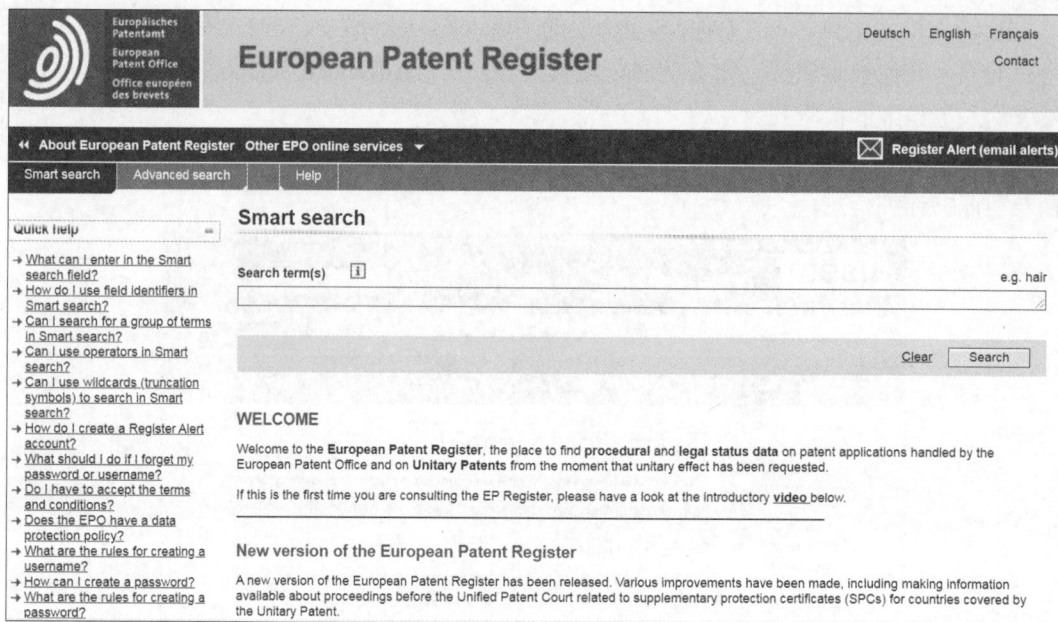

图 5-22　EP Register 检索系统检索界面

③ CCD即共同引用文献，是一个与专利信息检索相关的网络应用程序，旨在建立适当的基础设施，推动全球专利体系更好地融合，为用户提供一站式访问与IP5〔欧洲专利局、日本专利局(JPO)、美国专利商标局、中国国家知识产权局和韩国知识产权局KIPO〕专利申请相关的最新引用数据。

(7) 日本特许厅。

网址：http://www.jpo.go.jp/。

日本特许厅(Japan Patent Office，JPO)于1999年3月31日在因特网上开通工业产权数字图书馆(industrial property digital library，IPDL)，开始为公众无偿提供日本工业产权文献和相关信息。从2004年10月，IPDL归属于独立法人机构工业产权信息和培训中心(National Center for Industrial Property Information and Training，NCIPI)。

IPDL在其网站上提供日本发明、实用新型、外观设计专利信息及检索数据库、外文文献检索数据库、商标检索数据库、专利法律状态信息及检索数据库等，并为初次使用IPDL的用户设计了专门的检索界面。在IPDL提供的各种检索数据库中，发明、实用新型、外观设计专利信息及检索数据库和商标检索数据库提供日文、英文两种文字的检索页面，如图5-23所示。

IPDL提供的专利数据库资源包括自1885年以来公布的所有日本特许厅出版的专利、实用新型和外观设计电子文献及检索系统，通过其网站上的IPDL在因特网上免费提供给全世界的读者。

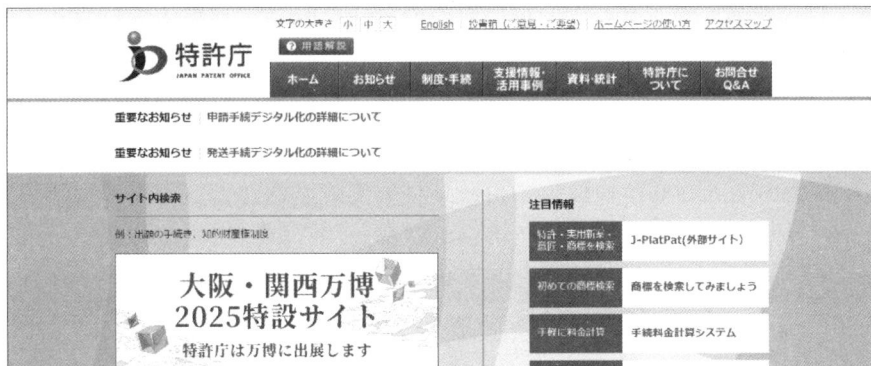

图 5-23　日本特许厅 (JPO) 的专利检索界面

(8) SooPAT。

网址：http://www.soopat.com/。

SooPAT具有专利分析功能，可以对专利申请人、申请量、专利号分布等进行分析，用专利图表表示，方便快捷。SooPAT网站刚开始是完全免费的，目前开始尝试收费服务，但是对于普通用户检索国内专利仍然可以免费，专利分析功能完全是免费的。当检索国外专利时，大多功能被限制。例如，利用SooPAT数据库，以发明人"张迎晨"为检索词进行检索，获取数据后，单击"SooPAT分析"按钮，即得"张迎晨"的专利分析报告界面，如图5-24所示。

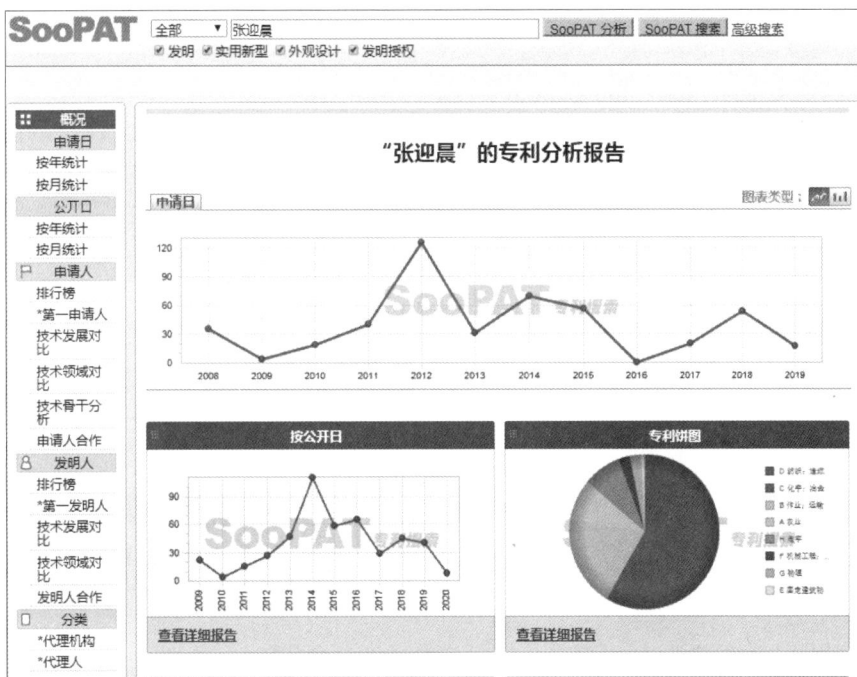

图 5-24　SooPAT 检索分析界面

(9) IncoPat。

网址：http://www.incopat.com/。

　　IncoPat为一个商业检索平台。例如，以发明人"吴红艳"为检索词进行检索，获取数据后，在分析列表中单击"技术公开趋势"选项，获取相关信息，IncoPat检索平台界面如图5-25所示。IncoPat检索平台可提供国外专利的中文标题和翻译，支持用中英文检索和浏览全球专利。多语言版本的信息还有助于提高检索的查全率，避免遗漏重要信息。IncoPat整合了40余种常用的专利分析模板，可以快速地对专利法律状态、技术发展趋势、竞争对手技术倾向、外国企业在华专利布局等项目进行分析。

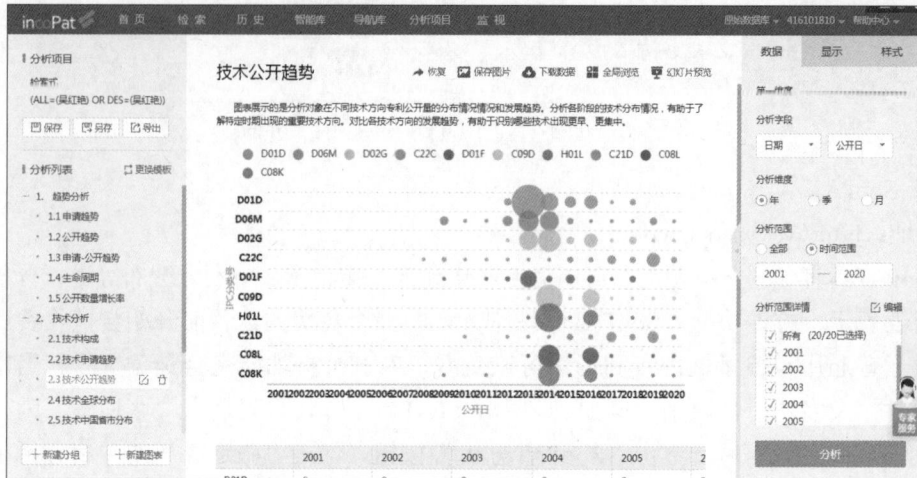

图 5-25　IncoPat 检索平台界面

（10）智慧芽。

网址：https://analytics.zhihuiya.com/。

　　基本专利检索功能不需要注册账号，直接进入使用。但批量导出/下载、分析等功能需要注册账号使用，建议注册账号。

　　智慧芽检索平台深度整合了从1790年至今的全球109个国家地区的1.3亿专利数据，更新速度及时。例如，用智慧芽检索平台，以发明人"吴红艳"为检索词进行检索，获取数据后，单击"英策(Insights)"按钮即可生成专利分析报告，如图5-26所示。

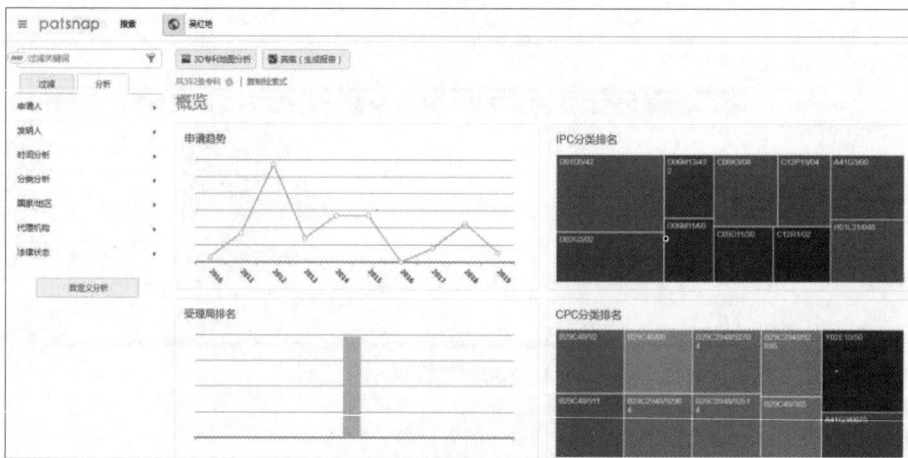

图 5-26　智慧芽检索平台界面

智慧芽的具体功能如下。

① 可检索全球109个国家专利数据，每周更新。

② 全文翻译。支持全球专利中文翻译，轻松获悉国外技术。

③ 高级检索。数据深加工搭配九大专利检索方式，化繁为简。

④ 多维浏览。多种浏览模式及图像化表达，实现信息去重去噪。

⑤ Insights专利分析报告。一键生成专利分析报告，了解行业发展情况及同行技术布局。

⑥ 专利价值评估。支持全球专利按价值进行排序，优先浏览重点专利，帮助高效快速发掘高价值专利。

⑦ 引用分析。了解技术的发展脉络，提高用户研发起点，缩短研发周期。

⑧ 3D专利地图。帮助用户了解所处领域的技术空白点和密集区；了解用户与企业的技术结合点，强强联合或优势互补。

⑨ Chemical化学数据库。覆盖全球1.4亿化学结构式数据，支持化合物关键词、结构式、图片检索、临床、药品数据检索与分析，多结构式组合检索。

拓展阅读5-2

主要区域/国家/地区专利检索官网及专利检索平台

5.2.4　专利信息检索的基本流程与步骤

1. 专利信息检索的基本流程

在进行专利信息检索时，对于不同的专利信息检索目的，其检索思路会有所不同，对于不同的专利检索思路，应有相应的专利信息检索策略。通常在专利信息检索前，检索员应与专业人员进行充分的交流和沟通，以确定专利信息检索目的，根据专利信息检索的目的提炼出专利技术信息要点，再通过对专利技术信息的分析，明确专利检索的关键词。专利信息检索后，要对专利信息检索结果进行评价，去除本次专利信息检索结果中的噪声。如果本次专利信息检索未能达到专利信息检索目的，检索员要再次与专业人员进行交流，确定新一轮的专利信息检索方案。一般情况下，为达到确定的专利信息检索目的，需要多次调整专利信息检索的方案，进行多轮专利信息检索、去噪，直到达到检索目的。专利信息检索的基本流程如图5-27所示。

2. 专利信息检索的步骤

专利信息检索的步骤如下。

(1) 确定检索目的。专利信息检索目的不同，专利信息检索类型应用场景也不同。

(2) 制定检索策略。根据不同的专利信息检索类型，采取不同的专利检索策略。

(3) 选择检索数据库和检索系统。根据专利信息检索与分析的需求，以及专利数据库和检索系统的特点，选择所需的数据库和检索系统。

(4) 分析确定检索要素。根据专利信息检索与分析需求的不同，确定检索要素，如检索时间、检索地域、技术、范围、专利相关人等。

(5) 构建检索式。按照检索的要求，进行检索式构建。检索表达式一般分为简单检索表达式和复杂检索表达式。

(6) 筛选检索文献，获取所需信息。在检索结果中选择满足检索目的的技术信息、法律信息、经济信息等。

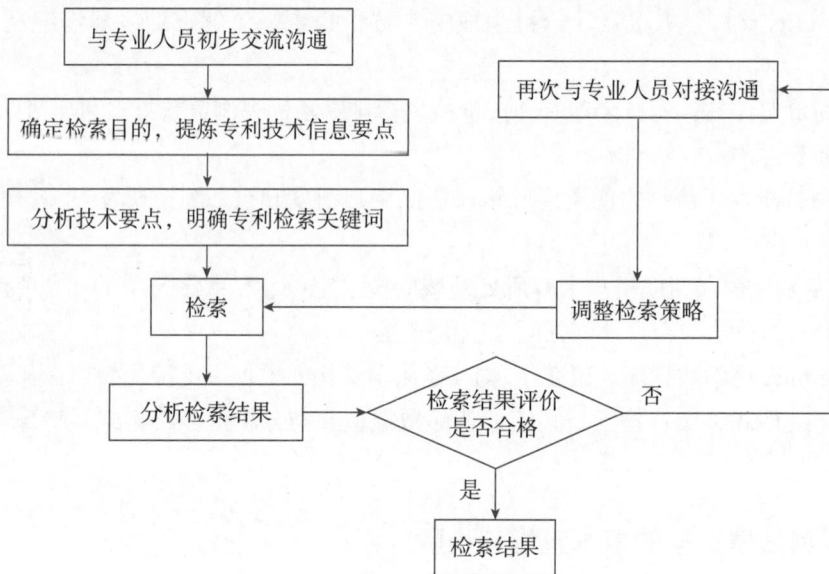

图 5-27　专利信息检索的基本流程

5.3　专利信息分析

在开始新的课题研究之前，需要对课题的可行性、研究前景进行评价。专利信息分析是进行课题评价的主要手段之一。通过专利信息分析，首先了解行业的专利情况，其次了解该技术领域的专利布局，避免研发浪费。如果课题的研发方向已经有专利布局，或其核心技术已经公开，应及时调整课题的研发方向。对专利信息进行分析、挖掘创新点，确定新的课题研发方向，可使研发课题在技术和市场竞争中掌握主动权，提升创新技术的社会效益。

5.3.1　专利信息分析基础知识

1. 专利信息分析概述

专利信息分析方法最初的产生是比较缓慢的。Seidel于1949年首次系统地提出专利引文分析的概念，指出专利引文是后继专利基于相似的科学观点而对先前专利的引证。Seidel还提出了高频被引专利及其技术相对重要的设想。然而，直到1981年，他的设想才被人们逐渐证实。我国自1985年起才开始正式实施专利制度，大众对专利制度以及专利信息分析作用的认识在不断加深，对专利信息分析以及专利战略的应用仍处于发展阶段。20

世纪90年代后，随着信息技术、网络技术与专利数据库的不断发展、完善，专利信息分析法开始真正适用并应用于企业战略与竞争分析，其方法体系开始建立和完善。

2. 专利信息分析定义

专利信息分析，即对专利说明书、专利公报中大量零碎的专利信息进行分析、加工、组合，并利用统计学方法和技巧使这些信息转化为具有总揽全局及预测功能的竞争情报，从而为企业的技术、产品及服务开发中的决策提供参考。

5.3.2　专利信息分析在课题研究中的意义

专利信息分析在课题研究中的意义如下：

(1) 从专利信息检索、分析中能获得课题研究的创新思维。

(2) 判断课题研究方案产业化时是否与相关的研究存在侵权风险。

(3) 了解关键技术国内外研发的趋势。

(4) 了解关键技术领域国内外主要竞争对手的专利布局。

(5) 了解核心专利技术有哪些，技术研发热点和技术研发空白点，哪些专利技术可以直接利用，哪些"地雷"需要回避。

(6) 判断目前研发所处的阶段，后续应采用哪种策略加强对研发成果的专利保护。

(7) 了解研发成果申请专利以及获得授权的前景。

(8) 通过阅读相关专利的信息，从中获得启示。

5.3.3　专利信息分析的方法

专利信息分析的方法有许多种，一般主要按定性分析、定量分析、拟定量分析和图表分析来划分分析方法的类型。

1. 定性分析方法

专利信息的定性分析是指通过对专利文献的内在特征，即对专利技术内容进行归纳、演绎、分析、综合，以及抽象与概括等，以达到把握某一技术发展状况的目的。专利信息的定性分析注重对技术内容的分析，是一种基础的分析方法，在专利信息分析中有重要的作用和不可替代的地位。

具体地说，根据专利文献提供的技术主题、专利国别、专利发明人、专利受让人、专利分类号、专利申请日、专利授权日和专利引证文献等技术内容，进行信息搜集，并对其内容进行阅读和摘记等；在此基础上，进一步对这些信息进行分类、比较和分析等研究活动，形成有机的信息集合，进而有重点地研究那些有代表性、关键性和典型性的专利文献，最终找出专利信息之间的内在甚至是潜在的相互关系，从而形成一个比较完整的认识。

【实例5-6】 如图5-28所示，发明专利聚丙烯纤维及其制造方法为重点专利，采用定性分析方法，对该项专利解决的技术问题、技术方案进行分析。

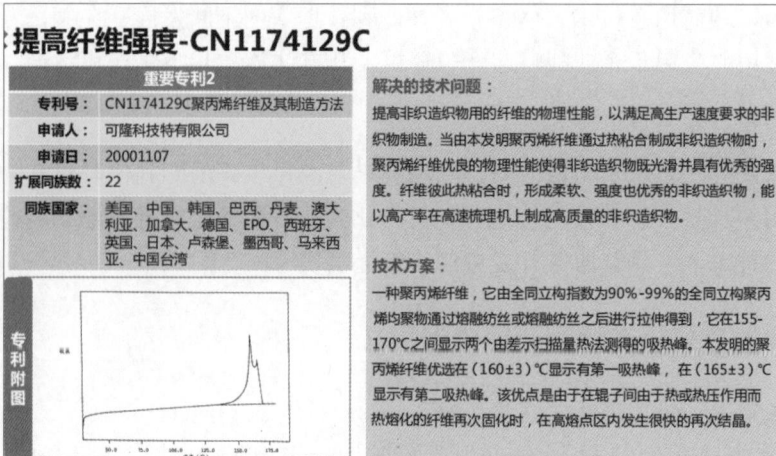

图 5-28　发明专利聚丙烯纤维及其制造方法的分析

2. 定量分析方法

专利信息的定量分析是在对大量专利信息加工整理的基础上，对专利分类、申请人、发明人和申请人所在国家和专利引文等某些特征进行科学计量，将信息转化成系统的、完整的、有价值的情报。专利信息的定量分析是研究专利文献的重要方法之一，它建立在数学、统计、运筹学、计量学和计算机等学科的基础之上，通过数学模型和图表等方式，从不同角度研究专利文献中所记载的技术、法律和经济等信息。这种分析方法能提高专利信息质量，可以很好地分析和预测技术发展趋势，科学地反映发明创造所具有的技术水平和商业价值；科学地评估某一国家或地区的技术研究与发展重点，用量化的形式揭示国家或地区在某一技术领域的实力，从而获得市场热点及技术竞争领域等经济情报；及时发现潜在的竞争对手，判断竞争对手的技术开发动态，获得相关产品、技术和竞争策略等方面的情报。

【实例5-7】图5-29为某高校专利授权量总体趋势分析图，采用的是定量分析方法，对该高校已授权专利年份进行统计分析，得到该高校专利授权量总趋势图。

图 5-29　某高校专利授权量总体趋势分析图

3. 拟定量分析方法

定量分析和定性分析之间既有区别又有联系。在实际工作中将二者结合起来应用，可以更好地揭示事物的本质，专利信息分析也不例外。针对不同的分析目的，分析人员有时要采用定量分析与定性分析相结合的方法，即拟定量分析方法。专利拟定量分析方法通常由数理统计入手，进行全面、系统的技术分类和比较研究，再进行有针对性的量化分析，最后进行高度科学抽象的定性描述，使整个分析过程由宏观到微观，逐步深入。专利信息分析中比较常见的拟定量分析方法有专利引文分析和专利数据挖掘等，它们是对专利信息进行深层次分析的方法。

【**实例5-8**】用IncoPat检索平台，以发明人"张迎晨"为检索词进行检索，获取数据后，在分析列表中选择"技术生命周期"，获取此技术生命周期图，如图5-30所示。通过发明人"张迎晨"专利申请量与专利申请人数量随时间推移的变化图可以评估技术发展的阶段，来帮助分析发明人当前技术领域生命周期所处阶段。利用此分析判断可为相关技术研发是否需要进入当前技术领域提供参考，特别是可以指导企业技术投入与开发策略。

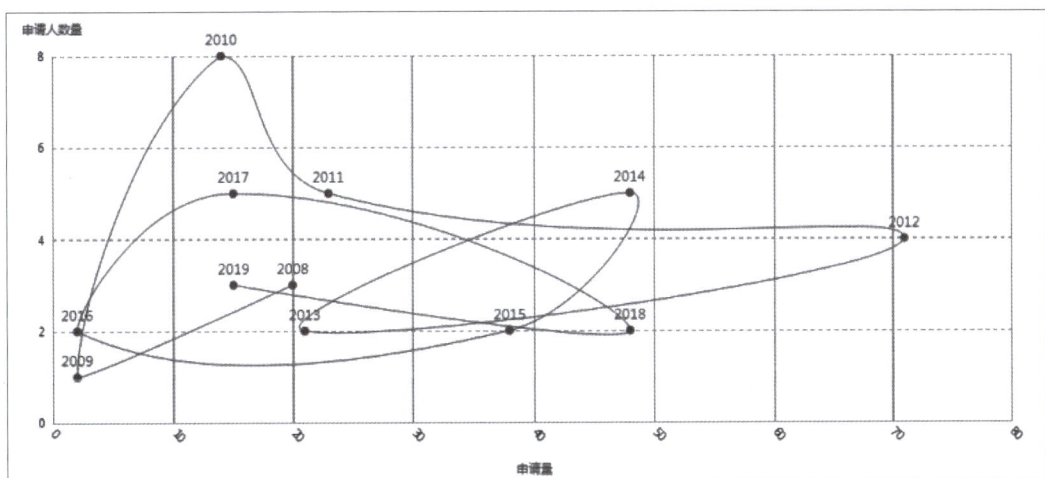

图 5-30　发明人"张迎晨"技术生命周期

4. 图表分析方法

图表分析是信息加工、整理的一种处理方法和信息分析结果的表达形式。它既是信息整序的一种手段，又是信息整序的一种结果，具有直观生动、简洁明了、通俗易懂和便于比较等特点。随着信息技术的迅猛发展，计算机与网络的普及，图表分析方法被信息分析人员普遍采用。

在专利信息分析中，图表分析方法在定性分析和定量分析中被广泛应用，即原始专利数据采用定性或定量的方法加工、处理后，将分析结果制作成相应的图表。专利信息分析中常见的定性分析图表有清单图、矩阵表、组分图、技术发展图以及问题与解决方案图等，常见的定量分析图表有排序表、散点图、数量图、技术发展图、联图、雷达图和引文树等。

【**实例5-9**】图5-31所示为某高校发明授权有效专利技术领域IPC(大类)分析图，采用图表分析法(饼图)，通过对该高校有效发明专利按IPC统计分析得到此图。从图中可清晰地看到，该高校的有效发明专利主要集中的技术领域及其在各技术领域的分布情况。

技术领域构成分析

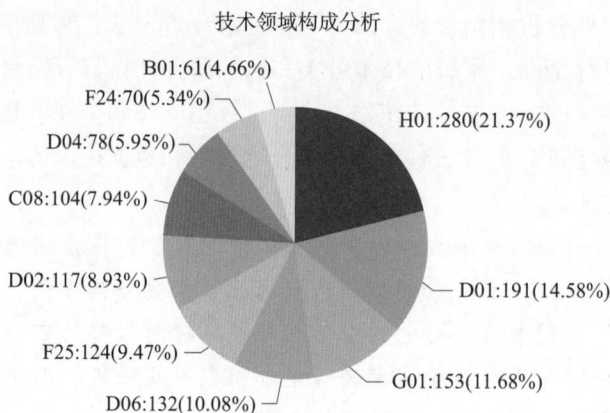

该图展示各技术领域专利数量的比例

图 5-31　某高校发明授权有效专利技术领域 IPC(大类)

5.3.4　专利信息分析的流程

专利信息分析的具体工作一般分为4个阶段—8个环节。4个阶段分别为前期准备、数据采集、专利分析、撰写分析报告。8个环节分别为确立分析对象、明确分析目的、开展行业市场和技术调研、进行专利信息检索、检索数据处理、专利信息可视化、数据分析、撰写分析报告。

5.3.5　专利分析报告

专利分析报告是专利分析的最终成果，也是项目研究成果的重要表现形式。

专利分析报告按分析的规模可以分为宏观分析、中观分析和微观专利分析报告；从分析的应用群体考虑，一般分为面向政府的专利分析报告、面向产业/行业的专利分析报告、面向创新主体(如企业、高校科研院所、个人)的专利分析报告、面向机构(如金融机构、服务机构等)的专利分析报告。专利分析报告类别见表5-3。

表5-3　专利分析报告类别

应用群体	宏观分析	中观分析	微观分析
政府	产业导航分析 区域专利布局分析	重大经济科技活动知识产权分析评议	—
产业/行业	产业导航分析	知识产权分析评议 专利预警分析	—

(续表)

应用群体	宏观分析	中观分析	微观分析
创新主体	项目或技术热点	个人或单位科技活动知识产权趋势和判断分析	热点评估和专利冲突
	产业导航分析	专利微导航 专利预警分析 专利尽职调查 知识产权分析评议	专利侵权分析 专利价值评估 专利稳定性分析
机构	—	知识产权尽职调查	—

从其他角度分析表5-3的内容时，还可以将分析的应用场景重新归类，如管理类专利分析报告、技术类专利分析报告和市场类专利分析报告；从分析的内容归类，可以分为综合专利分析报告、专题专利分析报告等。

【思考题 5-3】

请思考如何撰写专利分析报告，并总结撰写基本规范。

解析

(1) 专利信息分析报告的框架。通过同专业人员的多次沟通交流，确认专利分析的范围，初步形成一次框架、二次修改框架，最后确认框架的大循环，如图5-32所示。

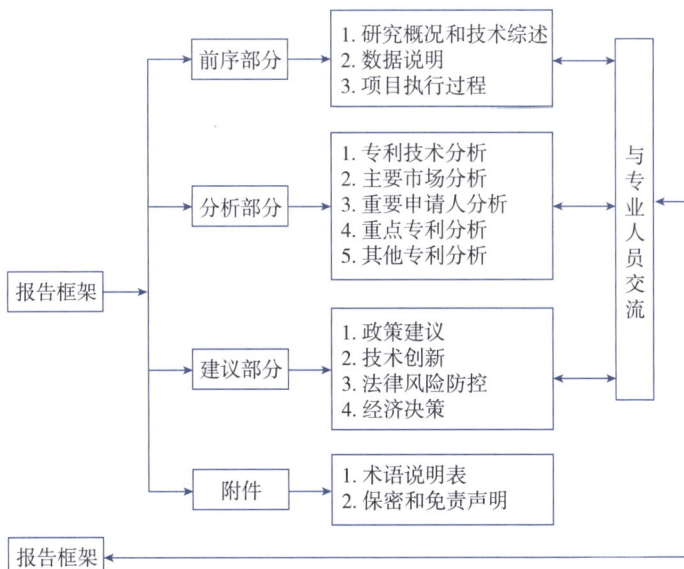

图 5-32　专利信息分析报告的框架图

(2) 专利信息分析报告的模板。专利信息分析报告一般根据分析对象、分析目的、分析内容、分析规模、分析的深度和广度、面向的阅读群体等的不同，其报告撰写的角度有所不同。

企业专利检索分析报告(模板)如图5-33所示。

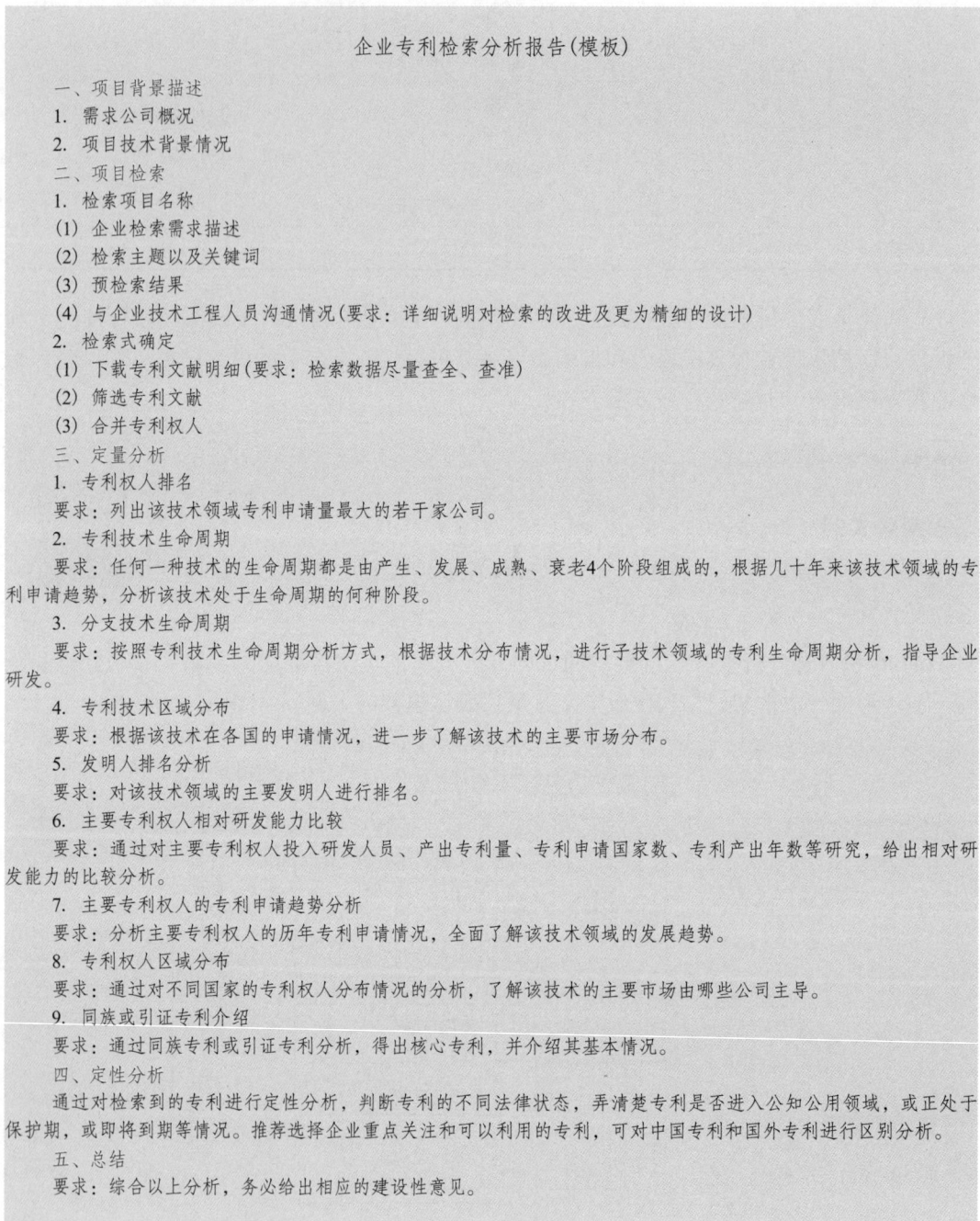

企业专利检索分析报告(模板)

一、项目背景描述

1. 需求公司概况

2. 项目技术背景情况

二、项目检索

1. 检索项目名称

(1) 企业检索需求描述

(2) 检索主题以及关键词

(3) 预检索结果

(4) 与企业技术工程人员沟通情况(要求：详细说明对检索的改进及更为精细的设计)

2. 检索式确定

(1) 下载专利文献明细(要求：检索数据尽量查全、查准)

(2) 筛选专利文献

(3) 合并专利权人

三、定量分析

1. 专利权人排名

要求：列出该技术领域专利申请量最大的若干家公司。

2. 专利技术生命周期

要求：任何一种技术的生命周期都是由产生、发展、成熟、衰老4个阶段组成的，根据几十年来该技术领域的专利申请趋势，分析该技术处于生命周期的何种阶段。

3. 分支技术生命周期

要求：按照专利技术生命周期分析方式，根据技术分布情况，进行子技术领域的专利生命周期分析，指导企业研发。

4. 专利技术区域分布

要求：根据该技术在各国的申请情况，进一步了解该技术的主要市场分布。

5. 发明人排名分析

要求：对该技术领域的主要发明人进行排名。

6. 主要专利权人相对研发能力比较

要求：通过对主要专利权人投入研发人员、产出专利量、专利申请国家数、专利产出年数等研究，给出相对研发能力的比较分析。

7. 主要专利权人的专利申请趋势分析

要求：分析主要专利权人的历年专利申请情况，全面了解该技术领域的发展趋势。

8. 专利权人区域分布

要求：通过对不同国家的专利权人分布情况的分析，了解该技术的主要市场由哪些公司主导。

9. 同族或引证专利介绍

要求：通过同族专利或引证专利分析，得出核心专利，并介绍其基本情况。

四、定性分析

通过对检索到的专利进行定性分析，判断专利的不同法律状态，弄清楚专利是否进入公知公用领域，或正处于保护期，或即将到期等情况。推荐选择企业重点关注和可以利用的专利，可对中国专利和国外专利进行区别分析。

五、总结

要求：综合以上分析，务必给出相应的建设性意见。

图5-33　企业专利检索分析报告（模板）

专利申请文件申请受理后，在不同的审查流程，会产生不同类型的专利文献，并用不同的文献种类、标识代码来区分。

5.4 专利申请审查过程中的信息资源

从专利的申请、审查、复审(如果被驳回)到授权，专利信息无所不在，如专利申请文件中的引文信息所隐含的技术发展历程，同族专利信息所隐含的企业进行的市场布局情况，通过审查意见通知书中相关对比文件信息可了解该技术领域中该项技术创新程度信息等。

学习和了解专利申请文件的组成、撰写及撰写要求，悉知专利申请的流程和审查程序及其中所产生的专利信息资源，是检索到所需要专利信息的有效途径。同时，获取有效的专利信息是进行专利信息分析的基础。本节将对专利申请文件的撰写要求、专利的申请流程和审查程序进行简要的介绍。

5.4.1 专利申请文件概述

专利申请文件由摘要、权利要求书、说明书、说明书附图等组成。

> 【思考题 5-4】
> 从网上下载一份专利申请文件，请思考专利申请文件由几部分组成，分析各部分的作用及特点，并体会申请文件中蕴含的信息。
>
> 解析

1. 权利要求书

专利申请文件的权利要求书又称权利请求书，它以专利申请说明书为依据，说明发明或实用新型的技术特征，清楚并简要地写出要求专利保护范围，并在一定条件下提出一项或几项独立的专利权项。权利要求书由独立权利要求、从属权利要求组成。专利申请权利要求书应当有独立权利要求，也可有从属权利要求。

2. 说明书

说明书是对发明(实用新型)的结构、技术要点、使用方法作出清楚、完整的介绍。说明书由技术领域、背景技术、发明内容、附图说明、具体实施例组成，其中发明内容应由专利要解决的问题、解决问题的技术方案、技术方案达到的有益效果等组成。

3. 摘要

摘要是专利说明书内容的概述，也是一种专利申请文书，它适用于发明和实用新型专利的申请。

4. 说明书附图

说明书附图是专利申请文件的一个组成部分。说明书附图的作用在于用图片补充说明书文字部分的描述，使人能够直观、形象地理解发明(实用新型)的每个技术特征和整体技术方案。申请发明专利(如有附图)或实用新型专利时应当提交说明书附图。

5.4.2 专利申请文件撰写基本知识

1. 专利申请文件常规的撰写流程

专利申请文件是集技术与法律于一体的文本文件。如图5-34所示，专利申请文件常规的撰写流程包括四部分：①撰写前的准备工作；②权利要求书的撰写；③说明书、附图、摘要的撰写；④撰写其他文件。

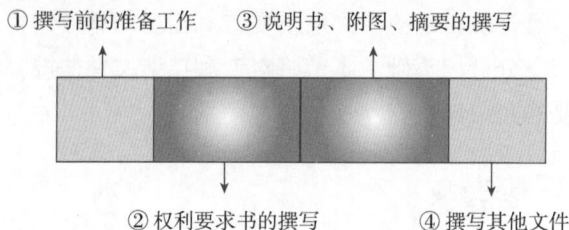

图 5-34　专利申请文件常规的撰写流程

2. 权利要求书的撰写

作为请求知识产权保护的一种文书，权利要求书是专利申请文件中的重要技术文件。撰写权利要求书时要符合法律规范和技术规范，应按《专利法》中相关的规定进行撰写，其撰写格式有严格的要求。从法律层面讲，权利要求书确定的是申请人请求专利保护的范围，权利要求书经审查批准后就具有法律效力了，也将成为后期侵权判定的依据。从技术层面讲，权利要求书记载了申请发明(实用新型)的具体技术方案。

权利要求书分为独立权利要求书和从属权利要求书两部分。一份权利要求书中应当至少包括一项独立权利要求，还可以包括从属权利要求。权利要求要最大限度地反映说明书的基本技术构思，应具有分层次、多角度的技术问题、技术效果的描述，以便审查意见答复，实现最终的专利授权。一份优秀的权利要求书应该是一个倒金字塔式的结构，具体如图5-35所示。

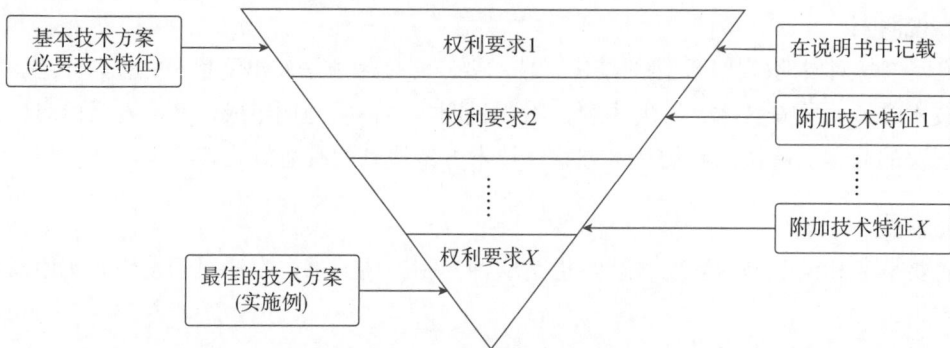

图 5-35　权利要求倒金字塔式结构图

(1) 独立权利要求书撰写规范。独立权利要求书撰写要点归纳为以下几点。

① 独立权利要求解决所要解决的技术问题，产生预期的技术效果，所覆盖的技术方案能够实施。

② 独立权利要求应不包括与所要解决的技术问题无关的不必要的技术特征。

③ 独立权利要求在引证具备创新性的前提下，将多个实施例进行合理的上位概括。

④ 涉及发明的技术特征概括适当。

⑤ 权利要求中的重要技术特征具有层次性，应包括前位、中位、下位的实施方式。

发明专利——一种用于净化PM2.5的雪尼尔屏风权利要求书如图5-36所示。独立权利要求的文本格式由前序部分和特征部分组成，两部分一起构成要求保护的技术特征，是本发明(或实用新型)所具有的技术特征。前序部分(一种用于净化PM2.5的雪尼尔屏风)，说明此项发明(实用新型)所属技术领域及现有技术中与发明(或实用新型)主题关系密切的技术特征。特征部分[其特征在于：它包括借助机织、针织品、针织、钩编、经编或编织工艺，通过雪尼尔纱线系统互联形成的三维立体连续体，所述三维立体连续体的至少两面是由雪尼尔纱线构成的过滤面(1)，所述过滤面中间的夹层和起支撑作用的纤维构成支撑空间，在所述支撑空间中间隔排布有雪尼尔衬垫纱线和LED线(6)]是说明本发明(或实用新型)所具有的技术特征。

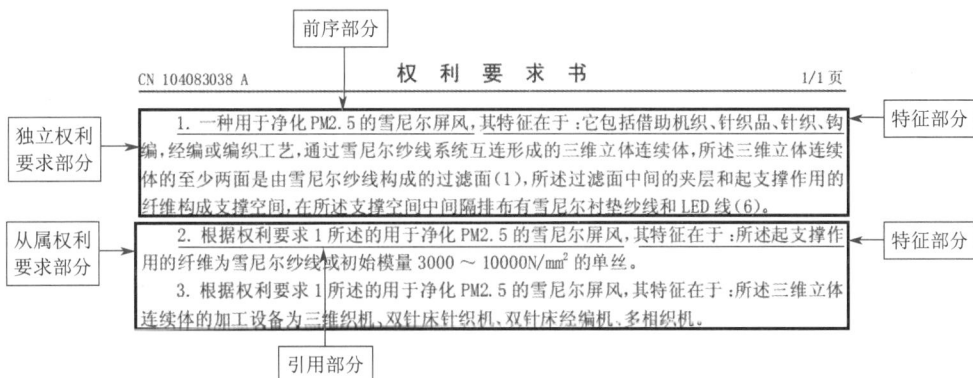

图 5-36　发明专利——一种用于净化 PM2.5 的雪尼尔屏风权利要求书

一件发明(实用新型)至少有一项独立权利要求，先写独立权利要求，再写从属权利要求，有几项权利要求的应当用阿拉伯数字编号。独立权利要求应当包含尽可能少的技术特征。除必要的技术特征之外，其他技术特征不要放在独立权利要求中，以使撰写的独立权利要求具有尽可能宽的保护范围。

(2) 从属权利要求书撰写规范。如图5-36所示，从属权利要求书的文本格式由引用部分和特征部分组成。引用部分(根据权利要求1所述的用于净化PM2.5的雪尼尔屏风)写明被引用的权利要求编号。由于从属权利要求可以多项，应用阿拉伯数字按顺序编号。特征部分(其特征在于：所述起支撑作用的纤维为雪尼尔纱线或初始模量3000～10000N/mm^{2}的单丝)写明本发明(或实用新型)所附加的技术特征，该部分要对引用部分的技术特征作进一步限定。

【思考题 5-5】

权利要求书是专利申请文件的核心部分，撰写专利申请文件的权利要求书时，如何做到以说明书为依据，清楚、简要地限定要求保护的范围？

3. 说明书的撰写规范

说明书是对申请专利的发明创造作出清楚、完整说明的文件，申请的发明创造以所述技术领域的技术人员能够实现为准。清楚是指说明书应当对发明(实用新型)描述前后一致、符合逻辑，撰写时做到用词准确、语句清楚。完整是指对发明(实用新型)所属领域的技术人员不能从现有技术中直接、唯一得到的内容，均应当在说明书中进行清楚、明确的描述。说明书从技术领域、背景技术、发明内容、附图说明、具体实施方式五个部分撰写，其具体内容主要包括：①发明创造名称；②所属技术领域；③已有技术水平；④发明的目的；⑤发明创造描述；⑥发明创造的效果；⑦附图说明(如果有附图的话)；⑧最佳实施方案等内容。

【实例5-10】 本实例为发明专利"用于净化PM2.5的雪尼尔屏风"说明书(图5-37)，具体包括以下几个部分。

技术领域： 如图5-37所示，"本发明涉及一种屏风，具体涉及一种用于净化PM2.5的雪尼尔屏风"描述了技术主题所属或所用技术领域。

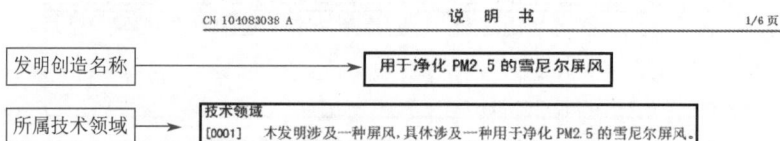

图 5-37　发明专利"用于净化 PM2.5 的雪尼尔屏风"说明书 (1)

背景技术： 如图5-38所示，"[0002] 现有技术中的雪尼尔纱线其芯线是以腈纶纱为原料加捻而成，羽纱是以黏胶纱为原料切割成短羽而成，被广泛地应用于家纺及针织服装领域。采用普通……"为本发明专利的背景技术，是对一件发明(实用新型)的理解，也是进行专利检索、审查时具有参考作用的现有技术。

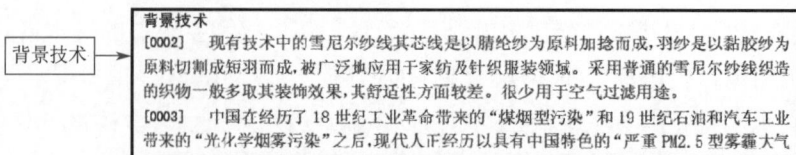

图 5-38　发明专利"用于净化 PM2.5 的雪尼尔屏风"说明书 (2)

发明内容： 如图5-39所示，"[0009] 针对现有技术中存在的问题，本发明提供一种用于净化PM2.5的雪尼尔屏风，该屏风具有抗菌负离子释放性能，并兼具空气净化、房间美化和隔断的作用。[0010] 为解决上述问题，本发明采用以下……"为本发明专利的发明内容，包括了要解决的技术问题、使用的技术方案、具备的技术效果。

发明内容

[0009]　针对现有技术中存在的问题,本发明提供一种用于净化 PM2.5 的雪尼尔屏风,该屏风具有抗菌负离子释放性能,并兼具空气净化、房间美化和隔断的作用。

[0010]　为解决上述问题,本发明采用以下技术方案:

　　一种用于净化 PM2.5 的雪尼尔屏风,它包括借助机织、针织品、针织、钩编,经编或编织工艺,通过雪尼尔纱线系统互连形成的三维立体连续体,所述三维立体连续体的至少两面是由雪尼尔纱线构成的过滤面,所述过滤面中间的夹层和起支撑作用的纤维构成支撑空间,在所述支撑空间中间隔排布有雪尼尔衬垫纱线和 LED 线。

图 5-39　发明专利"用于净化 PM2.5 的雪尼尔屏风"发明内容

附图说明: 如图 5-40 所示,"[0020] 图1为本发明的结构示意图。[0021] 图2为本发明中支撑空间中雪尼尔衬垫纱线和……"为本发明专利的附图说明。如果用图来帮助说明发明创造技术内容应有附图,并对每一幅图作出介绍性说明。

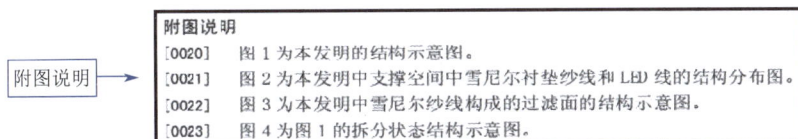

附图说明

附图说明 ——▶　[0020]　图 1 为本发明的结构示意图。

[0021]　图 2 为本发明中支撑空间中雪尼尔衬垫纱线和 LED 线的结构分布图。

[0022]　图 3 为本发明中雪尼尔纱线构成的过滤面的结构示意图。

[0023]　图 4 为图 1 的拆分状态结构示意图。

图 5-40　发明专利"用于净化 PM2.5 的雪尼尔屏风"说明书 (3)

具体实施方式: 如图 5-41 所示,"[0024] 实施例1如图1、图2、图3和图4所示,本实施例用于净化PM2.5的雪尼尔屏风,它包括借助机织、针织品、针织、钩编,经编或编织工艺,采用三维织机进行加工,通过雪尼尔纱线系统互连形成的三维立体连续体,所述三维立体连续体的两面是由雪尼尔纱线构成……"为本发明专利的具体实施方式,详细描述了实施发明(或实用新型)的最好方式,并将其作为一件典型实施例,列出了与发明要点相关的参数条件。

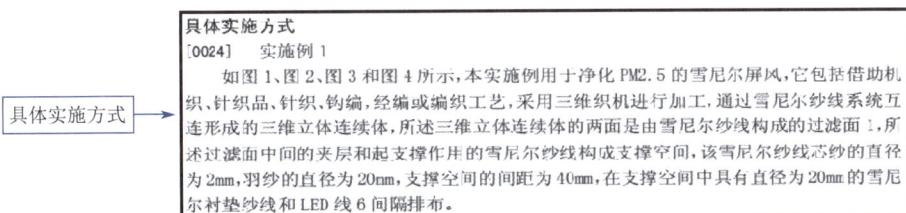

具体实施方式

[0024]　实施例 1

具体实施方式 ——▶　　如图 1、图 2、图 3 和图 4 所示,本实施例用于净化 PM2.5 的雪尼尔屏风,它包括借助机织、针织品、针织、钩编,经编或编织工艺,采用三维织机进行加工,通过雪尼尔纱线系统互连形成的三维立体连续体,所述三维立体连续体的两面是由雪尼尔纱线构成的过滤面 1,所述过滤面中间的夹层和起支撑作用的雪尼尔纱线构成支撑空间,该雪尼尔纱线芯纱的直径为 2mm,羽纱的直径为 20mm,支撑空间的间距为 40mm,在支撑空间中具有直径为 20mm 的雪尼尔衬垫纱线和 LED 线 6 间隔排布。

图 5-41　发明专利"用于净化 PM2.5 的雪尼尔屏风"说明书 (4)

4. 说明书撰写规范

说明书撰写时应满足以下要求。

(1) 发明的技术方案能够实现。这是指所述技术领域的技术人员按照说明书记载的内容,能够实现请求保护的发明的技术方案,解决其技术问题,并且产生预期的技术效果。

(2) 说明书支持专利权人所获得权利的范围。说明书是申请人公开其发明(实用新型)的文件,权利要求书是确定专利保护范围的文件。专利权人所获得权利范围应当得到其说明书中公开的发明(实用新型)全部内容的支持。权利要求书以说明书为依据,如果说明书不能满足概括得到的权利要求所请求的保护范围的需要,说明书与权利要求书就会出现脱节,导致权利要求得不到说明书的支持。

5. 说明书摘要的撰写规范

(1) 说明书摘要应当写明发明(实用新型)专利申请所公开内容的概要,即写明发明(实用新型)的名称和所属技术领域,并清楚地反映所要解决的技术问题、解决该问题的技术方案的要点以及主要用途。

(2) 摘要文字部分不得超过300个字。

(3) 说明书摘要可以包含最能说明发明(实用新型)的化学式。

6. 说明书附图的撰写规范

(1) 说明书附图是说明书中文字部分的补充,是说明书的组成部分。根据说明书内容需要,可以有附图,也可以没有附图。但实用新型说明书必须有附图。

(2) 对附图的说明要图文相符。

(3) 附图的形式可以是基本视图、剖视图,也可以是示意图或流程图。附图只要能完整、准确地表达说明书的内容就可以。

(4) 有附图的专利申请,还应当提供一幅最能说明该发明(实用新型)技术特征的附图。附图的大小及清晰度应当保证在该图缩小到4cm×6cm时,仍能清晰地分辨出图中的各个细节。

【思考题 5-6】

专利说明书摘要应满足哪些要求?请给出你认为完整的撰写专利摘要内容的条款。

解析

5.4.3 专利申请及审查基本知识

一项发明专利从申请到授权需要2~4年。在漫长的专利审查过程中,从初审到实审,再到对驳回的专利进行复审,国家知识产权局行政部门严格依照《专利法》《中华人民共和国专利法实施细则》《专利审查指南》进行审查及答辩。在这个过程中,每一个流程中的审查意见通知书以及发明人对审查意见通知书的答辩都蕴含着丰富的技术信息、法律信息、商业信息。通过对专利申请及审查流程的学习,熟知专利申请及审查的流程,将帮助我们有效地获取专利信息。下面对专利审查的流程作简要介绍。

1. 专利审查流程

依据《专利法》，发明专利申请的审批程序包括受理、初审、公布、实审以及授权五个阶段。实用新型或者外观设计专利申请在审批中不进行早期公布和实质审查，只有受理、初审和授权三个阶段。

发明、实用新型和外观设计专利的申请、审查流程如图5-42所示。

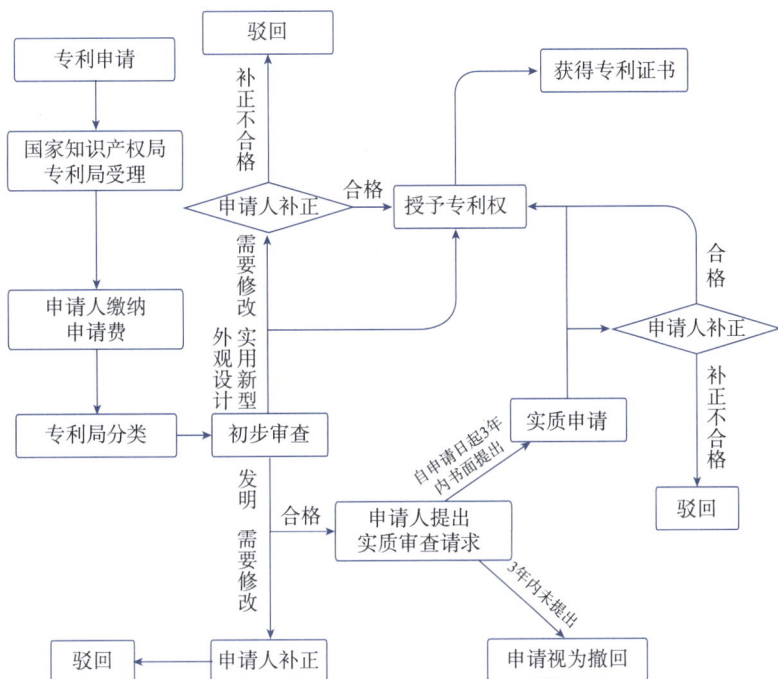

图 5-42　发明、实用新型和外观设计专利的申请、审查流程图

2. 专利申请文件的组成

在提交专利申请时，发明、实用新型、外观设计专利申请文件组成是不同的。其中需要说明的是，对于发明专利，若没有必要附图可以不用提交，但实用新型必须有附图。申请文件要求一式一份，并按照文字和格式上的具体要求提交，见表5-4。

表 5-4　专利申请文件的组成

发明和实用新型专利申请文件的组成(A26)		外观设计专利申请文件的组成(A27)
发明专利申请	实用新型专利申请	外现设计专利申请
发明专利请求书	实用新型专利请求书	
说明书	说明书	图片或者照片
权利要求书	权利要求书	简要说明
必要时说明书附图	说明书附图	
摘要及摘要附图	摘要及摘要附图	

专利申请文件中的其他文件：在提出专利申请的同时或者提出专利申请之后，申请

人、专利权人、其他利害关系人在办理与该专利申请(或专利)有关的各种手续时，提交的除专利申请文件以外的各种请求、申报、意见陈述、补正以及各种证明、证据材料等。需要补充的是，《专利法》第二十六条规定："依赖遗传资源完成的发明创造，申请人应当在专利申请文件中说明该遗传资源的直接来源和原始来源；申请人无法说明原始来源的，应当陈述理由。"

【思考题 5-7】

在专利申请时，除了专利申请文件，还有哪些其他文件？

解析

3. 专利申请的提交方式

专利申请的提交方式分为纸质申请和电子申请两种。

(1) 纸质申请。进入国家知识产权局网站"政务服务"专栏下的"表格下载"栏目下载专利申请纸质标准表格。每张表格只能用于一件专利的申请，发明、实用新型、外观设计专利申请文件都应该留存底稿。具体文件提交可以面交或邮寄。邮寄应当用挂号信函的方式进行提交。受理申请时不接受样品、样本或模型。不能直接从国外或者港澳台邮寄文件。

(2) 电子申请。电子申请是以互联网为传输媒介的专利申请方式。文件以符合规定的电子文件形式向国家知识产权局提出专利申请。电子申请系统于2010年2月10日运行。中国专利电子申请网址：https://cponline.cnipa.gov.cn。

4. 专利的申请审查程序

在申请专利的过程中，专利管理部门会依法对提出申请的专利进行审查，只有审查通过后，提出申请的专利才有可能最终被授予专利权。

各国对专利申请的审查有不同的要求，但基本上实行形式审查制和实质审查制两种制度。有的国家实行形式审查制，有的国家则实行实质审查制。形式审查制只审查专利申请书的形式是否符合法律的要求，而不审查该项发明是否符合新颖性、创造性、实用性等实质性条件。实质审查制不仅审查申请书的形式，而且对发明是否具备新颖性、创造性和实用性等条件进行实质性的审查，只有通过上述两种审查的发明，才被授予专利权。

我国专利行政部门受理发明专利申请以后，依照《专利法》规定的程序进行审查。如图5-43所示，发明专利的审查实行初审和实审，其申请的主要审查程序有初步审查、公布专利申请、请求实质审查、实质审查、授权或者驳回进入复审程序、授权以后的无效程序。如图5-44所示，实用新型、外观设计专利实行初审，其主要审查程序有专利申请、受理、初审、公告、授权或者驳回进入复审程序、授权以后的无效程序。

```
        ┌─────────────────────┐
        │    提出发明专利申请    │
        └─────────────────────┘
                 │
        ┌─────────────────────┐
        │     初步审查程序      │
        └─────────────────────┘
                 │
        ┌─────────────────────┐
        │    18个月内公开       │
        └─────────────────────┘
                 │
        ┌─────────────────────┐
        │ 申请日起3年内提出实质审查请求 │
        └─────────────────────┘
                 │
        ┌─────────────────────┐
        │     实质审查程序      │
        └─────────────────────┘
           │              │
  ┌─────────────────┐  ┌─────────────────┐
  │  授予发明专利权并公告  │  │    驳回专利申请    │
  └─────────────────┘  └─────────────────┘
           │              │
  ┌─────────────────────┐  ┌─────────────────────┐
  │ 宣告专利权无效程序(公众请求) │  │  复审程序(申请人请求)  │
  └─────────────────────┘  └─────────────────────┘
           │              │
  ┌─────────────────┐  ┌─────────────────┐
  │    法院审理程序    │  │    法院审理程序    │
  └─────────────────┘  └─────────────────┘
```

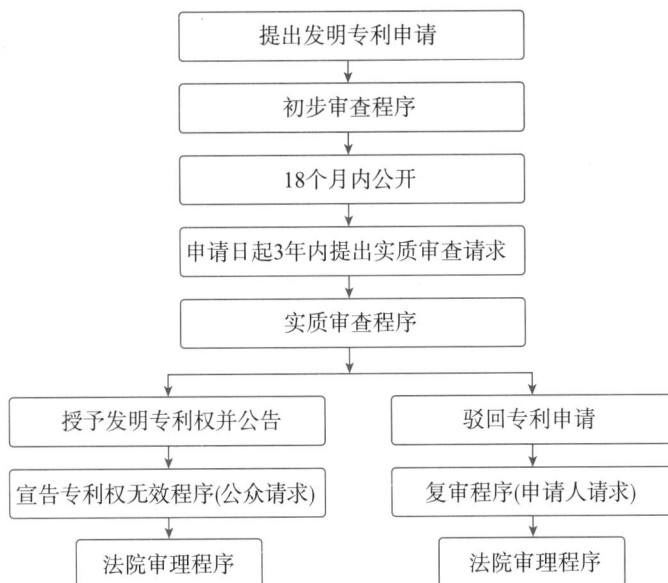

图 5-43　发明专利审查程序

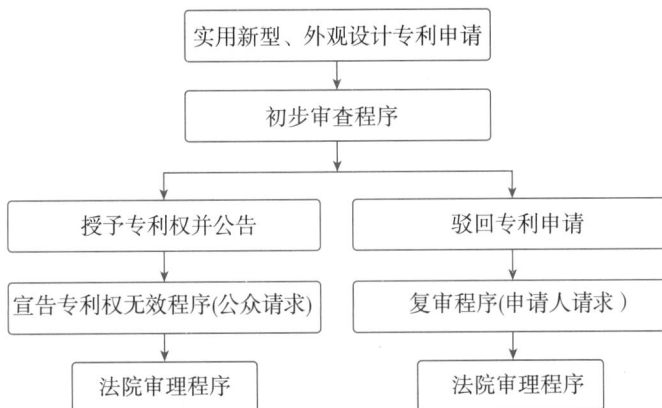

```
        ┌───────────────────────────┐
        │  实用新型、外观设计专利申请    │
        └───────────────────────────┘
                 │
        ┌───────────────────────────┐
        │        初步审查程序         │
        └───────────────────────────┘
           │              │
  ┌─────────────────┐  ┌─────────────────┐
  │   授予专利权并公告   │  │    驳回专利申请    │
  └─────────────────┘  └─────────────────┘
           │              │
  ┌─────────────────────┐  ┌─────────────────────┐
  │ 宣告专利权无效程序(公众请求) │  │  复审程序(申请人请求 )  │
  └─────────────────────┘  └─────────────────────┘
           │              │
  ┌─────────────────┐  ┌─────────────────┐
  │    法院审理程序    │  │    法院审理程序    │
  └─────────────────┘  └─────────────────┘
```

图 5-44　实用新型、外观设计专利审查程序

专利实质审查由专利审查人员根据专利申请日节点逆向追踪，在全领域范围内查找与专利申请内容相同和相近的所有文献，进行比对和查询、查重工作，文献包括专利申请日之前的所有专利文献、论文等一切公开材料。

《专利法》第三十五条规定："发明专利申请自申请日起三年内，国务院专利行政部门可以根据申请人随时提出的请求，对其申请进行实质审查；申请人无正当理由逾期不请求实质审查的，该申请即被视为撤回。国务院专利行政部门认为必要的时候，可以自行对发明专利申请进行实质审查。"提出实质审查请求的，应当提交单独的实质审查请求书。实质审查程序基本流程如图5-45所示。

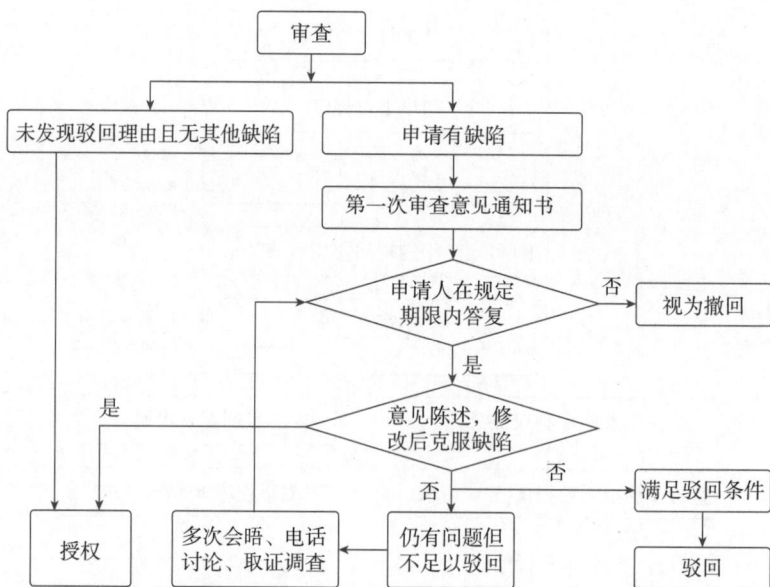

图 5-45 实质审查程序基本流程

5.4.4 专利国际申请

专利国际申请是指依据相关国际条约、协定或公约，专利申请人通过特定的程序，向多个国家或地区的专利主管机构同时或者先后提出专利申请，以在这些国家或地区获得专利保护的行为。例如，一个国家的企业或个人有了一项发明创造，想在其他国家也获得专利保护。如果没有国际申请的途径，就需要分别按照每个目标国家的专利法和申请程序逐个进行申请。专利国际申请，提供了更便捷的方式，如通过PCT途径，申请人只要提交一份国际申请，就可以在多个指定国家或地区启动专利申请程序，减少了申请人分别向各国申请的复杂流程和工作量。

拓展阅读5-3

AIGC助力专利申请

1. 专利国际申请的基本知识

世界知识产权组织(World Intellectual Property Organization，WIPO)是一个致力于促进知识产权保护的全球性国际组织。其宗旨是通过国家之间的合作，并在适当的情况下与其他国际组织进行协作，以促进全世界对知识产权的保护，确保各知识产权联盟之间的行政合作。WIPO管理着众多涉及专利、商标、版权等知识产权相关的国际条约和协定。例如，专利合作条约(Patent Cooperation Treaty，PCT)就是由WIPO负责管理的。专利合作条约(Patent Cooperation Treaty，PTC)是一个在专利领域非常重要的国际条约。它为专利申请人提供了一种简便的途径来同时在多个国家申请专利保护。申请人只要向一个国家(受理局)或者WIPO国际局提交一份使用规定语言(如中文、英文、法文等)的国际专利申请，就可以在多个PCT成员国中指定想要获得专利保护的国家。PCT在商标领域也发挥着类似的协调作用，帮助企业在国际上保护自己的品牌等知识产权。

EPC是《欧洲专利公约》(*European Patent Convention*)的简称。EPC成员国是指加入了EPC的国家。这些国家承认欧洲专利局授予的欧洲专利，并在其领土范围内使该专利生效。这意味着当专利申请人通过EPC途径获得欧洲专利后，该专利可以在这些成员国中享有相应的专利保护权益。德国、法国、英国(在脱欧过渡期间和之后仍在一定程度上受相关协定约束)、意大利等众多欧洲国家都是EPC成员国。通过EPC途径申请专利，在一定程度上简化了在欧洲多国获取专利保护的程序。

2. 专利国际申请的主要途径及流程

专利国际申请的主要途经有《巴黎公约》途径、PCT途径和EPC途径三种。

(1)《巴黎公约》途径及流程。

① 确定申请国家和优先权期限。根据发明创造的类型和需求，确定需要申请专利的《巴黎公约》成员国，并明确相应的优先权期限。发明专利的优先权期限为12个月，实用新型专利的优先权期限为12个月，外观设计专利的优先权期限为6个月。

② 在本国首次申请专利。向本国专利局提交专利申请，获得本国的申请日和申请号，以此作为优先权基础。

③ 准备申请文件。按照目标国家专利局的要求，准备专利请求书、说明书、权利要求书、摘要等申请文件，并进行格式化和翻译。

④ 向目标国家提交申请并缴费。在优先权期限内，直接向目标国家专利局提交申请文件，并缴纳相应的申请费用。

(2) PCT途径及流程。

① 提交国际申请。申请人以一种语言，向一个国家或地区专利局或者WIPO提交一份满足PCT形式要求的国际申请，并缴纳申请费用。

② 国际检索。由国际检索单位检索可影响发明专利性的公开文献，并就发明的可专利性给出初步意见。

③ 国际公布。国际申请中的内容将自最早申请日起18个月届满之后尽早公之于众。

④ 补充国际检索。由愿意提供补充检索且未参与主检索的国际检索单位执行，查找进行主检索的国际检索单位因现有技术在语言和技术领域上的多样性而未能检索到的已公布文献。

⑤ 国际初步审查。经申请人要求，国际公布后，由国际检索单位进行附加的专利性分析。

⑥ 进入国家阶段。PCT程序完成之后，申请人开始直接向希望获得专利的国家专利局寻求专利授予，提交国际申请文件、国际检索报告、国际初步审查报告等，并缴纳国家费用。

(3) EPC途径及流程。

① 确定申请国家和语言。确定需要申请专利的EPC成员国，并了解其专利法规和语言要求。

②准备申请文件。按照欧洲专利局的要求，准备专利请求书、说明书、权利要求书、

摘要等申请文件,并进行格式化和翻译。

③ 提交申请并缴费。向欧洲专利局提交申请文件,并缴纳相应的申请费用。

④ 审查和授权。欧洲专利局对申请进行审查,包括形式审查和实质审查。如果认为申请符合要求,会授予欧洲专利权。该专利权在各指定国分别生效。

3.《巴黎公约》途径、PCT途径、EPC途径选择考虑因素

《巴黎公约》途径、PCT途径、EPC途径选择考虑因素见表5-5。

表5-5　《巴黎公约》途径、PCT途径、EPC途径选择考虑因素表

途径	主要流程	申请国范围	申请时间程序	费用
《巴黎公约》	(1) 确定申请国家和优先权期限。 (2) 在本国首次申请专利,获取申请日和号。 (3) 按目标国要求准备文件并翻译。 (4) 在优先权期限内向目标国提交申请并缴费	适用范围广泛,只要是《巴黎公约》成员国,都可以通过此途径寻求其专利授予	相对直接,但如果申请国家较多,需要准备多份符合不同国家的申请文件,可能会比较烦琐	如果申请国家较多,需要分别缴费,总费用可能会比较高
PCT	(1) 提交一份满足PCT形式要求的国际申请并缴费。 (2) 国际检索单位检索并给出专利性初步意见。 (3) 自最早申请日起18个月届满后国际公布。 (4) (可选)补充国际检索。 (5) (可选)国际初步审查。 (6) 进入国家阶段,向目标国专利局提交文件并缴费	覆盖全球众多国家	有足够时间完善申请文件和确定目标国家,但整体流程时间较长	前期国际阶段的收费等相对固定,但整体费用也取决于最终进入国家的数量及不同收费
EPC	(1) 确定申请国家和语言。 (2) 按欧洲专利局要求准备文件并翻译。 (3) 向欧洲专利局提交申请并缴费。 (4) 欧洲专利局进行形式审查和实质审查,符合要求授予欧洲专利权,在指定国生效	主要用于欧洲国家,发明主要针对欧洲市场,在欧洲多国获得专利保护	统一审查,程序相对规范、标准、简便,比分别向欧洲各国单独申请要高效	欧洲专利局的费用及指定成员国生效时还会有费用,比向各国单独申请会节省费用

4. 专利国际申请信息检索

专利国际申请信息检索主要是利用国际组织及各国专利局数据库检索获取信息,以下是一些常见的专利国际申请信息检索方法。

(1) 主要的一些国家专利局数据库。

① WIPO PatentScope:WIPO的数据库,网址为https://www.patentscope.wipo.int/。可查询PCT的国际申请及多国专利信息,能通过关键词、申请人、专利号等检索。

② Espacenet:由欧洲专利局提供,网址为https://www.worldwide.espacenet.com/。涵盖

全球90多个国家和地区的专利，可进行标题、申请人、发明人、专利号等多种检索。

③ USPTO Patent Full-Text and Image Database：USPTO数据库，进入数据库可通过USPTO官网(https://www.uspto.gov/)，点击进入相关专利数据库。数据库包含美国专利及部分国际专利，可按关键词、分类号等检索。

④ JPO数据库：JPO官网(https://www.jpo.go.jp/)提供的数据库，能查询日本的专利信息。

(2) 主要的一些专业专利信息检索工具。

① PatSnap：集专利检索、分析、监控于一体，可快速检索全球专利信息，并具备可视化分析功能。

② Innography：专业的专利信息检索与分析平台，拥有丰富的数据和强大的分析工具，可帮助用户深入了解专利技术领域的竞争态势等。

③ 德温特创新索引(derwent innovations index)：涵盖广泛的国外专利信息，可通过关键词、申请人等进行精确检索。

(3) 委托专业机构检索。

① 专利代理机构：有丰富的检索经验和专业分析能力，能制定合适的检索策略，提供定制化检索报告。

② 律师事务所：知识产权律师团队可利用专业资源和法律知识，进行全面准确的专利检索，并提供法律意见和风险评估。

(4) 其他检索途径。

① Google Patents：收录了多国专利数据，支持跨语言检索，还可着色排序和下载PDF全文。

② IPC：可按技术领域分类查找专利，有助于在特定技术领域进行全面检索。

拓展阅读5-4

中国国际专利申请
持续领跑

本章小结

专利创新是创新发展的重要组成部分，是经济社会发展的持续动力，更是高质量发展的根本要求之一。国家科技创新，需要一种能把各方面提出的有价值的创新思路方案(包括已经申请专利的和已经获得专利权的)和专业设计人才培养以及实验实施条件联系在一起、站在巨人肩膀上看世界的机制。本章从专利信息深度挖掘资源的角度入手，介绍了专利基础知识、专利信息检索、专利信息分析、专利申请及审查基本知识四个方面，通过实例的解析，帮助读者了解专利从申请到授权全过程中的信息及流程。

思考与练习

1. 请利用国家知识产权局网站查询相关专利，分析发明、实用新型和外观设计专利的类型区别。

2. 尝试在相关网站下载一篇专利文件，仔细研究专利文献的内涵，了解专利文献是如何分类的。

3. 你的导师的专利申请量是多少？下载并了解其专利技术的研究历程，通过相关专利文献学习、思考，是否能发现并找到其技术研发的瓶颈，并确定自己的毕业论文开题方向？

4. 专利分类号有哪些？如果你想申请专利，结合自己的专业及研究的课题说出拟申请专利的分类号。

5. 请根据所学的专业所涉及的技术领域，追踪该技术领域某团队的专利技术，了解其发展趋势及最新技术突破点，并给出自己的见解和意见。

6. 检索分析导师的专利技术，尝试撰写一篇专利分析报告。

7. 请结合自己的毕业论文研究课题，通过对自己研究课题所涉及的技术领域进行专利分析，获得所研究课题的经济信息，如研究课题在国内外潜在的技术市场和经济实力。

8. 请结合目前某个技术领域技术热点(如华为手机)，通过对该技术主题专利的检索分析，了解该技术领域关键技术国内外专利发展的趋势、其核心专利技术，找出技术热点和技术空白。

9. 在专利的申请及审查流程中，你能获得哪些不同的专利文献？

10. 以自己的课题研究为基础，通过对相关技术领域的专利信息的检索分析，挖掘课题研究过程中的创新点，按照本章所学的专利撰写要求、基本思路和基本方法，拟确定申请专利保护的技术。

11. 通过对专利申请及审查流程的学习，思考撰写专利申请书时如何实现自己的技术保护以及如何顺利通过专利审查程序，获得专利授权。

12. 尝试到中国专利信息中心进行电子申请的操作，发现并体会电子申请相对纸质申请渠道的优势和劣势。

13. 如何根据国际专利申请途径的类别，进行专利的国际申请？

第 **6** 章

扩展：综合型信息资源

前面章节介绍了单类信息资源的类型及单类信息资源检索的方法。而在我们的日常生活、学习过程中，尤其是在科学研究实践活动过程中，接触更多的是综合型信息资源。围绕某一选题进行综合型信息资源的获取和阅读，不仅可避免以偏概全，还可以让研究者站在更高的视角审视自己的研究课题和内容，通过文献资源的阅读及时调整和纠偏拟设定的研究课题和内容。

【场景】在学习研究过程中，当你思索如何为自己的研究选题或拟定研究内容时，你是仅仅通过熟悉的中国知网进行单一检索获取文献，还是综合几个期刊数据库获取单一的期刊文献，抑或是通过综合类资源库获取各种类型的信息资源后，通过全面的阅读选择，进而选定自己的研究课题和内容？显而易见，最后一种获取资源的途径更能保证文献信息资源的全面性，更能帮助你选择合适的研究课题。

▍思维导图

6.1　常见中文综合型信息资源

综合型信息资源是指数据库所收录的文献资源类型多样，包括期刊论文、学位论文、会议论文、标准、专利、图书、报纸、古籍、政府文件、年鉴等。多种类型的信息资源通过统一平台可供用户进行跨库一站式检索，实现围绕某一检索内容的一次检索就可获取多种与检索内容相关的综合型信息资源，常见的平台有中国知网、超星发现系统、万方知识服务平台等。

6.1.1　中国知网

前面章节介绍了通过中国知网检索期刊论文的方法。本节主要介绍中国知网的文献检索，以及中国知网提供的软件服务，如知网研学、中国知网-中国经济社会大数据研究平台(CSYD)、知网AI智能写作、AI学术研究助手等。

1. 中国知网的文献检索

当对某一内容有了拟研究的想法后，一般是先检索相关的资料，了解目前想研究的内容、学界的研究成果。这时就不能仅仅检索相关主题的期刊论文了，其他的如学位论文、会议论文等都不能放过。为了保证研究内容的可研究性，需通过中国知网的文献检索进行一站式搜罗，以保证获取全面的相关研究成果。

例如，某同学拟进行习近平文化思想方面的研究，想了解相关的研究成果，这些成果既包括期刊论文，也包括学位论文、会议论文等。那么他可通过中国知网的综合检索平台，进行"题名"或"主题"的"习近平文化思想"的检索，检索之前需选择包含全部文献类型的检索范围，如图6-1所示。

图 6-1　检索主题为"习近平文化思想"的中国知网检索结果显示（检索日期 2025-06-05）

图 6-1　检索主题为"习近平文化思想"的中国知网检索结果显示 (检索日期 2025-06-05)(续)

查看显示的检索结果可知主题是"习近平文化思想"的文献总量，以及学术期刊、学位论文、会议论文、报纸、图书等不同文献类型的成果量。可根据需求按时间、下载量、被引次数等进行排列，有选择地下载和阅读。

需要注意的是，中国知网总库中包括中外文文献，可通过目录条再次进行选择。

【思考题 6-1】

某同学想进行"民众参与的环境治理对策与途径"的研究，请根据主题要求通过中国知网综合检索平台检索出相关期刊、学位论文、电子图书等，并对不同文献类型的研究内容进行简单对比分析。

解析

2. 知网研学平台

知网研学是在提供传统文献服务的基础上，以云服务的模式，提供文献检索、阅读学习、笔记、摘录、笔记汇编、论文写作、学习资料管理等功能的个人学习平台。知网研学平台提供网页端、桌面端(原E-Study、Windows和Mac)、移动端(iOS和安卓)、微信小程序，多端数据云同步，满足学习者在不同场景下的学习需求，赋能研究学习全过程。中国知网研学平台的九大功能如图6-2所示。

知网研学平台的使用方法如下。

(1) 注册登录，绑定资源账号。知网研学平台是个人学习平台，需注册个人账号登录，这样个人的学习数据与记录都会保存在个人账号内。注册个人账号时可用手机号码注册，也可用QQ、微信等账号进行快速注册登录。注册后可绑定机构资源账号(机构资源账号和密码可与图书馆联系获取)。若在中国知网资源可使用的IP范围内，系统将自动绑定机构资源账号。绑定机构资源账号的好处在于本校购买的中国知网资源可免费在线阅读。当然，也可通过平台购买不同等级会员卡，享受不同级别的服务。

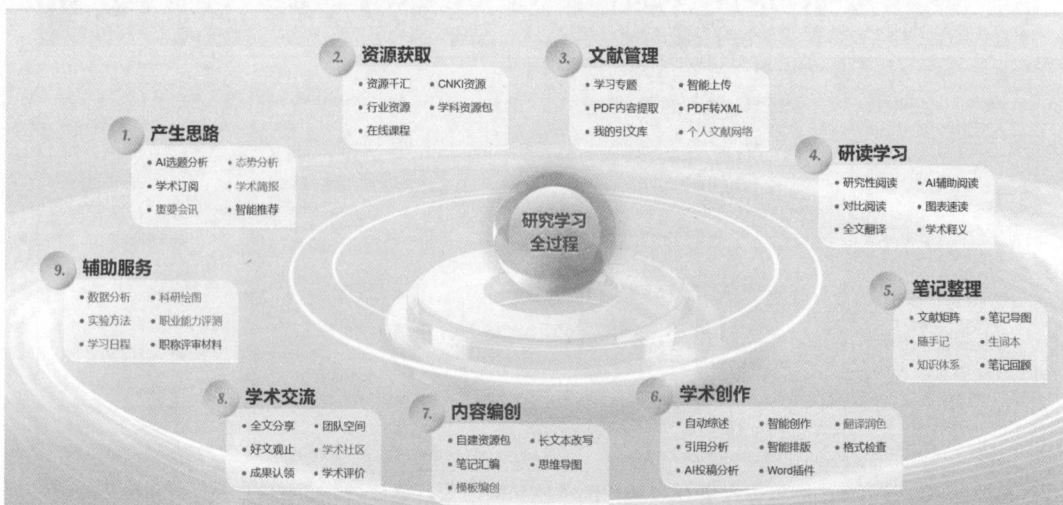

图 6-2　中国知网研学平台的九大功能

(2) 研读学习使用。

① 知网研学平台除直接对接中国知网五大资源数据库(期刊、博硕士论文、会议、报纸、年鉴)，还链接外文数据库网站，用户可自主收藏感兴趣的数据库网站，从而实现海量文献和图书资源任意选择。

② 知网研学平台检索方法与中国知网总库的检索方法一样，为提高检准率，建议直接进行高级检索，将检索结果按需求进行收藏。收藏成功后，返回"研读学习"界面，刷新后就可看到刚刚新添加的文献。

③ 知网研学平台内可建立多级研究学习专题，按研究学习专题将文献分类存放，也可用检索添加和本地文献上传的方法添加学习资料。知网研学平台提供快速检索文献入口，并可对文献的重要程度进行星号标记。

④ 除创建研究学习专题外，知网研学平台的资源包服务可根据会员级别，提供不同大小的资源包服务。资源包分为人文社科、自然科学和科研资源，科研资源又可分为研究方法和学术技能，如选题、开题、答辩、阅读、写作等。资源包文件有视频、文档等不同类型。用户可根据研究内容添加资源包。

例如，某同学想应用知网研学平台建立自己的"信息素养"和"创新创业"两个专题，添加相关方面的研究资料并进行阅读，可登录中国知网界面，找到软件应用，在线注册个人研学账号，根据知网研学平台的功能建立不同的学习专题，进行资源添加和阅读，如图6-3所示。

在后续的学习中，还可进行学习笔记记录及标签添加等。

(3) 知网研学平台的拓展功能使用。

① 除检索、收藏、查阅学习文献外，知网研学平台还提供个人知识分类管理功能，分

为我的笔记、我的摘录、记事本、我的成果、我的学术成果(公开发表的)；同时提供期刊订阅、RSS订阅、学科订阅、主题订阅。

② 知网研学平台把Word镶嵌到写作功能中，用户既可使用Word操作功能，又能使用知网研学平台上的功能。写作时可以一键添加文摘、笔记、个人网盘、知网在线文献等素材，自动生成参考文献，参考文献编号自动排序。

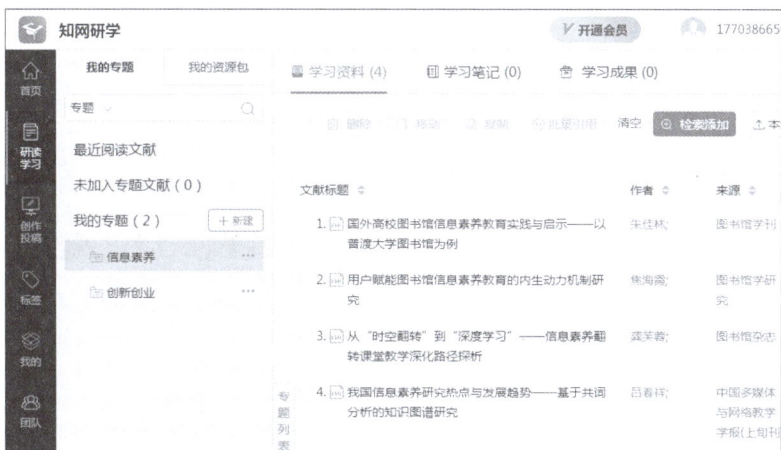

图 6-3　知网研学平台专题建立和资源添加界面

【思考题 6-2】

注册知网研学平台个人账户，尝试进行某一主题的检索收藏、资源包的添加、学科订阅以及文档创作等练习。

解析

3. 中国经济社会大数据研究平台

1) 概念

中国经济社会大数据研究平台是一个集统计数据资源整合、多维度统计指标快捷检索、数据深度挖掘分析及决策支持研究等功能于一体的，汇集中国国民经济与社会发展统计数据的大型统计资料数据库。其文献资源覆盖了我国经济社会发展的32个领域/行业，涵盖了我国所有中央级、省级及其主要地市级统计年鉴和各类统计资料(普查资料、调查资料、历史统计资料汇编等)，并实时出版了国家统计局及各部委最新经济运行数据进度指标、国民经济行业运行指标。

收录年限为1949年至今。中央级统计年鉴收录卷册完整率为99.3%，各地统计年鉴资料收录卷册完整率为97.8%。汇编各年度条目资料，为研究相同主题提供历史资料的汇编，展示各主题的发展脉络和动态变化。中国经济社会大数据研究平台提供统计资料、数据分析、决策支持、我的统计数据等功能。其中，统计资料包括统计年鉴、统计摘要、调查资料、普查资料、资料汇编等，数据覆盖范围广，内容翔实。

2) 功能

中国经济社会大数据研究平台比较有特色的是数据分析和决策支持功能。

(1) 数据分析功能。数据分析包括年度数据分析、进度数据分析、国际数据分析、专题数据分析四大类。数据分析功能是允许从地区、指标和时间三个维度进行组配并进行数据查询的功能模块，可生成数据图表、数据地图，进行决策支持分析。

例如，某人想知道河南省"十三五"规划期间的耕地面积有多少。通过常用的百度搜索引擎几乎是找不到相关准确数据的，可选择利用中国经济社会大数据研究平台的年度数据分析功能。地区选择"河南"，指标选择"农民、农业和农村"的"耕地面积"，时间选择"十三五"，单击"数据分析"按钮生成图表或数据地图，即可获得结果，检索界面及图表生成界面如图6-4所示。

图 6-4　中国经济社会大数据研究平台检索界面和图表生成界面(检索日期 2025-02-18)

(2) 决策支持功能。除数据分析功能外，中国经济社会大数据研究平台的决策支持功能也比较强大，包括五大类：相关性分析、统计预测、科学评价、决策模型和数据智能分析平台。其中，科学评价包括五种建模方法，分别是熵值法、层次分析(AHP)法、灰色关联分析法、因子分析法和主成分分析法。下面以科学评价为例进行决策分析。

用熵值法，以"GDP""第三产业增加值""第二产业增加值"来评价山西省、天津市、北京市、河北省的排名。其步骤和方法如下。

① 从"决策支持研究模型"栏目中选择"科学评价"。

② 从"选择建模方法"栏目中选择"熵值法"。

③ 从年度时间下拉框中选择评价时间为"2019年"(可任选)。

④ 选择评价地区为"北京市""天津市""河北省""山西省"。

⑤ 从指标类别中选择"综合""国内生产总值"，选择"GDP""第一产业增加值""第二产业占GDP比重"。

⑥ 单击"计算"按钮。

⑦ 生成计算结果页面。

中国经济社会大数据研究平台决策支持中的科学评价指标选择界面如图6-5所示。

图 6-5　中国经济社会大数据研究平台决策支持中的科学评价指标选择界面

上述操作完成后，可查看分析生成的计算结果页面，为课题研究或科学决策提供服务。

4. 知网AI智能写作

知网AI智能写作是基于大模型和AIGC技术开发的智能文档生成系统。该系统融合了大模型生成功能、协同文档和知识库，可广泛应用于技术方案、调研报告、规划报告、研究报告、工作总结等多种文档编写。作为一款类似于ChatGPT的AI助手，知网AI智能写作的主要目的是帮助用户迅速、高效地创作文档。其核心功能包括大纲生成、文档内容一键生成、好句子提示、相关段落推送、内容续写、内容润色、章节重写、扩写、缩写等。知网AI智能写作界面如图6-6所示。

图 6-6　知网 AI 智能写作界面

1) 知网AI智能写作产品功能模块

(1) 新建文档。知网AI智能写作提供多种文档模板类型，旨在满足不同领域和场景下的写作需求。文档模板类型包括但不限于以下几种。

123

① 研究报告模板：提供多种研究报告相关模板，如通用报告、科研报告、技术方案等，适用于学术研究、技术分析和项目报告。

② 日常办公模板：包括领导讲话稿、会议邀请函、工作总结等，满足日常办公和商务沟通的需求。

③ 政府决策模板：如领导讲话、政府解读等，适用于政府机关和公共部门的文件撰写。

④ 教学模板：包含教学计划、教案、教学设计方案等，帮助教师和教育工作者准备教学材料。

⑤ 我的模板-我的上传：支持上传自有模板，模板上传成功后，系统将自动解析其大纲和概述内容。

为确保模板内容的正确解析，上传的模板格式需满足以下条件。

标题格式：使用正确的一级、二级、三级标题规范。

概述内容：除标题外的正文内容将被系统解析为概述部分。

(2) 写作选题。写作选题是一项创新性的研究选题辅助增值服务功能，它利用最新的 AI 大模型技术和总库的海量学术文献资源，为研究者和写作者提供科学、智能的写作主题推荐服务。

核心功能：

① 智能主题推荐。在写作选题页面输入研究主题，系统将基于 AI 技术智能生成相关推荐题目。

② 研究热度分析。对每个推荐题目进行总库的检索，以显示该主题的相关研究数量。大量的研究成果表明该主题已受到广泛关注，反映出其高热度；而相对较少的研究成果则揭示了该主题的创新潜力和研究空间，指向未被充分探索的领域。

③ 可视化趋势与综合数据展示。提供研究趋势的可视化展示，整合最新研究成果、高影响力研究、主要研究机构和作者等信息。

(3) 我的文档。我的文档展示所有文档列表，支持新建、导入文档及对文档进行分享、复制、下载、重命名、删除等操作。

(4) 最近文档。最近文档展示最近打开的文档，支持列表/摘要视图切换。

(5) 共享文档。共享文档展示他人共享的文件，支持分享至他人查看、编辑。

(6) 知识库。知识库支持用户上传本地资料，也可添加从中国知网知识检索的资料。在该模块中，用户可以对收集到的知识进行统一管理。此外，在进行 AI 智能写作时，可以选择使用知识库中的资料作为参考素材，极大地提升写作效率和质量。

(7) 回收站。回收站管理已被删除的文档，可以选择永久删除文档，或将其恢复到原位置。所有被删除的文档将在回收站中最多保留 60 天。

2) 如何使用知网 AI 智能写作

知网 AI 智能写作平台提供了一站式写作流程，包括模板选择、基础信息配置、大纲生成、概述生成和全文撰写。接下来，我们将详细介绍如何高效地使用 AI 来撰写高质量文档。

(1) 选择写作模板。在"新建文档"页面选择适合的文档模板，输入文档主题、写作背景，单击"确定"按钮，进入文档编辑页。知网AI智能写作新建文档界面如图6-7所示。

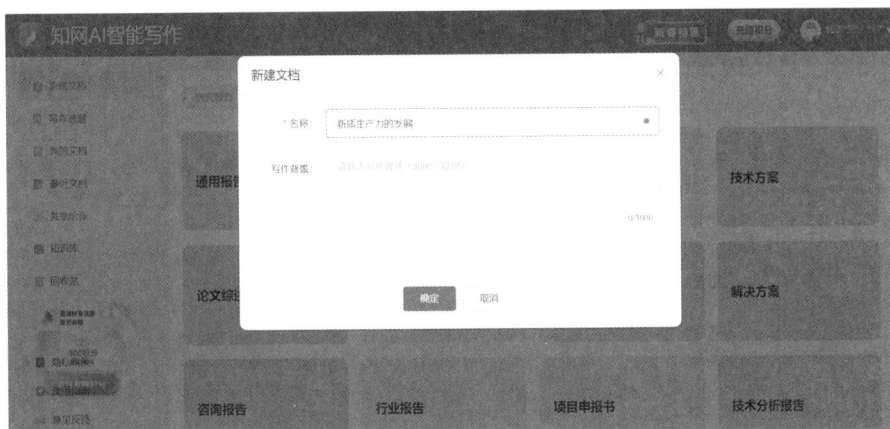

图 6-7　知网 AI 智能写作新建文档界面

(2) 配置基础信息。在弹出的"AI写作"对话框中可进行基础信息的配置，如图6-8所示。

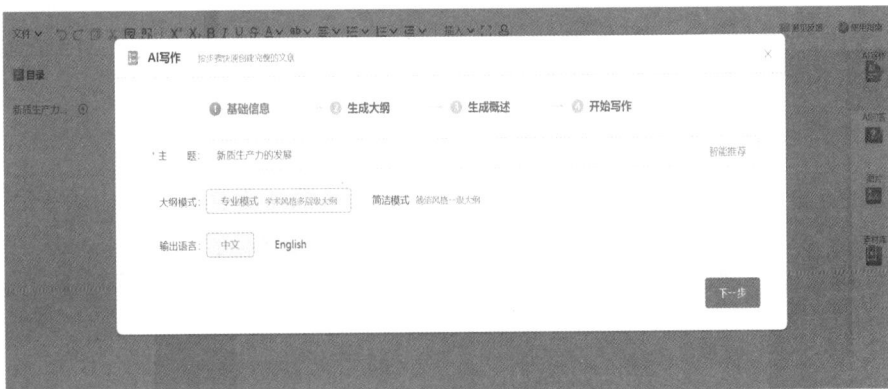

图 6-8　知网 AI 智能写作配置基础信息界面

(3) 生成大纲。单击"下一步"按钮，生成文档大纲。如大纲未达到预期，可以选择重新生成或手动编辑。

(4) 生成概述。单击"下一步"按钮，根据大纲内容生成文档概述。

(5) 开始写作。单击"下一步"按钮，在"开始写作"页面选择语言风格、参考素材后，单击"开始写作"按钮。

(6) 精细润色等。报告初稿生成后，可以根据需求进行润色和续写等。

3) 知网AI智能写作的优点

(1) 文档内容能够一键生成。知网AI智能写作根据文档大纲目录能够一次性生成报告全部内容，字数不受限制，能够生成3万字超长文档，连续可视化输出生成内容，速度快、效率高。

125

(2) 利用知网专业知识报告生成质量高。系统支持原生模式和知识增强模式，通过外挂知识库方式让大模型在生成内容时充分利用知识库内容，保障生成内容的专业性，提高报告质量。

(3) AI生成和人机协同编辑相结合。知网AI智能写作为用户提供专业的协同编辑工具，在AI生成初稿后分任务协同，编辑文档时接入内外部知识库，可查阅、可引用。

(4) 可将用户本地数据作为生成素材。在知识增强模式下，知网AI智能写作可将用户本地高质量数据进行碎片化、向量化及主题标引，形成AI报告智能生成的素材，作为外挂知识库提升报告生成的针对性和质量。

5. AI学术研究助手

AI学术研究助手(AI for academic)是AI时代中国知网研发的服务于科研全流程的AI辅助研究工具。AI学术研究助手将先进的华知大模型、知网高质量文献与科研场景紧密结合，围绕前沿探索、文献研读、成果创作与知识管理等核心需求，构建AI问答式增强检索、AI辅助研读、AI辅助创作与苹果树智能体四大服务体系，提供面向学习与科研的全流程、场景化服务，大幅提升研究效率与质量，全方位助力科学研究与科技创新。AI学术研究助手界面如图6-9所示。

图6-9　AI学术研究助手界面

AI学术研究助手功能如下。

(1) 问答式增强检索。

① 学术问答。用户只需以自然语言提问，AI学术研究助手将在中国知网全库范围寻找精准权威的体系化解答。问答结果可一键生成脑图和大纲，辅助用户快速掌握核心要点，加深知识理解。问答式增强检索界面如图6-10所示。

② 可信增强。AI学术研究助手回答的内容均来源于正式出版的期刊文献、博士论文、硕士论文、会议论文与重要报纸，均可追溯至来源文献。这样不仅有效避免了AI大模型的"幻觉"问题，更从根本上提高了答案的可信度。

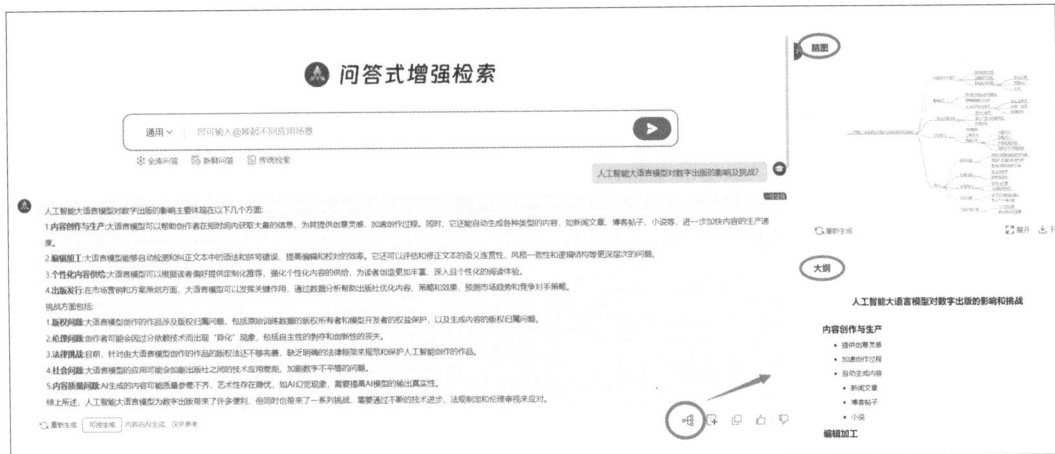

图 6-10　问答式增强检索界面

③ 可控生成。每个人的知识层次和需求不同，即使同一问题，也会对答案内容的深度、领域等方面有不同要求。AI可控生成服务创新性地满足了用户个性可控的问答需求——选文可控生成实现了AI根据用户选定的单篇或多篇文章生成回答；分组可控生成可基于用户选定的行业、主题、作者、时间等分组，进行文章聚类可控生成回答。

(2) AI辅助研读。在进行文献阅读时，科研人员常常需要花费大量时间筛选和阅读文献，在阅读过程中还会遇到概念不明、语言障碍等问题，导致阅读效率不高。AI学术研究助手的研读模式提供单篇问答、文章伴读、全文翻译、专题问答及文献推荐服务，辅助科研人员深度学习理解，激发创新火花，加速创作进程。

① 单篇问答。用户在甄选文献时无须通读全文，AI学术研究助手可快速地呈现文章核心内容，对文章进行快速总览和价值判断，大幅度节省了用户甄选、了解文献的时间。

② 文章伴读。在文献阅读过程中用户可以随时划取选中感兴趣的内容，伴读服务为用户提供概念解释、中英互译、文献推荐、引用问答等功能，使用户感受无障碍研读，大幅提高阅读效率和知识吸收率。

③ 全文翻译。AI学术研究助手可对用户自主上传的英文文献进行一键翻译，有"译文模式"和"对照模式"两种阅读模式。用户使用对照模式，当鼠标放在译文处时，原文的对应内容将会被标亮，可有效提高用户的英文文献阅读速度与知识吸收率。

④ 专题问答。用户如果需要对同一主题下的多篇文章进行深入对比阅读，可利用专题问答对文章中的观点、方法和结论进行提炼和汇总。它不仅能够实现多篇文献的结构化和系统化阅读，还能够帮助用户深入理解研究主题，发现新的研究视角。

(3) AI辅助创作。当用户进行论文创作时，AI学术研究助手可以起到降低写作难度、激发创意灵感的作用，使用户感受创作效率与质量双提升。

① 资料研参。AI学术研究助手将研究与创作环节有机结合，实现高效创作。用户在研读文献时，可便捷、系统地记录研读和问答中的文献精要和研究心得，为后期创作准备翔实的学术素材，这使得用户进入创作阶段时，可便捷地将研读资料应用在论文创作中。

② 对话写作。AI学术研究助手以对话的形式辅助写作，用户可以利用选题推荐、文

章大纲、文献综述等功能提升创作效率，激发创意火花。

③ 智能伴写。在论文的撰写中，用户可以根据需要选择扩写、续写、缩写、改写、概念解释、中英翻译等功能，来启发灵感，提高文章的可读性和吸引力。

④ 润色修改。AI学术研究助手提供了润色批改、据意查词、概念解释和言词答句等一系列功能，帮助用户提升论文的语言表达能力和逻辑结构，确保论文质量得到全面提升。

(4) 苹果树智能体(apple tree)。苹果树智能体专注于完成科研场景中的复杂任务，具有专业化、高效率、高质量的优势。其通过智能任务策划、子任务分解、流程制定等高度定制化的AI服务，高效、精准地满足特定科研场景需求，功能持续更新。

① 文献综述(基础版)。文献综述(基础版)基于高度定制化的AI服务，智能化地整理文献资料，分析文献观点并将不同观点进行分类整合，生成结构清晰、内容精练的千字综述，可大幅减轻文献调研的繁重压力，助力用户高效探索研究领域，挖掘科研选题。AI学术研究助手中的文献综述界面如图6-11所示。

图6-11　AI学术研究助手中的文献综述界面

②学术趋势。通过智能的数据分析和挖掘生成领域概貌，并以图表方式呈现领域发展脉络，为科研人员提供一个全面、深入的领域动态观测途径和精准、有价值的趋势分析。

6.1.2　超星发现系统

超星发现系统的核心功能是基于海量信息资源，帮助用户更快且更准确地找到所需要的信息，并充分利用数据仓储、资源整合、知识关联、文献统计模型等相关技术，通过引文分析、分面筛选、可视化图谱等手段，开展对数据的深入挖掘和自动化分析，实现资源加工颗粒化，数据展示图谱化，提高系统本身精准搜索文献信息向知识层次转化的能力。为用户从整体上掌握学术发展趋势，洞察知识之间错综复杂的交叉、支撑关系，发现高价值学术文献，提供便捷、高效而权威的学习、研究工具。

超星发现系统综合型资源目录检索包括图书、期刊、报纸、学位论文、会议论文、专利、标准、视频、引文、科技成果、信息资讯、法律法规、特色库等，同时内嵌主题词表

拓展阅读6-1

AI智能写作工具测评

库、作者库、机构库、同义词表库、刊名表等控制词库数据。用户根据实际需要，可进行任意维度的组配检索、自由扩检和缩检，从而实现文献发现的精练聚类和精准化搜索。

1. 超星发现系统的一般检索功能

(1) 空检索。通过空检索，用户可方便地查看各类文献以及相关元素的总量，全局把握知识的现状与发展信息。

(2) 精练检索。该功能提供只检索学术文章，排除报纸文章，只检索本馆馆藏纸本或电子资源，排除同位词功能，让检索结果更加精准化。

(3) 排序规则。该功能支持按照相关性、学术性、馆藏优先、出版日期升降序、引文量以及默认排序规则进行排序。

(4) 分面聚类。该功能支持检索结果按照内容类型、关键词、年代、作者、作者机构、地区、刊种、中文学科、重要期刊以及基金类别进行聚类显示，帮助用户快速精准地进行资源定位。

(5) 智能词表辅助。该功能提供同位词、下位词、扩展检索等多种智能检索方式，辅助用户快速获取资源。

(6) 其他。①支持不同文献类型混合排序；②支持高级检索的精确\模糊匹配；③支持高级检索勾选不同文献类型之后与之对应的字段信息的自动切换；④支持专业检索；⑤支持基于布尔表达式的逻辑检索。

2. 超星发现系统的特色功能

(1) 数据分析与知识关联。超星发现系统支持多个主题或同类主题的学术产出等的对比与生长趋势分析，可以对比同一领域发展相关性，分析将来的发展趋势，通过知识关联对生长方向进行分析，发现这些行为之间的关联性、连续性。

① 学术发展趋势功能：通过归纳、总结各类文献数据的产出量与各项指标，总结出搜索主题在规定时间段内的学术发展趋势。学术趋势对比分析图支持表格化数据导出功能，方便用户存留相关数据。

② 预测未来趋势功能：深入挖掘、分析文献信息发展趋势的波峰与波谷，结合搜索主题的各项指标与关联指标，分析预测其未来发展趋势。

【思考题 6-3】

应用超星发现系统的数据分析功能，以"创新创业"为检索词，对检索结果中的各类成果进行学术发展趋势数据导出，同时单独导出"创新创业"成果中"图书"成果的学术发展趋势图。

解析

(2) 学者学术产出分析。超星发现系统可以展示以作者、科研学者个人为中心的学术产出情况；对学者的学术成果进行分析，帮助用户掌握所关注的作者、科研学者的学术评价以及所发表文献的学术价值。

超星发现系统在检索结果页会对所有检出结果进行重要期刊收录情况以及被引量的标识与标记。若某学者的某篇文章被多个重要期刊收录，如被SCI、EI工程索引、北大核心期刊等收录，同时具有较高的被引次数，那么用户即可根据此则信息对此篇文章的价值加以更深的理解和判断。

同时，超星发现系统可配合检索结果的排序功能，从时间划分上判断关注的作者、学者的科研领域的变化，可得知该作者在早年时期和目前的科研领域分别是什么。如果关注的学者的科研领域在数年间没有发生变化，且其著作发文量较多，同时收录情况以及被引情况较好，那么用户就可基本确定其关注的学者为该学科领域内的专家、佼佼者。

例如，检索"中原工学院"的"岳修志"的学术成果，并进行学术影响分析。利用超星发现系统输入检索词"岳修志"进行检索，然后选择作者单位"中原工学院"，并对学术成果进行分析。学者学术成果检索分析可视化图如图6-12所示。

图 6-12　学者学术成果检索分析可视化图（检索日期 2025-02-18）

(3) AI生成式检索。超星发现系统的AI检索功能不仅可以对文献进行深度查找，还可以运用大模型对提取的文献进行深层次分析和处理，帮助用户梳理查找主题的主要发展脉络、生成文献综述。同时，为解决大模型幻觉问题，AI检索生成的大部分段落都会标明来源，从而确保生成的内容具备高度的可靠性，也能够追溯到其源头，一定程度上保障用户所获取的信息是经过严谨验证的学术资料。

例如，进行"图书馆阅读推广研究"主题的生成式检索，生成的文献综述如图6-13所示。

(4) 机器翻译工具。超星发现系统提供了一个双语阅读的科研翻译工具。其依托先进AI翻译技术，配套超星发现积累的专业领域文献资源，帮助科研人员完成科研阶段的文献查找、筛选、阅读、管理等流程，减轻科研人员因语言障碍出现的外文期刊阅读压力，提高科研人员的国际化文献查阅水平及效率。

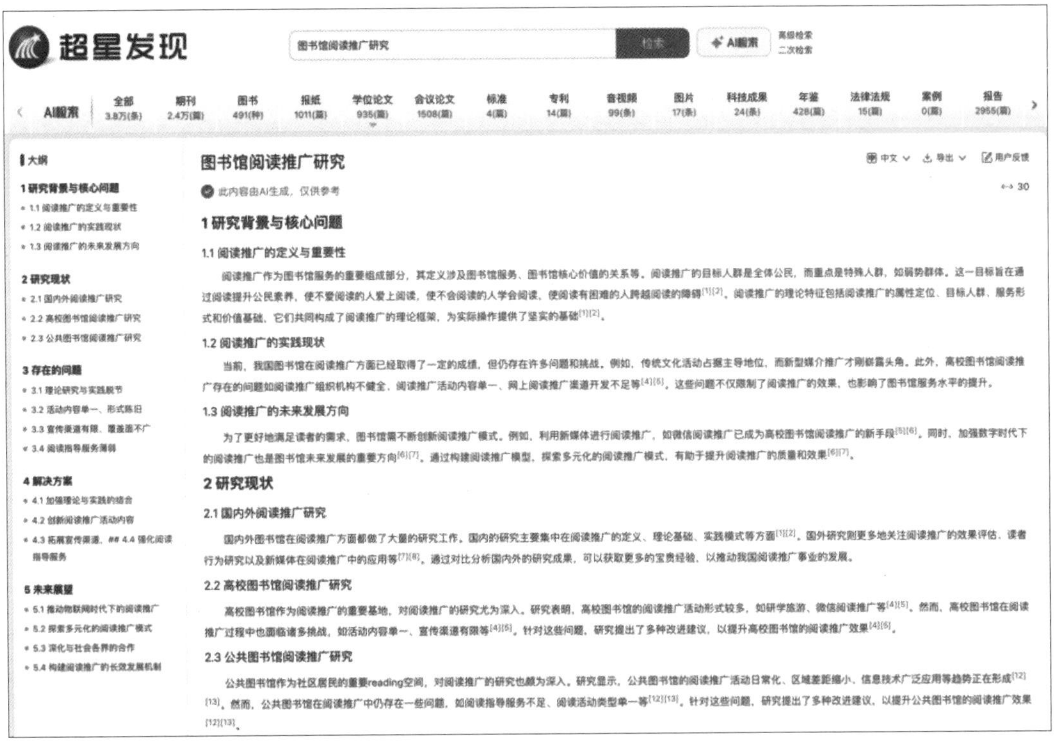

图 6-13　超星发现 AI 生成式检索文献综述 (检索日期 2025-02-18)

(5) AI阅读。AI阅读是超星发现系统的学术搜索系统与AI技术结合的一项功能，旨在提高知识获取与信息处理的效率。AI阅读允许用户直接向系统提出与文章内容相关的问题，以自然对话的形式提供精确的答案，帮助用户迅速而精准地获取所需的信息和知识，实现从资源检索服务到知识发现服务的转型。

(6) 引文引证分析。引文引证分析能够帮助　些研究人员通过义献的引用频率，分析研究测定某一学科或作者的影响和重要性。引文引证分析通过文献间的相互引证关系，分析某学科(专业)文献的参考文献的来源和学科特性，了解该学科与哪些学科有联系。另外，引文引证分析可以通过被引用率与引用率来研究文献老化规律；可以根据某著作被别人引用的程度，衡量该文献的学术价值和影响。

超星发现系统通过引文引证分析功能不仅实现了期刊与期刊的引证，还实现了不同文献类型、不同文献信息要素之间的相互引证关系，最终实现期刊、图书、学位论文、会议论文之间的一个立体的引用分析功能，方便读者和图书馆全面掌握文献信息的被引和施引关系。

(7) 可视化的知识关联图谱。超星发现系统提供同类主题、学科、领域等文献资源的知识发展方向分析，方便用户研究某学科领域或主题方向的知识发展；提供以学者、科研人员为出发点的知识点的挖掘、扩散功能；提供与当前学者、作者相关的其他作者、学者的扩散展示功能；支持以知识点、人、机构单位为中心的相关机构、单位的扩散展示。

(8) 与读秀、百链的无缝对接。超星发现系统与读秀、百链无缝对接，对于图书馆无法向用户提供借阅服务的书籍，用户可在超星发现系统中进行资源的查找之后，再通过读秀的原文传递功能将欲阅读书籍的部分页传递至个人邮箱进行阅读。同样，对于图书馆无法提供纸本或者电子数据资源的外文资源，用户也可在超星发现系统中搜索，继而通过百链的文献传递功能获取外文资源的原文。

6.1.3 万方数据知识服务平台

1. 万方智搜

截至2024年12月，万方智搜基于3亿条学术文献资源，以及在此基础之上构建的2 000万余条机构、专家数据，近1万条期刊数据等，为用户提供文献检索、全文获取、文献分析、文献订阅等服务。万方除自建数据库外，还有诸多合作数据库，如NSTL外文文献数据库、Techstreet国际标准数据库、Wiley数据库以及开放获取资源平台。万方智搜检索界面如图6-14所示。

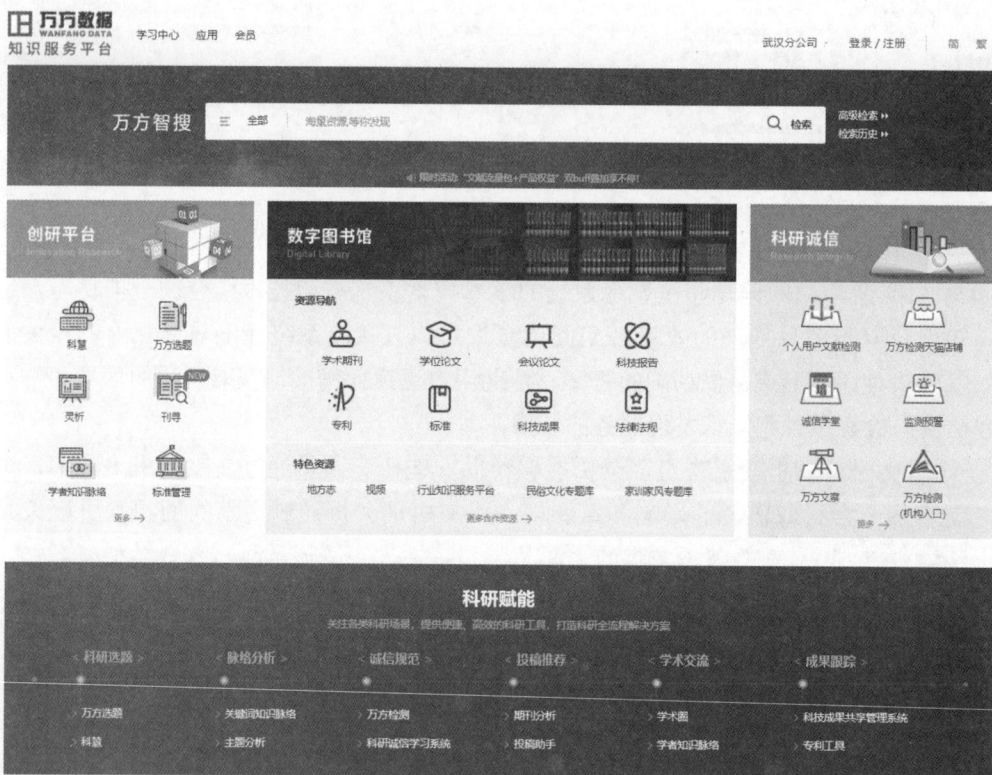

图 6-14　万方智搜检索界面 (检索日期 2025-02-18)

万方智搜的亮点功能如下。

(1) 多层次服务导引：对万方数据的资源、工具及服务在主站页面上进行分类管理。

(2) 智能检索：包括资源导航、基本检索、高级检索、专业检索、作者发文检索等，实现海量多渠道多种类资源的一站式检索和发现。

(3) 智能识别：可对用户输入的检索词进行学者、期刊、机构等实体识别，并按规则排序。

(4) 多维揭示：可实现基本信息与关联信息的多维揭示。

(5) 获取有保障：可在线下载阅读，或通过文献传递方式阅读，对于开放获取(OA)资源可免费获取。

(6) 个性化服务：可进行个性化的资讯服务或导出，如可进行关键词和期刊订阅。

【思考题 6-4】

　　以南开大学信息资源管理系的"柯平"教授为例，利用万方智搜检索其学术成果及某篇文献的被引文献，探究其学术影响力。

解析

2. 万方科研工具

除提供海量资源和智能搜索外，万方知识服务平台还提供科研选题、投稿助手、助力科研创新、产业创新、学术分析、外文文献保障等服务，下面作简要介绍。

(1) 万方选题。万方选题的定位是为具有科研选题需求的高校教师、学生、科研人员提供高价值选题发现、已定选题新颖性评测、高质量论文推荐等选题支撑服务，切实解决相关人员选题过程中的痛点，指导学科管理人员把握学科的发展方向，支撑科研管理和学科建设。万方选题界面如图6-15所示。

图 6-15　万方选题界面

如果用户对刚开始的新的学习领域比较迷茫，不知道该阅读哪些文献才能快速学习领域知识，怎样找到研究领域的热门方向、研究前沿，领域整体的发展态势是怎样的，有哪些新兴的研究主题，确定研究主题后，想了解研究课题是否新颖，有哪些关联的研究，万方选题可以起到帮助作用。

例如，一名大学生在学习和科研过程中可能会遇到以下难题。

① 刚进入新的学科领域，如何快速了解领域发展情况？

解决方案如下。

a. 读最新：了解学科领域最新研究进展。

b. 读综述：整体把握学科领域的发展脉络。

c. 读经典：通过阅读经典，掌握学科领域研究要点。

d. 读大牛：阅读大牛文献，跟踪他们的学术动态，预测未来方向。

② 还没确定选题，如何发现高价值的选题方向？

解决方案如下。

a. 回溯学术脉络：了解研究热点随时间的演化关系及学科领域整体发展趋势。

b. 追踪研究前沿：及时掌握学科领域最先进、最具研究价值的选题方向。

c. 发掘新兴主题：学科领域中重要的、处于快速成长阶段、未来可能成为热点的主题。

d. 拓展研究边界：从学科渗透、交叉"地带"寻找新的课题。

例如，某同学想做"人工智能"领域的研究选题，可利用万方选题平台，回溯学术脉络构建、追踪研究前沿、拓展研究边界和发掘新兴主题，如图6-16所示。

图 6-16 万方选题分析界面

③ 已经确定选题，如何评测选题价值？

解决方案如下。

新颖性评测：评测已定选题的新颖性，有多少同行在研究。检索出的相似文献越少，说明选题的新颖性越高。

(2) 刊寻。刊寻是学术期刊投稿分析系统，精准揭示期刊的基本信息、选题方向、发文主题、学术影响力、核心收录等多元化信息，为用户遴选出与论文主题高度契合的期刊，并提供多维投稿分析和期刊发表预测，全面辅助用户投稿决策。此外，刊寻通过与期刊编辑部对接合作，致力于为投稿作者提供正规、高效的投稿途径，帮助作者有效提升投稿效率。万方的刊寻使用界面如图6-17所示。

用户投稿遇到以下问题，刊寻都能帮用户解决。

① 想要找到可靠的刊物。所有期刊信息保证正规可靠，官网与投稿地址均通过验证，避免用户的稿源流失，经济遭受损失。

图 6-17 万方的刊寻使用界面

② 不知道哪本期刊适合自己。刊寻为所有学者提供场景化的期刊投稿服务，不论用户是否已经完成了论文的写作，平台都可以从多角度为用户提供适合投递的期刊。

③ 对投稿不够熟悉。投稿百科能够让用户了解各类投稿相关技巧与资讯，避免投稿的盲目性，提高投稿成功率。其使用场景包括以下几种。

a. 智能匹配：基于论文内容进行期刊智能匹配，适用于已经完成论文写作的用户。

b. 学科速览：快速浏览学科内的刊物信息，适用于还没完成论文或没有明确写作方向的用户。

c. 精准查刊：确定好投稿期刊，精准查找期刊基本信息，适用于已经有较明确投稿目标的用户。

刊寻三大功能界面如图6-18所示。

图 6-18 刊寻三大功能界面

(3) Sci-Fund科慧。Sci-Fund科慧针对中国、美国、加拿大、英国、德国等国家近100个科研资助团体的资助项目实施常规的动态跟踪，旨在构建完整、准确、规范、精细化描述的科研项目数据库。其功能模块有资源获取、统计分析、服务资源，其中统计分析功能比较强大，可提供多种多样的可视化分析图，为用户提供更多分析方法。

【思考题 6-5】

某高校科技处想知道 2000 年以来本校承担的科研项目总量、资助结构及项目所属学科分类，并期望能导出结构分析图表。

解析

(4) 产业科技创新服务平台。产业科技创新服务平台(成果转化版)基于自主研发的数智引擎，围绕人才、机构、技术、区域、产业五大信息域，构建起人才链、技术链、产业链、创新链四大关系链，形成"五域-四链"产业科技创新要素情报服务体系，面向高校院所的"四链"融合、成果市场发现、存量挖掘、产学研合作监测等场景，提供产业科技创新情报支撑服务。产业科技创新服务平台(高校院所版)页面如图6-19所示。

图 6-19　产业科技创新服务平台（高校院所版）页面

产业科技创新服务平台面向本校教师、科研院所成果转化中心/技术转移中心、政府/企业三类主体的产业科技情报服务策略如下。

① 本校教师：关键技术找市场、成果简介找市场、产学研合作找市场、企业技术实力无感调查。

② 科研院所成果转化中心/技术转移中心：关键技术找市场、成果简介找市场、产学研合作找市场、企业技术实力无感调查、本校产学研合作无感监测、本校人才产业化能力无感调查。

③政府/企业：本校人才产业化能力无感调查、本校科技成果精准匹配。

(5) 灵析。灵析是学术大数据分析系统，利用大数据、知识图谱和可视化技术，针对科研人员、科研管理人员、科研决策人员等不同用户群体，提供多维度文献计量、个性化对比分析、智能化文献推荐、专业性报告导出等功能，帮助用户轻松把握所关注主题研究现状、跟踪学科领域发展动态、监测与分析学者/机构的学术产出及科研能力、研究期刊学术影响力、定位和分析地区科研水平等，为科学研究、科研决策、学科建设等提供数据支持和科学解决方案。

灵析的功能包含主题分析、学者分析、机构分析、学科分析、期刊分析、地区分析及自定义分析七大模块。万方学术分析云页面如图6-20所示。

图 6-20　万方学术分析云页面

【思考题 6-6】

某高校的某位学科管理人员想知道自 2006 年以来电气工程这一学科的领域发展态势，了解学科的发展现状，为学科建设作出指引。

(6) 外文文献保障服务平台。外文文献保障服务平台以大数据环境下的知识发现技术为基础，整合、关联、挖掘数亿条全球优质外文学术资源，旨在切实提升全球科技文献资源的可发现度、可及性与可利用率，协助用户最大限度地组织文献资源，为教学和科研服务，同时协助评估电子资源的学科保障率与利用率情况，支持向精细化资源管理与建设转型，变资源、服务采购为能力建设提升。

【思考题 6-7】

某高校的某位教师想查阅主题为"人工智能"的发表时间为 2024 年的外文期刊论文。

6.2 常见外文综合型信息资源

外文文献反映了国际科研的新方法、新动向，代表了某一领域科技成果的前沿研究成果，因此，阅读外国文献对于把握最新科研动态，扩充自己的知识是非常必要的。在检索外文文献时，应尽可能选择收录文献质量较高的数据库，这样不仅可确保文献质量，还能通过这些外文资源检索系统提供的文件管理软件对文献进行管理。目前，各高校均购买了不同类型的外文文献数据库，有单一的外文文献数据库(如EBSCO期刊数据库、PQDT硕博士论文检索系统等)，有综合型的外文文献数据库(如ProQuest、Wiley Online Library等)。为快速获得较全面的某一专题方面的外文文献，本节主要介绍常见的知名综合型的外文信息资源ProQuest、Wiley Online Library和OCLC。

6.2.1 ProQuest

ProQuest是全球领先的学术研究资源提供商，其数据库平台涵盖了广泛的学科领域，包括艺术、商业、医药卫生、历史与社会变迁、文学、科学与技术等。ProQuest不仅提供学术期刊的全文访问，还包含学位论文、书籍、视频、缩微材料等多种类型的文献资源。用户可以直接访问到最新、最全面的学术期刊、学位论文等学术文献，这对于科研工作者、学生及教育工作者来说至关重要。ProQuest官网还提供了强大的检索功能和个性化的服务，如创建个人账户、保存检索历史、订阅定题服务等，极大地提高了学术研究的效率和便利性。ProQuest官网界面如图6-21所示。

图 6-21 ProQues 官网界面

ProQuest旗下有众多出版平台，包括ProQuest®、出版信息服务Bowker®-《在版书目》GBIP、世界上最大的国际联机情报检索系统Dialog®、电子图书数据库-ebrary®、EBL®、文献管理工具RefWorks®、学术赞助信息数据库Pivot™、Chadwyck-Healey、UMI®缩微资源和纸本参考工具书、eLibrary®、SIRS®、CultureGramsTM教育资源、Serials Solutions®-Summon发现服务及Intota网络级管理服务。每个高校购买的子库不一，检索界面也不一样。

【思考题 6-8】

如果想了解 AI 在国外的研究情况，该怎么检索到全面的研究文献？

解析

6.2.2　Wiley Online Library

作为全球最大、最全面的经同行评审的科学、技术、医学和学术研究的在线多学科资源平台之一，Wiley Online Library覆盖了生命科学、健康科学、自然科学、社会与人文科学等全方面的学科领域，收录了来自1 500余种期刊、10 000多本在线图书以及数百种多卷册的参考工具书、丛书系列、手册和辞典、实验室指南和数据库的400多万篇文章，并提供在线阅读。Wiley Online Library具有整洁、易于使用的界面，提供直观的网页导航，提高了内容的可发现性，增强了各项功能和个性化设置、接收通信的选择。Wiley Online Library平台(https://onlinelibrary.wiley.com/)并行为我国(不包含港澳台)学术型、公益性、非营利机构免费提供在线服务。Wiley Online Library免费检索界面如图6-22所示。

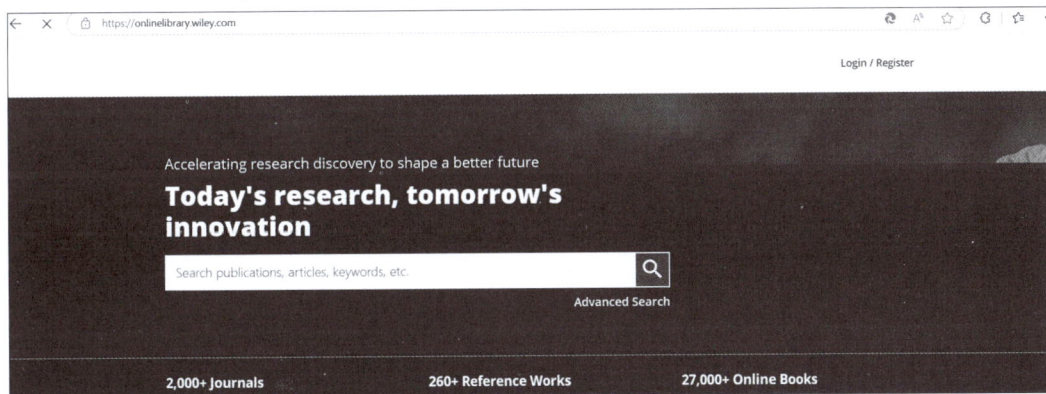

图 6-22　Wiley Online Library 免费检索界面

6.2.3　OCLC

OCLC是世界上最大的图书馆合作会员制组织，全世界众多一流大学图书馆、国家图书馆、研究图书馆和大型公共图书馆都是OCLC的会员馆。OCLC FirstSearch是大型综合的、多学科的数据库平台，基本组数据库共有13个子数据库，涉及广泛的主题范畴，覆盖所有领域和学科，所有信息来源于全世界知名图书馆和知名信息提供商。其收录内容及范围如下。

(1) OCLC FirstSearch-WorldCat(WorldCat联机联合目录数据库)。OCLC FirstSearch-WorldCat是世界上最大的书目记录数据库，包含OCLC近2万家成员馆编目的书目记录和馆藏信息。从1971年建库至今，WorldCat联机联合目录数据库共收录了491种语言总计3.9亿多条书目记录、25亿多条的馆藏记录，每条记录还附带馆藏信息，基本上反映了从公元前4800年至今世界范围内的图书馆所拥有的图书和其他资料。WorldCat联机联合目录数据库文献类型多样，包括图书、手稿、地图、网址与网络资源、乐谱、视频资料、报纸、期刊、文章以及档案资料等。该库平均每10秒更新1次。

(2) OCLC FirstSearch-Ebooks(电子书书目数据库)收。OCLC FirstSearch-Ebooks录了OCLC成员图书馆编目的所有电子书的书目信息，1800多万种，涉及所有主题，涵盖所有学科，收录日期从公元前1000年至今。该库每天更新。

(3) OCLC FirstSearch-ArticleFirst(综合类学术期刊索引数据库)。OCLC FirstSearch-ArticleFirst包括自1990年以来的16 000多种来自世界各大出版社的期刊目次表页面上的各项内容，每条记录都对期刊中的一篇文章、新闻故事、信件和其他内容进行了描述，并且提供收藏该期刊的图书馆名单。这些期刊的语言大多为英文，也有部分为其他语种。目前该库有3200多万条记录，主题涵盖商业、人文学、医学、科学、技术、社会科学、大众文化等。该库每天更新。

(4) OCLC FirstSearch-ECO(学术期刊索引数据库)。OCLC FirstSearch-ECO收录了自1995年以来来自全球70多家出版社的5000多种期刊，共计680多万条记录，涉及几乎所有学科。该库每天更新。

(5) OCLC FirstSearch-PapersFirst(会议论文索引数据库)。OCLC FirstSearch-PapersFirst是一个在世界范围内召开的大会、座谈会、博览会、研讨会、专业会、学术报告会上发表的论文的索引，涵盖了自1993年以来所有大英图书馆文献供应中心发表过的研讨会、大会、博览会、研究讲习会和会议的资料，共有860多万条记录，所包含的主题就是在所报道的会议中讨论的主题。该库每2周更新1次。

(6) OCLC FirstSearch-ProceedingsFirst(会议录索引数据库)。OCLC FirstSearch-ProceedingsFirst是PapersFirst的相关库，是一个在世界范围内召开的大会、座谈会、博览会、研讨会、专业会、学术报告会上发表的会议录索引，涵盖了自1993年以来所有大英图书馆文献提供中心发表过的研讨会、大会、博览会、研究讲习会和会议的资料，而且每条记录都包含一份在每次大会上所呈交的文件清单，从而提供了各次活动的一个概貌，共有47万多条记录。该库每周更新2次。

(7) OCLC FirstSearch-WorldCatDissertations(硕博士论文数据库)。OCLC FirstSearch-WorldCatDissertations收集了WorldCat数据库中所有硕士、博士论文和以OCLC成员馆编目的论文为基础的出版物，涉及所有学科，涵盖所有主题。该库最突出的特点是其资源均来自世界一流高校的图书馆，如美国的哈佛大学、耶鲁大学、斯坦福大学、麻省理工学院等，英国的剑桥大学、牛津大学，法国的巴黎大学，德国的柏林大学等，共计1900多万条记录，其中100多万篇有全文链接，可免费下载。该库每天更新。

(8) OCLC FirstSearch-Clase Periodica(拉美学术期刊文摘数据库)。OCLC FirstSearch-Clase Periodica由Clase和Periodica两部分组成。其中，Clase是对专门登载人文社科领域文献的拉丁美洲期刊(1975年至今)所作的索引；Periodica涵盖了专门登载科学与技术文献的期刊(1978年至今)。该库对2700多种以西班牙文、葡萄牙文、法文和英文发表的学术期刊中的68万多条书目引文提供检索。该库不仅包括以泛美问题为主的期刊中的信息，还含有在24个不同的拉丁美洲和加勒比海地区出版的文章、论文、单行本、会议录、技术报告、采访以及简注，涉及各个学科领域。该库每3个月更新一次。

(9) OCLC FirstSearch-ERIC(教育学数据库)。OCLC FirstSearch-ERIC是由美国教育资源信息中心整理的已出版的和未出版的教育方面文献的一个指南，涵盖从1966年至今的有关教育方面的众多资料，涉及数千个教育专题，包括对发表在*Resources in Education*(RIE)月刊上的非期刊资料与每个月发表在*Current Index to Journals in Education* (CIJE)上的期刊文章的注释参考。该库收录了1000多种期刊和其他资料，共有记录150多万条，包括一个ERIC叙词表，可免费阅读约24万篇全文文章。文章主题有成人教育、职业教育、教育评估、残疾与天才教育、小学与幼儿教育、高等教育、城市教育、教育管理、信息与技术、语言学与语音学、阅读与交流、教师与教师教育等。该库每月更新。

(10) OCLC FirstSearch-MEDLINE(医学期刊数据库)。OCLC FirstSearch-MEDLINE标引了国际上出版的近2万种期刊。该库收录了自1950年以来的2 300多万条附有摘要的记录，主题涵盖了所有医学领域。该库每天更新。

(11) OCLC FirstSearch-OAIster(全球联合机构知识库)。OCLC FirstSearch-OAIster目前已发展成全球最大的开放档案资料数据库，为研究者提供多学科数字资源。该库记录数量已有近3 100万条，来自1 100多家图书馆及研究机构，包括数字化图书与期刊文章、原生数字文献、音频文件、图像、电影资料、数据集、论文、技术报告、研究报告等。每条记录包括数字资源的全文链接，用户可以查看、下载和保存图片及全文内容。数据库每3个月更新1次。

(12) OCLC FirstSearch-SCIPIO(艺术品和珍本拍卖目录数据库)。OCLC FirstSearch-SCIPIO是一个在线艺术品和珍本拍卖目录数据库，涵盖了从16世纪晚期到目前已排定日期但尚未举行的拍卖中的出售目录，共有44万多条记录。每条记录包含出售日期和地点、目录题名、拍卖行、出售者、拥有馆藏的图书馆。该库提供北美和欧洲主要拍卖行以及许多私下销售的拍卖目录，是了解艺术品、珍本、收藏历史、古今市场趋势的珍贵信息来源，涉及的主题有珍本、绘画、艺术作品、雕塑、素描、家具、珠宝、房地产、纺织品和地毯等。该库每天更新。

(13) OCLC FirstSearch GPO(美国政府出版物书目数据库)。OCLC FirstSearch GPO由美国政府出版署创建，覆盖从1976年以来各种各样的美国政府文件，包括美国国会的报告、听证会、辩论、记录、司法资料以及由行政部门(国防部、国务院、总统办公室等)颁布的文件，每条记录包含一个书目引文，共有66万多条记录。该库每月更新。

6.3　辅助(特殊)综合型信息资源

除了大众熟知的中外文综合型信息资源之外，还有一些小众的、免费的辅助性资源平台，其特点鲜明、定位准确，深受用户欢迎。本节主要介绍写作助手——笔杆论文写作助手、开放获取信息资源集成平台和科研项目数据库。

6.3.1　写作助手

以笔杆论文写作助手为例。笔杆是集素材、场景、工具于一体的一站式写作服务平台，是一款基于大数据的写作与创新的辅助工具。其基于海量数据和强大的大数据技术，提供了一系列学术创作的文献服务功能，能有效提高用户的写作效率和写作素养。

1. 写作服务

根据常规写作步骤，笔杆的写作服务分为选题分析、资料收集、在线写作、参考文献智能编排、论文查重等。

以选题分析为例进行选题分析和资料收集。检索选项：硕士。学校：中原工学院。专业：能源与环境。关键词：环境治理。

操作具体步骤如下。

(1) 按检索选项输入检索词，如图6-23所示。

图 6-23　输入检索词

(2) 单击"选题分析"按钮检索结果，推荐选题如图6-24所示。

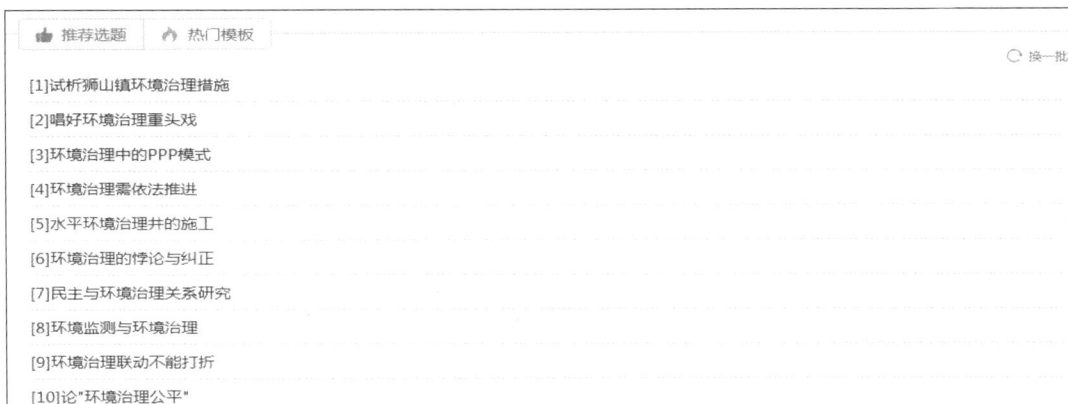

图 6-24　推荐选题

(3) 在推荐选题中选择一个题目，或自拟题目，进入资料收集阶段，对搜集结果可分类查看。

阅读完资料，可进行在线写作、编辑章节、分享知识片段或导出写作内容，写作时可自动纠错。完成后对参考文献进行编排，可自动生成格式。最后，进行论文查重，生成查重报告。

2. 其他服务

笔杆提供期刊分析服务，可为投稿提供期刊评价。下面以某学报为例进行期刊分析，期刊引证报告及详情如图6-25所示。

2015年- 2024年引证报告

	2015	2016	2017	2018	2019	2020	2021	2022	2023	2024
发表总量	198	123	224	213	200	217	184	190	257	268
平均被引总量	0	0	0	0	0	0	0	0	0	0
被引总量	0	0	0	0	0	0	0	0	0	0
他引总量	0	0	0	0	0	0	0	0	0	0
影响因子	0	0	0	0	0	0	0	0	0	0

期刊详情

期刊名称：管理世界
ISSN：1002-5502
出版周期：月刊
数据库收录：知网；万方；维普

相关期刊

1.经济研究　　　　　　2.世界经济
3.中国工业经济　　　　4.金融研究
5.经济学(季刊)　　　　6.会计研究
7.中国社会科学　　　　8.数量经济技术经济研究
9.社会学研究　　　　　10.中国农村经济

图 6-25　期刊引证报告及详情

笔杆提供投稿指南，按学科进行分类，可查询不同类型的专业期刊，如环境科学与生态学学科的专业期刊查询，如图6-26所示。

图6-26　学科专业期刊检索

【思考题 6-9】

　　当你面临毕业选题时，导师给出了选题范围，你如何结合自己已有的学科知识以及资源的搜集情况，选定一个适合自己的研究课题？

解析

6.3.2　开放获取信息资源集成平台

　　开放获取信息资源也是科研活动中重要的资源之一。目前知名的开放获取信息资源平台有中国科学院文献情报中心开放建设的GoOA和OAinONE，下面分别作简单介绍。

1. GoOA——开放式获取一站式访问平台

　　GoOA(访问网址：http://gooa.las.ac.cn)2015年初正式上线。中科院文献情报中心开放获取期刊采集服务体系项目在评价、遴选优质OA期刊后，构建OA期刊采集服务系统——

GoOA，它集成了严格遴选的知名出版社自然科学领域及部分社会科学领域的OA期刊及其论文全文(数量不断增加中)，提供OA期刊和论文集成发现和免费下载、OA期刊投稿分析、关联检索、知识图谱分析、用户分享等特色功能。

GoOA特色服务：

(1) 构建严格的OA期刊评价遴选体系，建立高质量的OA期刊集成体系。

(2) 提供自然科学领域OA期刊和论文的一站式集成服务。

(3) 提供论文在图、表、开放数据等层次的丰富信息检索功能，提供检索结果的可视化分析。

(4) 实现基于本体概念(知识点)的语义标注/导航，并提供检索词的知识点扩展检索。

(5) 提供基于评价标准的学术OA期刊投稿分析，助力作者投稿。

(6) 提供数据开放接口，支持学者或第三方系统获取特定期刊和论文，以支持面向科研用户的数据再利用。

(7) 对期刊和论文的评价和共享功能，让OA论文的学术评价更直接。

GoOA检索界面如图6-27所示。

图 6-27　GoOA 检索界面

2. OAinONE

OAinONE(访问网址：http://oa.las.ac.cn/oainone/service)平台基于对开放资源的发现、遴选和评价方式，发现、获取、集成九类优质的开放科技资源，包括开放期刊、开放会议论文、开放课件、科技政策、开放学位论文、开放图书、开放科技报告、科研项目、开放科学数据，同时，提供开放知识资源普遍服务、个性化服务、精准服务。基于OAinONE集成的丰富开放资源，开发建设领域开放知识资源服务定制工具(OAtoYOU)、开放资源评价评估体系(OA Evaluation)，建设集成OAinONE资源及其他第三方资源的OA Hub，面向中科院分布式大数据知识资源系统及其他第三方的开放接口服务，并打造特色专题数据库产品，包括科技政策集成及趋势平台、开放课程大讲堂等。OAinONE检索界面如图6-28所示。

图 6-28　OAinONE 检索界面

【思考题 6-10】

以某课题为例，应用两个平台进行相关主题的OA资源检索和输出，对比两个平台的使用方法和体验感受。

3. CnOpenData数据资源平台

CnOpenData数据资源平台(访问网址：https://www.cnopendata.com/)是覆盖经济、法律、医疗、人文等多个学科维度的综合型数据平台，持续提供个性化数据定制服务，现拥有380多个专题数据库，涵盖专利数据(1.4亿+量级)、工商注册企业数据(2.2亿+量级)、上市公司数据、土地数据、政府数据、新冠疫情数据、分地区数据、交通数据、气象数据等十大数据系列，数值型数据和文本型数据并存，学术研究价值极高。CnOpenData数据资源平台集灵活的数据定制服务、专业度极强的数据整合能力、强大的学术性于一体，为各领域不同主体的研究决策提供优质、专业的数据支持。CnOpenData数据类型界面如图6-29所示。

图 6-29　CnOpenData 数据类型界面

6.3.3　科研项目数据库

下面以泛研全球科研项目数据库为例进行介绍。目前泛研全球科研项目数据库汇聚了世界上20多个科技发达国家和地区的科研项目，收录了全球范围内的科研立项数据，总量超过1 000万个科研项目以及3 000多万条科研成果链接。科研项目数据最早可追溯到20世纪50年代，涉及全学科领域，具有多个主流语种，是收录范围最广、数据规模最大的科研项目数据库。目前泛研全球科研项目数据库拥有全球科研项目数据库、全球科研项目指南库、科技奖项竞赛数据库、科技专家人才数据库、全球科研信息资讯数据库、科研工具集系统六大情报服务矩阵的数十种子数据库及工具系统。

泛研全球科研项目数据库适用于课题申报前的查重查新，获取国内外最新的立项及项目成果前沿情报，了解国内各地区的项目资助情报、奖项申报评选、竞赛通知、人才选拔评选通知、往年公示的基金专家、科技专家库以及其他科技人才、公开的科技奖等获奖名单及获奖成果等信息，发现与市场、行业对接，科研成果转化机会，及时获取国内外文献专著，国家自然科学基金、国家社会科学基金、国家重点研发计划定制化检索，提供快捷检索入口，支持个性化定制对标分析，收集引领全球科技发达国家科研资助趋势、方向性的项目指南，自定义检索字段导出数据用于前沿分析、国家自然科学基金申请代码推荐、辅助立项申报决策等。

泛研全球科研项目数据库提供了强大的检索功能和交互分析系统，支持多语种复杂的逻辑检索，科研人员可以根据自己的需求，快速找到相关的科研项目信息。同时，交互分析系统则可以让科研人员对某个学校或某个科研领域的科研对比情况进行深入的了解，系统会自动形成对比结果，有数据、有图表，可以标记，也可以导出，极大地节省了科研人员的工作时间。值得一提的是，泛研全球科研项目数据库的所有科研项目信息都作了成果关联，用户可以通过项目信息直接链接到图书馆已购买资源的文献。如果图书馆未购买文献，泛研全球科研项目数据库还可通过文献传递的方式传递给用户，真正实现了资源的无缝对接。

拓展阅读6-3

全球开放获取资源现状和趋势

例如，某科研工作者想了解"阅读推广"相关的科研项目立项及研究情况，通过泛研全球科研项目数据库分析的结果如图6-30所示。

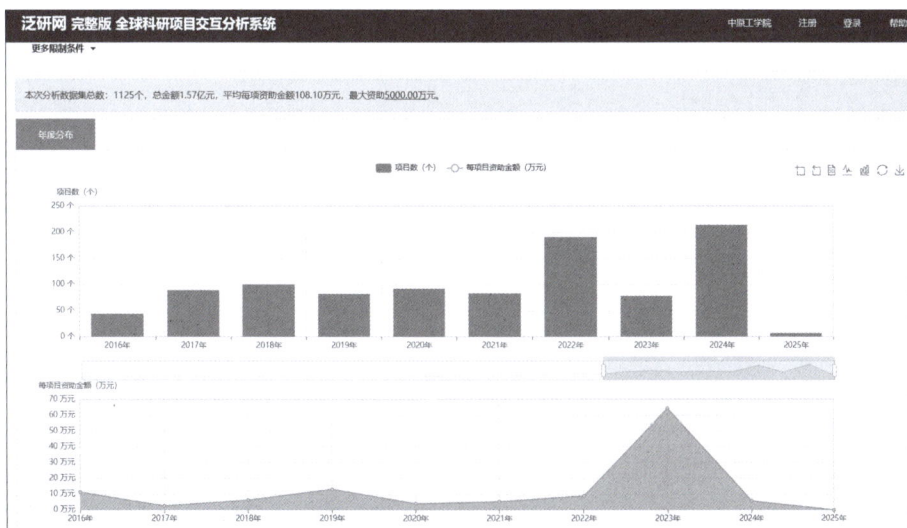

图 6-30　泛研全球科研项目数据库交互分析系统界面

本章小结

本章主要介绍了中外文综合型信息资源及其利用。在科学研究过程中，中外文资源获取的全面性很大程度上决定了拟研究课题的研究价值和研究方向。与此同时，无论是科研项目的申报，还是科研论文的写作，都有必要进行课题查询、选题比较，所以，读者不仅要学会利用综合型资源平台获取全面的文献信息，还要学会利用一些资源平台所提供的拓展服务对文献信息进行管理，使科研活动变得有章有序。

思考与练习

1. 以某一主题为例，对比分析中国知网、万方知识服务平台、超星发现系统三大综合型中文信息资源服务平台的不同之处及相同之处，对比三个平台各自的优缺点。

2. 以自己的专业方向拟科研选题，对比笔杆论文写作助手与万方选题在科研选题服务方面的不同之处。

3. 开放获取平台日渐得到科研工作者的喜爱，对比分析中外开放获取信息资源平台提供资源的范围及服务功能。

4. 在你的专业领域，选择一个你感兴趣的课题，检索该课题的相关研究内容有哪些。通过阅读，尝试分析该课题的最新研究动向。

第7章

提高：科学知识图谱和文献信息可视化

信息的可视化改变了人类看世界的方式。在科学知识图谱中，"看"包括"检索"和"解读"两个步骤。如何才能高效地对文献进行检索与解读呢？我们通过对科学知识图谱基础知识进行介绍，并采用CiteSpace和中国知网、万方知识服务平台等可视化工具来探索文献之间的关联度，将大量的文献数据转化为可视化图谱。

【场景】你根据课题需求，在各种数据库中进行文献检索，获取了各种类型的文献。但是文献和文献之间到底存在什么样的关系？与课题相关的知识是如何发展起来的？这些文献对课题的贡献程度怎样？你现在需要对相关文献的关系有一个清晰的表达。如何对某一个学科的文献资源进行可视化解读？如何通过可视化的手段找出文献之间的关联度？如何通过文献的关联度建立学科之间的联系？这些都需要借助相关软件或系统实现。

▍ 思维导图

7.1　科学知识图谱基础知识

科学知识图谱用科学计量学的方法来进行引文分析(citation analysis)，通过可视化的方法来表征分析对象的发展过程。它是通过将应用数学、图形学、信息可视化技术、信息科学等学科的理论与计量学引文分析、共现分析等方法结合，并利用可视化的图谱形象地展示学科的核心结构、发展历史、前沿领域以及整体知识架构，达到多学科融合的目的，为学科研究提供切实的、有价值的参考。

7.1.1　科学知识图谱的概念

科学知识图谱是以科学知识为计量研究对象，将复杂的科学知识领域通过数据挖掘、信息处理、知识计量和图形绘制，以可视化的方式显示科学知识的发展进程与结构关系，揭示科学知识及其活动规律，展现知识结构关系与演进规律。科学知识图谱是引文分析与数据、信息可视化相结合的产物。其中，引文分析是指利用各种数学及统计学的方法和比较、归纳、抽象、概括等逻辑方法，对科学期刊、论文、著者等各种分析对象的引证与被引证现象进行分析，以揭示其数量特征和内在规律的一种文献计量学方法。

7.1.2　科学知识图谱的绘制方法

常用的科学知识图谱绘制方法有多元统计分析、词频分析法、共词分析法、引文分析、共被引分析和社会网络分析等。

1. 多元统计分析

多元统计分析是由经典统计学发展而来的，是一种综合分析方法，能够在多个文献和多个指标相互关联的情况下分析它们的统计规律，常见的有聚类分析、因数分析、多维尺度分析等。

(1) 聚类分析：按照文献、著者、关键字、期刊或学科间的联系以及结构变化，将研究对象进行分类的一种分析方法。聚类分析可以实现组内的文献具有较高的相似性，而组间的文献之间具有较大的差异性。

(2) 因数分析：按照学术群体或者学者的分布状况，利用少数几个不相关的综合因素来描述因素之间联系的多元统计分析方法，即同类中变数因子的相关性较高，不同类变数因子的相关性低或者不相关。

(3) 多维尺度分析：将观测文献定位到概念空间(通常情况下是二维或者三维空间)，通过测定观测量之间的距离来发现各观测文献之间的相似性，主要用于研究领域、思想流派的分析。

2. 词频分析法

词频分析法是利用能够揭示或表达文献核心内容的关键字或主题词在某一研究领域文献中出现的频次高低来确定该领域研究热点和发展动向的文献计量方法。

由于一篇文献的关键字或主题词是文章核心内容的浓缩和提炼，因此，如果某一个关键字或者主题词在其所在领域的文献中反复出现，则可说明该关键字或主题词所表征的研究主题是该领域的研究热点。

3. 共词分析法

共词分析法(co-word analysis)假设文献的关键字可以较准确地描述文献内容，概括多篇论文间的关系，而评价文献间关联度的重要指标就是两个关键字在同一篇文献中共同出现。共词分析法属于内容分析方法，在一篇文献中统计一组关键字或主题词两两出现的次数，再用聚类分析对次数结果进行分析。关键字之间的联系、亲疏程度可以呈现关键字的聚类结果，而共词分析法中所涉及的词往往代表了某个学科和主题研究，因此通过分析这些词语之间的关系可以展现学科或者主题的结构变化。

4. 引文分析

1955年，尤金·加菲尔德(Eugene Garfield)发表论文《引文索引应用于科学》，提出了用引文索引检索科技文献的方法，引文分析由此逐渐成为科学计量学研究领域的重要方法。

引文分析是利用数学及统计学的方法和比较、归纳、抽象、概括等逻辑方法，对科学期刊、论文、著者等各种分析对象的引证与被引证现象进行分析，进而揭示其中的数量特征和内在规律的一种文献计量分析方法。

引文是科学对话的一种方法，是作者认为对自己的研究"有用"的资料。但同时表明，引文并不是许多人认为的那样，只是"定量"的、"客观"的。首先，引文是作者的"主观"判断，但如果有多位作者有这样的"主观"判断，其引文的"数据"则是"客观"的。引文既是定性的，又是定量的。

现代科学论文的一个重要特征是，在"参考文献"标志下依序列出所引文献的著录事项。参考文献(被引用文献)与正文(引用文献)的简单逻辑关系就是引文分析的基础和背景。引文分析揭示了科技文献的引证与其被引证现象进行研究的过程，使用的方法有图论、模糊集合、数理统计等数学方法和逻辑思维方法，其目的在于揭示文献所蕴含的情报特征和相关关系。

引文分析中还有一些辅助概念，运用也较普遍。具体如下：①文献耦合。一篇参考文献被两篇文献引用便构成一个引文耦，引文耦越多，说明两篇文献关系越密切。②同被引。同被引是指两篇论文共同被后来的一篇或多篇论文所引用的现象，其量度同被引强度，即两篇或多篇文献同被后来的文献所引用的频次。显然，同被引频次越高，两篇论文相关性越强。③自引。自引是指作者引用自己以前发表的独撰与合撰论文的现象。自引还可以扩展到杂志、学科、地区、团体乃至国家对文献的自用。

中国知网中各种引文关系在4.2节已有相关论述，可以参考。

5. 共被引分析

共被引的概念是由美国情报学家Small于1973年提出的，可以分为文献共被引(document co-citation analysis，DCA)、作者共被引(author co-citation analysis，ACA)和期刊共被引(journal co-citation analysis，JCA)。

(1) 文献共被引。文献共被引方法的基本假设：如果两篇或多篇论文同时被后来一篇或多篇论文所引证，则称这两篇或多篇论文构成共被引关系。例如，论文A、论文B同时被后来一篇或者多篇论文所引证，则称论文A与论文B构成文献共被引关系。同时，引用这两篇文献的文献篇数称为共被引强度。文献的共被引关系会随着时间的变化而变化，通过文献共被引网络研究可以探究某一学科的发展和演进动态。

【思考题 7-1】

文献A、文献B、文献C同时引用了文献D、文献E，此时文献D和文献E就是共被引关系，请问文献D、文献E的共被引强度是多少？

解析

(2) 作者共被引。作者共被引方法的基本假设：当两位作者的文献同时被第三位作者的文献引用时，则称这两位作者存在共被引关系。这两位作者共被引频次越高，则说明他们的学术关系越密切，"距离"越近。通过聚类分析、多维尺度分析和因子分析等统计方法，可以按照这种"距离"将学科领域的核心作者进行分类，并通过图形表示，以可视化方式鉴别分析学科领域的科学共同体。

(3) 期刊共被引。期刊共被引方法的基本假设：以期刊为基本单元而建立的共被引关系，根据期刊的共被引关系及其强度，判断期刊的学科领域性质，了解学科领域结构，分析研究主题的改变及确定核心期刊的依据。

6. 社会网络分析

社会网络在维基百科的定义是"由许多节点构成的一种社会结构。节点通常是指个人或组织，而社交网络代表着各种社会关系"。文献学中的社会网络分析主要指通过合作关系建立起来的科研合作网络。社会网络分析用来衡量和描述科研人员之间的关系。以科学合作网络分析为例，要想判别某两位科研人员之间是否存在合作关系，就要看他们是否共同发表过论文或者共同参与过科研项目等。

7.1.3　科学知识图谱的应用

拓展阅读7-1

科学知识图谱属于科学计量学研究的范畴，基于引文分析的科学知识图谱主要用于以下几方面。

(1) 分析学科进展及发展趋势。

(2) 分析学科核心作者群。

(3) 分析学科核心期刊群体的结构。

基于知识图谱分析的跨学科主题教学研究

(4) 分析时空分布特征、主要热点领域、研究前沿、动态和发展趋势。

(5) 分析论文产出的主要领域、国家、机构、科学家和期刊。

(6) 除上述应用外，科学知识图谱的应用还包括：用作制定科学决策的依据；确定研究的热点、方法、学科分布和应用领域；揭示相关文献所代表的特定领域的研究主题、主题的层级及其关系，由研究主题所映射的具体研究方向之间的关系；揭示研究主题接近所属领域热点问题的程度；考察特定领域科学研究主题的变迁；预测特定领域的知识发展趋势；等等。

7.2 CiteSpace

CiteSpace是由陈超美教授于2004年9月应用Java语言开发的一款信息可视化分析软件，其版本不断升级和更新，截至2025年1月最新版本是Citespace 6.3.R1。CiteSpace设计的思想实质是把大量的文献数据转换成可视化图谱，让人们对知识的理解更直接，并能发现那些隐藏在数据背后不易被人察觉的规律。CiteSpace可用于绘制科学知识图谱。

7.2.1 CiteSpace系统概述

1. CiteSpace系统要求

在安装和启动CiteSpace之前，应确保计算机上安装了与CiteSpace相匹配的Java运行环境(java runtime environment，JRE)。JRE的安装要根据当前系统的配置：如果是32位的Windows操作系统，则需安装Windows X86的JRE；如果是64位的Windows操作系统，则需安装Windows X64的JRE；如果是Linux等操作系统，则需要下载相应的JRE。Citespace 6.3.R1只提供64位的Windows操作系统版本，安装时不需要下载相对应的JRE。CiteSpace官方下载界面如图7-1所示，其网址为https://sourceforge.net/projects/citespace/。

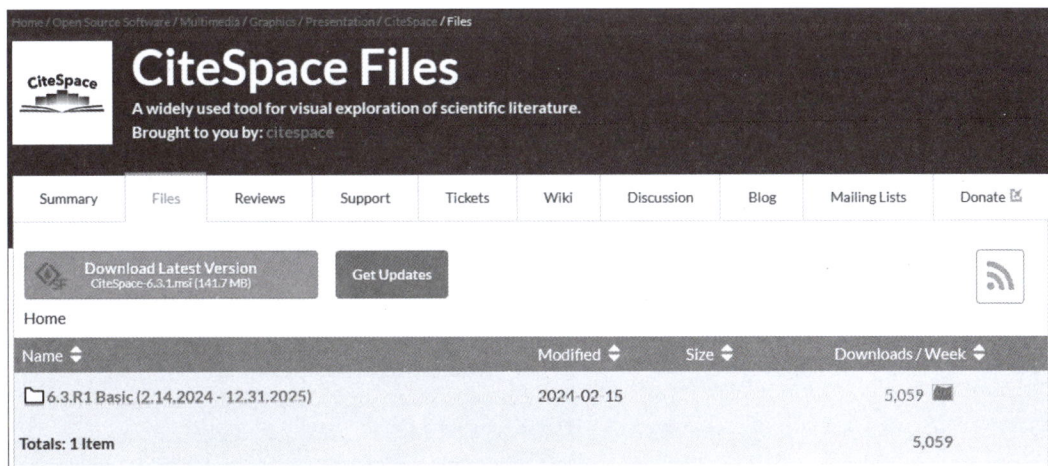

图 7-1 CiteSpace 官方下载界面

2. 设计理念

CiteSpace的设计理念是基于波普尔的三个世界理论，以科学知识图谱的方式来认识世界，改变人们看世界的方式。它主要基于共引分析(cocitation analysis)理论和寻径网络算法(pathfinder network scaling，PFNET)等，对特定领域文献进行计量，以探寻科学领域演化的关键路径及知识转折点，并通过一系列可视化图谱的绘制来形成对学科演化潜在动力机制的分析和学科发展前沿的探测。CiteSpace的设计基于"科学知识本身是不断变化的"这一基本假设，旧的文献逐渐过时，新的文献不断出现。CiteSpace分析关注的不是科学领域或者知识领域是否发生变化，而是寻找哪些文献在何时对整个科学领域或者知识领域的变化产生或有可能产生关键性的作用。

3. CiteSpace与科研工作者的关系解析

CiteSpace能够有效地帮助科研工作者更好地理解其所从事的研究领域，也能凸显本领域的一些重要文献资料。CiteSpace可以帮助科研工作者了解以下信息。

(1) 在所研究的领域，哪些文献是具有开创性和标志性的。

(2) 在整个研究的过程中，哪些文献具有关键的作用。

(3) 哪些文献在课题研究中一直占据着主流地位。

(4) 跨学科领域之间是如何关联在一起的。

(5) 基于一定知识基础的研究前沿是如何发生演变的。

7.2.2　CiteSpace主要功能

CiteSpace的运行界面如图7-2所示。

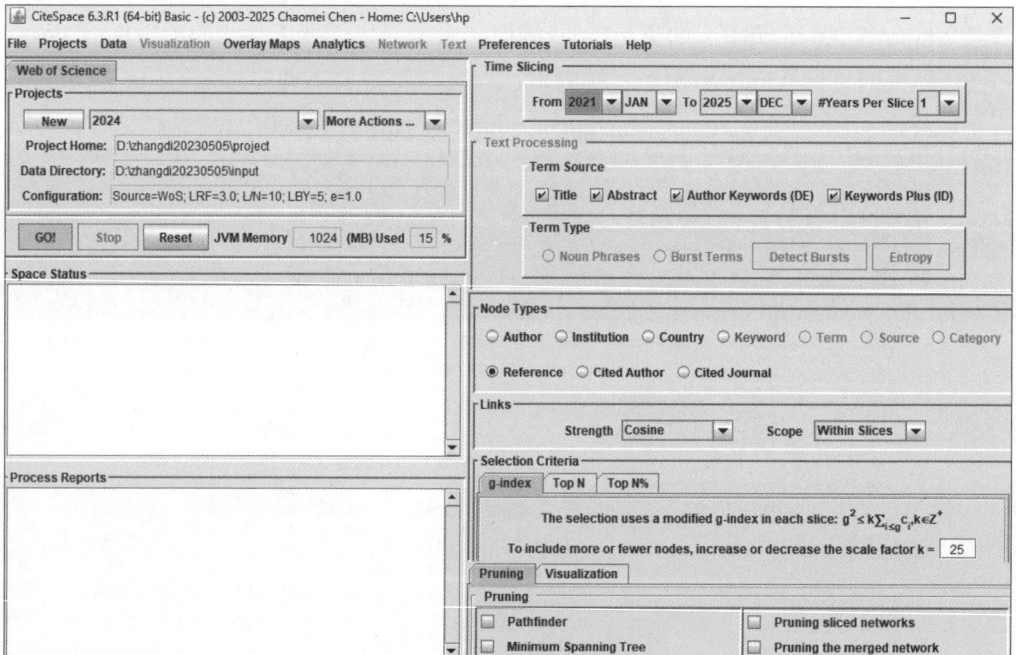

图 7-2　CiteSpace 的运行界面

1. 主要节点类型

CiteSpace运行生成的可视化图谱为网络图，分析的对象可以针对施引文献和被引文献，所形成的网络图中的节点会因不同的分析项目而代表不同的含义。CiteSpace对象分析功能面板如图7-3所示。

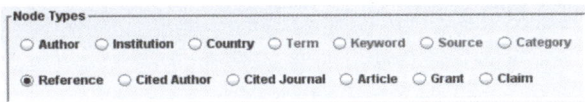

图 7-3　CiteSpace 对象分析功能面板

节点类型决定了使用CiteSpace分析的目的。

(1) Author(共现作者)为作者合作分析功能，分析对象为文档中的"AU"字段，运行结果为作者合作网络。CiteSpace给出了合作网络中各作者的重要性指标及网络属性。

(2) Institution(共现机构)为机构合作分析功能，可以得到各研究领域的研究力量分布。

(3) Country(共现国别)为国家合作分析功能，可以得到各国的研究力量分布。

(4) Term(共现词)为词共现分析功能。CiteSpace中的term表示文章中的标引词，term可以来自文章标题、摘要及关键词部分。CiteSpace运行过程中如果采用了term标示，需要在面板term source 模块下选择term的来源，可以选择一个来源，也可以选择多个来源。使用term分析要比关键词分析更深入，反映的信息也更全面。

(5) Keyword(关键词)为关键词共现分析功能，分析对象为文档中的DE(Author keywords)和ID(Keyword plus)字段，得到结果为关键词共现网络，此网络可以反映某一领域当前研究热点及过去产生过哪些热点研究。

(6) Category(共现领域)为学科共现分析功能，用于交叉学科的分析，分析对象为文档中的SC字段，通过构建学科关联网络，可以揭示各学科间的内在联系。

(7) Reference(文献共被引)为文献共被引分析功能。通过分析共被引网络中的聚类及关键节点，可以揭示某个研究领域的知识结构。CiteSpace还能以独特的方式表示研究前沿和知识基础、研究前沿的演变以及在演变过程中起到关键作用的文献。

(8) Cited Author(作者共被引)为作者共被引分析功能。CiteSpace计算作者共被引时只考虑第一作者共被引情况，并且同一作者在同一篇文献中被引用多次也按一次计算。通过计算共被引作者关系，可以得到作者共被引网络图，图中可以揭示某个研究领域的学术共同体。作者共被引中的作者不是合作关系，而是同一研究领域的作者，合作关系由Author来探测。

(9) Cited Journal(期刊共被引)为期刊共被引功能，期刊共被引所反映的是各类期刊及学科间的关联性。通过期刊共被引分析可以获得某个研究领域的知识基础分布。

(10) Article为文献耦合分析功能，分析施引文献之间的耦合关系，两篇文献引用了相同的一篇或多篇参考文献，得到的结果为文献耦合网络。

(11) Grant为基金分析功能，分析文献的基金资助情况，得到的结果为资助基金的共现网络。

以CiteSpace网络图首先可以看出哪些文章属于高被引论文，被引频次最高的论文在该领域具有重要影响，其余论文依次类似分析。其次，从图中可以看到哪些文献联系比较紧密。联系紧密的含义在于这些文献经常被施引文献一起引用。也就是说，这些文献经常一起出现在多篇后来发表的文献中，说明这些共被引文献在内容上具有一定相似性。因此，经常共同出现在参考文献中的文章，其共被引强度会变大，共被引强度越大，说明文献内容相似性越高。基于此，便可以利用CiteSpace聚类功能进行文献共被引的聚类分析，挖掘相似文献的共同主题，这就是文献共被引的意义所在。

【思考题 7-2】
CiteSpace中共词分析对象是Keyword和Term，二者有何区别？

解析

2. 文本处理

若要进行文本的内容分析，需要在运行主窗口中Term Source面板上选择Term包含的范围，有4个数据来源可供选择：Title、Abstract、Author Keywords(DE)、Keywords Plus(ID)。如果选择题目或者摘要，还需要在Term Type中选择Noun Phrases选项，此选项的功能是将题目和摘要中的名词短语提取出来，进而可对这些名词短语进行特征词共现分析。CiteSpace文本处理如图7-4所示。

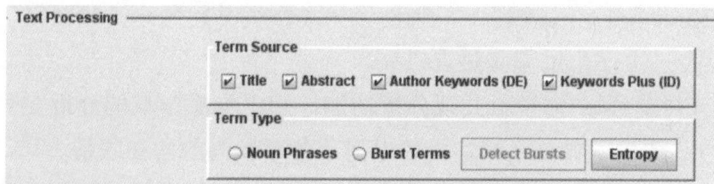

图 7-4　CiteSpace 文本处理

3. 阈值设置

在实现可视化之前，需要完成时间阈值、连线阈值、节点阈值的选择或者设置。

(1) 时间阈值。时间阈值通过"From...To"选择起止时间，通过"Years Per Slice"选择时间区间。如图7-5所示，时间阈值设置一年为一个时间切片。

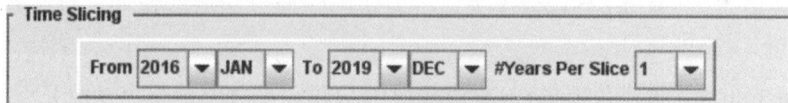

图 7-5　时间阈值设置

(2) 连线阈值。连线阈值表示分析对象数据之间(图谱的边)的连接强度，有夹角余弦距离、Jaccard距离和Dice距离3种计算方法。CiteSpace默认连接强度计算方式为夹角余弦距离。

(3) 节点阈值。如果节点阈值分析的数据量过大，那么可视化的图谱必然过于庞大或者杂乱无章，这时就需要对节点阈值进行设置，对数据进行筛选，去掉冗余信息，使图谱更加清晰。节点阈值设置界面如图7-6所示。

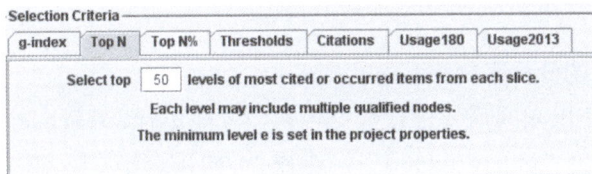

图 7-6 节点阈值设置界面

4. 常见的数据筛选策略

下面主要介绍常见的四种数据筛选策略，见表7-1。

表 7-1 四种数据筛选策略

选择策略	节点选择界面	含义
Top *N*		选择每一时间段中被引频次或出现频次最高的50个节点数据
Top *N*%		选择前10%，但小于100个高被引或高频出现的节点数据
Thresholds		按照(4,3,19)、(4,3,20)、(3,3,20)设置的阈值选择节点数据
Citations		选取被引频次在某一区间的节点数据

(1) Top *N*。系统设定$N=30$，在每个时间切片中提取N个被引次数最高的文献。N值越大，生成的网络相对更全面。

(2) Top *N*%。将每个时间段中的被引文献按被引次数排序后，保留最高的N%作为节点，并且数据数量限制在M个，即如果N%的数据超过M，则只取前M个数据。

(3) Thresholds。通过(c,cc,ccv)的设置来筛选数据，需要对数据在时间维度上进行前、中、后3个时间段的阈值设置。CiteSpace在运行过程中通过线性插值的方法对各时间段进行阈值控制。其中，c为引文数量，cc为共被引频次，ccv为共被引系数。

(4) Citations。Citations是对第一种策略的补充，单击"Check TC Distribution"可以得到文献被引频次的分布。TC为被引频次，Freq为某一频次数对应的文献数量，Accum.%为所占的累积百分比。

7.2.3　数据采集及处理

1. 中国知网数据的分析案例

(1) 数据转换。中国知网需要进行数据转换，才能进行CiteSpace数据分析。单击主菜单"Data"中的子菜单"Import/Export"，选择"CNKI"选项卡。中国知网数据转换页面如图7-7所示。

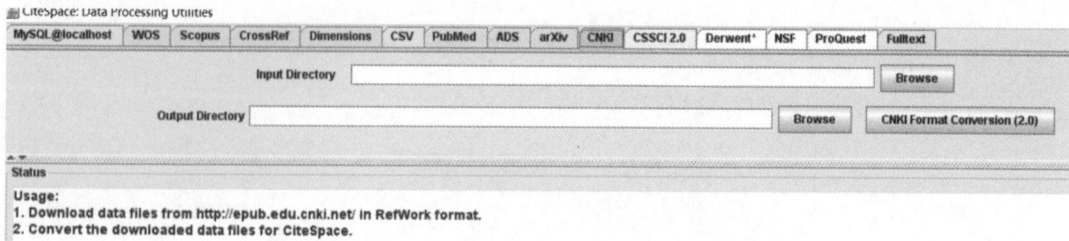

图 7-7　中国知网数据转换页面

打开中国知网页面，检索主题为"用户画像"and"图书馆"，去掉不相关的文献(如期刊征稿通知、序等)，选中所有文献，单击"导出文献"按钮，如图7-8所示。

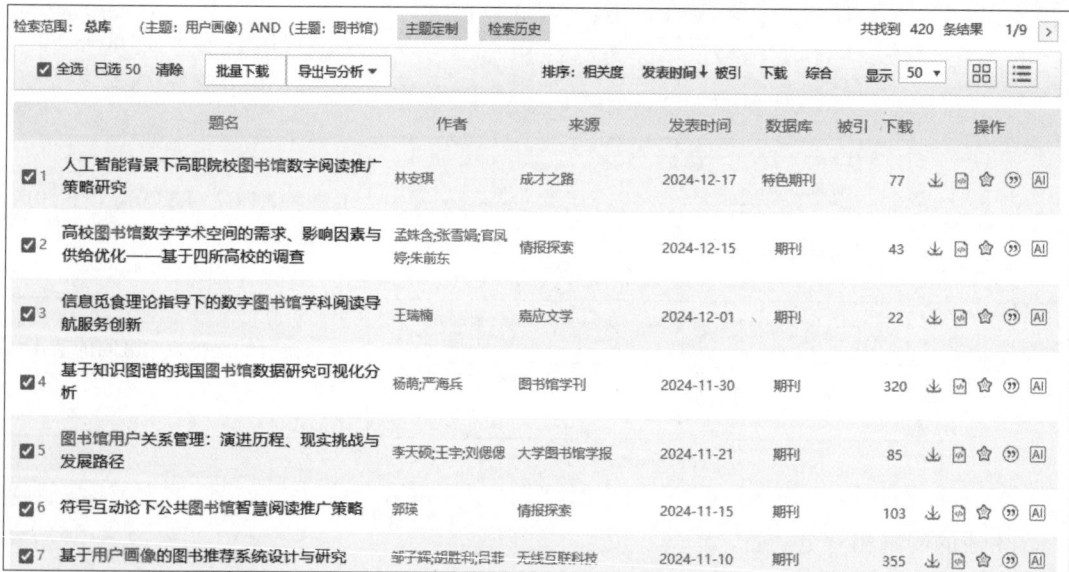

图 7-8　中国知网检索主题为"用户画像"and"图书馆"

文献导出格式按照图7-9要求选择Refworks。注意：保存的文件名必须以download开头，如保存文件名可以是download、download_2025等。在转换的过程中需要新建两个文件夹：一个用于存放原始数据(刚下载的download开头的文件)，另一个用于存放转换后的数据。

(2) CiteSpace项目创建。建立空文件夹user_porfiles，在user_porfiles内新建data和project两个空文件夹，复制转换后的数据文件到data文件夹中，project文件夹仍然为空(主要用于保存分析后的结果)。

图 7-9　文献导出格式转换

① 新建CiteSpace工程。在Projects中单击"New"按钮，在下拉列表中选择"use-rporfiles"选项。Project Home和Data Directory路径为文件夹user_porfiles下的project文件夹和data文件夹。新建CiteSpace工程如图7-10所示。

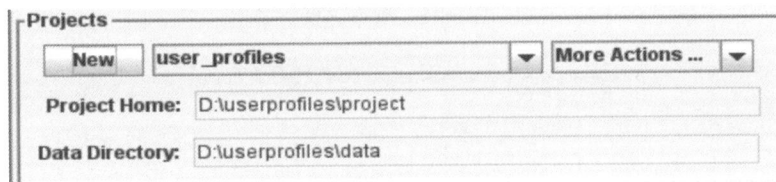

图 7-10　新建 CiteSpace 工程

② 依次对Time Slicing、Text Processing、Node Types、Selection Criteria进行参数设置。中国知网数据库中的引文数据未完全开放，因此CiteSpace数据转换器没有提供引文处理功能，Reference(文献共被引分析)、Cited Author、Cited Journal(期刊的共被引分析)暂无法使用。将Node Types设置为Keyword，如图7-11所示。运行结果如图7-12所示。

(3) 运行结果调试。

① Labels设置。若生成图形的可视化效果不好，可以通过主菜单的"Labels"进行设置。在"Labels"选项卡中选择"Threshold"(阈值)选项，可以改变显示在图谱中的文字数量。阈值越大，节点文字越少，反之则越多；"Font size"(字体大小)选项可以调整节点文字的大小，调至0则不显示文字；"Node size"(节点大小)选项，节点即默认视图网络中的一个个点，默认以十字架形式存在(图7-12)，调整该选项可以控制节点大小。注意：调整的不是单个节点，而是整体节点的大小，因为节点的大小代表着其在网络结构中的重要程度，因此不能调整单个节点的大小。

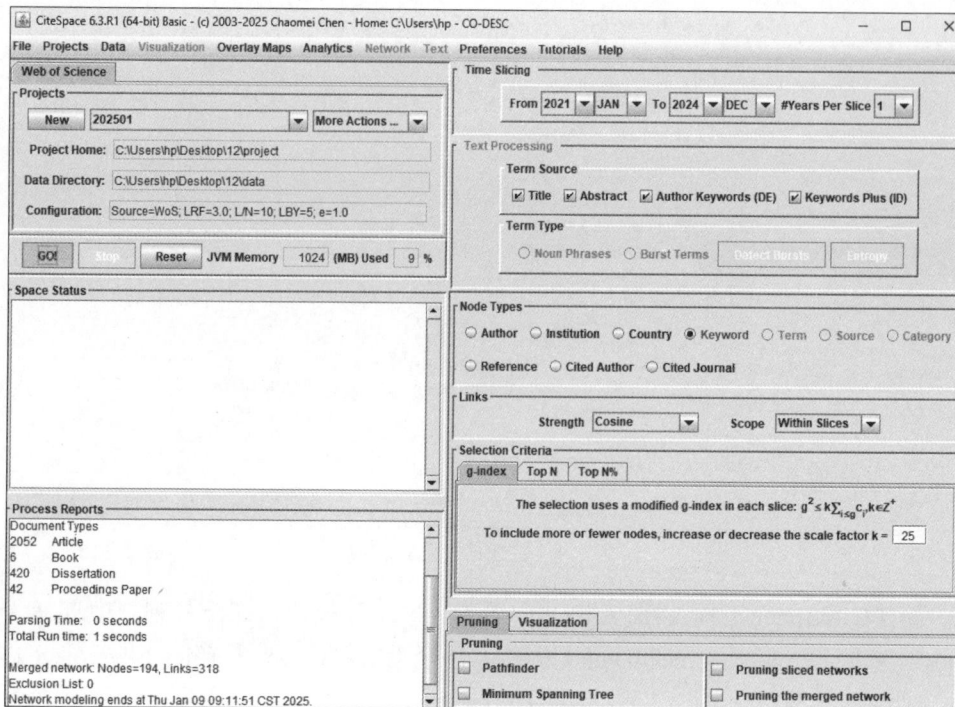

图 7-11　参数设置

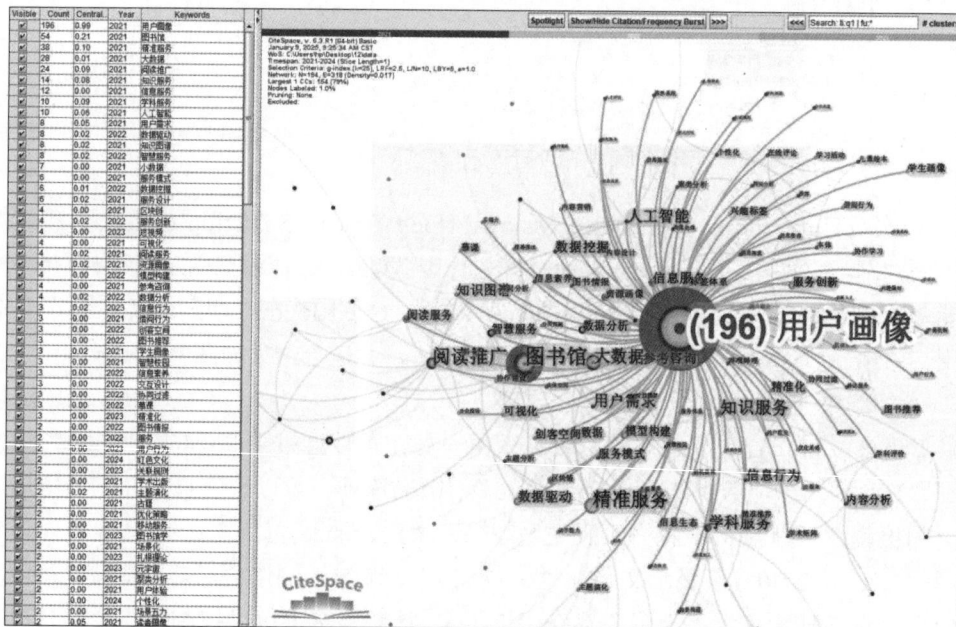

图 7-12　运行结果图

②节点形状选择。Citespace 6.3.R1 形状节点的默认形状为十字架形，如果仍喜欢老版本的年轮形，可以通过主菜单找到"Nodes"选项，然后找到"node shape"，进行四种形状选择，分别是cross(十字形)、circle(年轮形)、triangle(三角形)和square(方形)。

③默认节点类型。节点信息的读取默认的是引用的次数。例如，分析的是关键词，

"用户画像"的count(频次，可在左边信息栏中查询到)为196次，如图7-13所示。这就说明在我们分析的文章里面，有196篇文章包含了这个关键词，怎样查到是哪几篇呢？首先选择要查询的节点，右击该节点，在弹出的对话框中选择"Node Details"，结果中"The History of Appearance"显示文章按照"年份的分布图""The Keyword Appeared in 196 Records"显示具体引文信息。

图 7-13　CiteSpace 节点施引查找

④ 节点类型切换。默认节点代表的是该节点包含信息的引用情况，但节点的代表类型并不是只有一种，除了引用情况，还可以切换成其他类型，如sigma指数、中心性等。运行结果页面，菜单"Nodes"下"Visual Encoding"子选项为节点类型，其中"Uniform Size"代表将所有节点设置为统一大小，不代表类型。节点类型切换如图7-14所示。

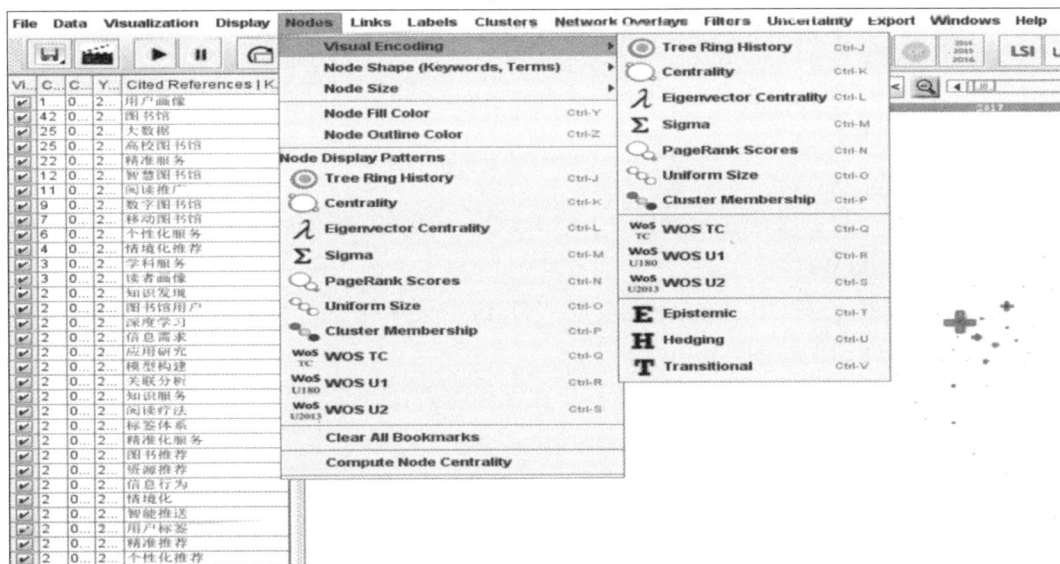

图 7-14　节点类型切换

⑤ 节点颜色调整。为了图谱的美观,有时需要对节点的颜色进行适当的调整。操作方法如下:运行页面菜单"Nodes"的子选项"Node Fill Color"和"Node Outline Color"用于调整节点颜色。其中,"Node Fill Color"是指节点内部颜色,"Node Outline Color"是指节点外部边框的颜色,分别单击会弹出相应调色板。

⑥ 节点的隐藏/恢复/合并。由于软件并不能像人一样去思考,因此有时得出的节点信息不尽如人意。若是出现了对本次研究无研究价值的节点,可通过节点右键"Hide Node"功能将其隐藏起来;若是误操作,可通过"Restore Hidden Nodes"将隐藏的节点还原。

有的情况下两个数据表达的是同一个意思,但是软件将它们识别为不同的节点,则需要将两个节点合并(如"北京大学"和"北大"就需要合并)。操作方法如下:先选中要保留的节点(如保留"北京大学"就首先选中此节点),即要保留的主节点,右击;然后选择"Add to the Alias List(Primary)";再选中需要被合并的节点(如"北大"),右击;然后选择"Add to the Alias List(Secondary)"。

2. CSSCI数据的分析案例

(1) 文献检索。检索条件:期刊名称="数据分析与知识发现",文献类别="论文",学科类别="图书馆、情报与文献学",时间="2017—2019",获得检索结果。CSSCI检索页面示例如图7-15所示。

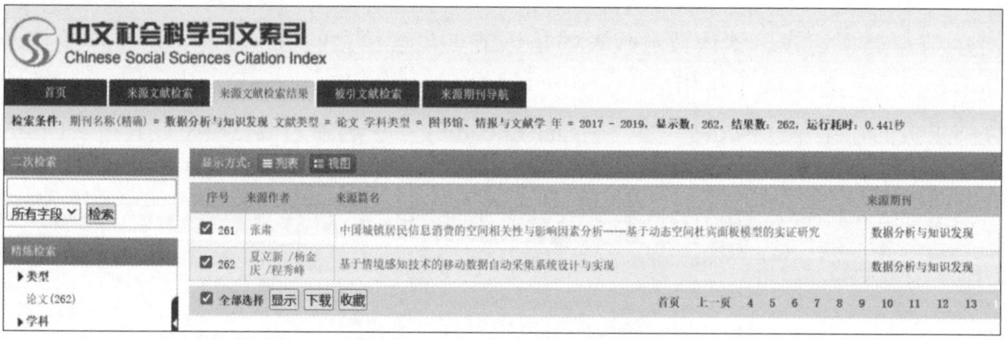

图 7-15　CSSCI 检索页面示例

全选后单击下载,保存为download_xjfx.txt文件。注意:CiteSpcace引文的保存格式必须以download**.txt来命名。

(2) 数据转换。在CiteSpace主页面"Data"菜单下的"Import/Export"选择"CSSCI2.0"选项卡,如图7-16所示。

按照CSSCI数据转换要求,首先要把保存文件的编码设置为UTF-8,另存文件时默认的格式类别就是UTF-8,如图7-17所示。

数据转换需要建立两个文件夹,一个用于存放Input数据,另一个用于存放Output数据,进行数据转换。其操作同中国知网案例的操作,自动生成的输出文件为download_xjfx_wos格式。

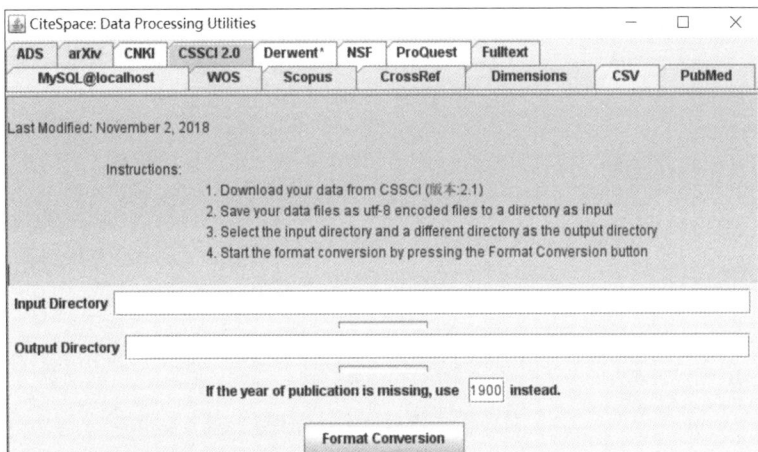

图 7-16 CSSCI 格式转换

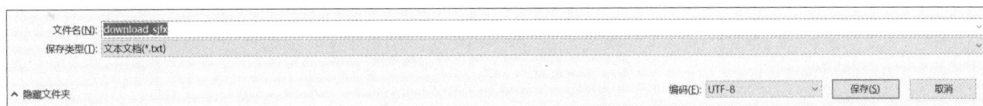

图 7-17 UTF-8 编码转换

(3) 新建工程与选择项设置。

① 新建工程。在CiteSpace主页面单击"NEW"按钮，新建Title为数据分析与知识发现的工程，如图7-18所示。注意："Data Source"选择"Wos"，也可以选择"CSSCI"，但是"CSSCI"容易出错，"Wos"是万能数据源，一般情况下只需选择"Wos"即可。

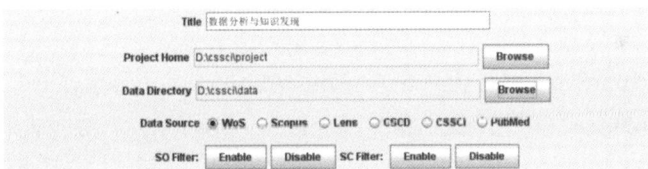

图 7-18 新建工程界面

② 选择项设置。选取文献集合为期刊"数据分析与知识发现"、2017—2019年的论文，因此，"Time Slicing"选择2017—2019；"Node Types"类型选择"Reference"进行数据分析(注意：如果是CSSCI导出的数据是可以进行Reference等操作的，但是如果是中国知网导出的数据是不能进行Reference这项操作的)；"Selection Criteria"选择"top N"。

(4) 运行结果。运行结果如图7-19所示。

CiteSpace提供了一种交互式的可视化功能，通过控制面板的"Labels"选项卡中的"Threshold""Font Size"和"Node Size"可调节文献节点标签数量、标签的大小和节点的大小，从而使整个标签的结构更加清晰。通过 (缩放条)可以调节生成图的显示比例，通过 (查找框)输入查询词可以查找所要的节点。如果需要查找节点标签中含有profiles和2020的节点，可在查找框中输入"profiles|2020"，这些节

点信息将被显示出来。运行界面的左侧提供了节点信息表，如图7-20所示。

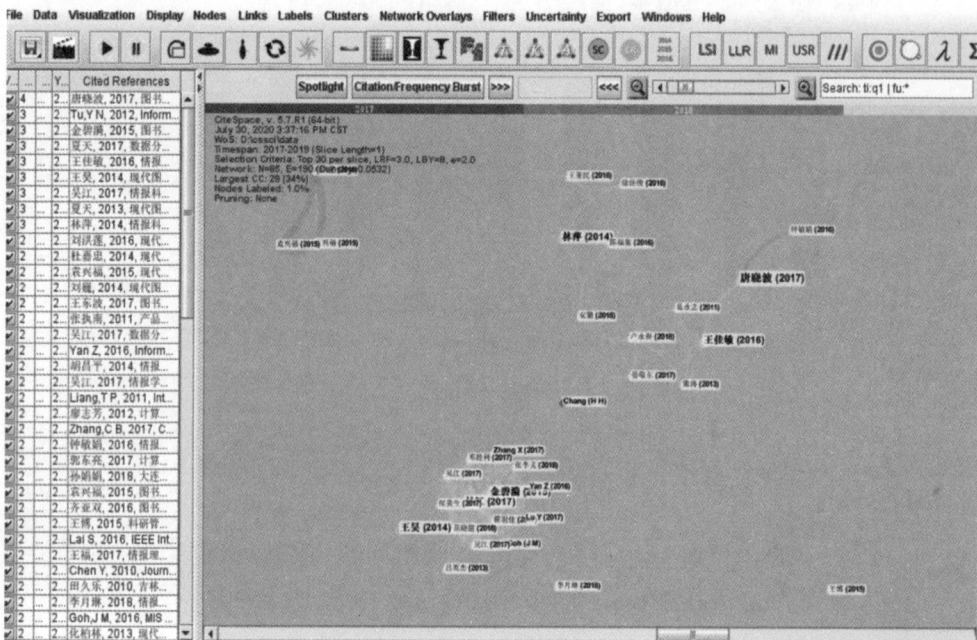

图 7-19　运行结果

Visible	Count	Centrality	Year	Cited References
✓	4	0.02	2017	唐晓波, 2017, 图书情报工作, V61, P9
✓	3	0.00	2012	Tu,Y N, 2012, Information Processi...
✓	3	0.00	2015	金碧漪, 2015, 图书情报工作, V59, P...

图 7-20　节点信息表

节点信息表包含了Visible(是否可见)、Count(数量)、Centrality(中介中心性)、Year(初现年)、Cited References(文献标签)。将"Visible"一栏的"√"去掉，可以实现该节点信息的隐藏。Centrality是以经过某个节点的最短路径数目来刻画节点重要性的指标。一个节点担任其他两个节点之间最短路的桥梁的次数。一个节点充当"中介"的次数越高，它的中介中心度就越大。

3. Web of Science分析案例

(1) 文献数据来源。研究数据样本来源于Web of Science(WOS)核心合集，检索式TI=(pain nursing) OR TI=(pain care)，语言类型为English，文献类型为Article。文献检索年限为2013年1月1日至2022年12月31日。

纳入标准：2013—2022年发表的以疼痛护理为研究重点的文献。

排除标准：①重复发表的文献；②文献类型为期刊发文指南、会议摘要、专家访谈等；③非中、英文文献。

采用科学知识图谱的方法，用CiteSpace V6.3.R1(64bit)进行统计分析，时间片设定为2013—2022年，阈值设定为TOP=50，分别对国家、机构、文献共被引、关键词等进行分析，构建疼痛护理研究知识图谱。

(2) 结果分析。

① 发文国家及研究机构分布。发文量居前的国家及发文量分别是美国(1122篇)、加拿大(297篇)、英国(269篇)、澳大利亚(245篇)、德国(198篇)、荷兰(159篇)、中国(152篇)。疼痛护理主要发文国家合作网络图谱如图7-21所示。发文量前5的机构分别是美国退伍军人事务部(127篇)、美国退伍军人健康管理局(122篇)、加州大学(105篇)、多伦多大学(83篇)、哈佛大学(81篇)。疼痛护理主要发文机构合作网络图谱如图7-22所示。

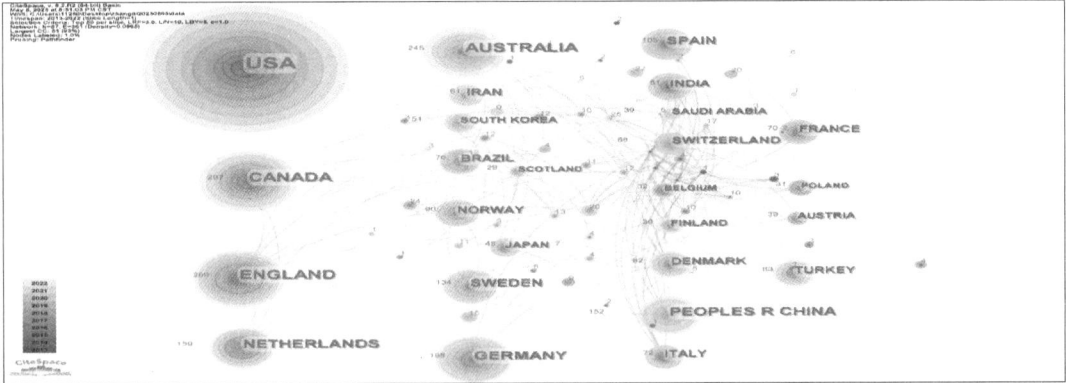

图 7-21　疼痛护理主要发文国家合作网络图谱

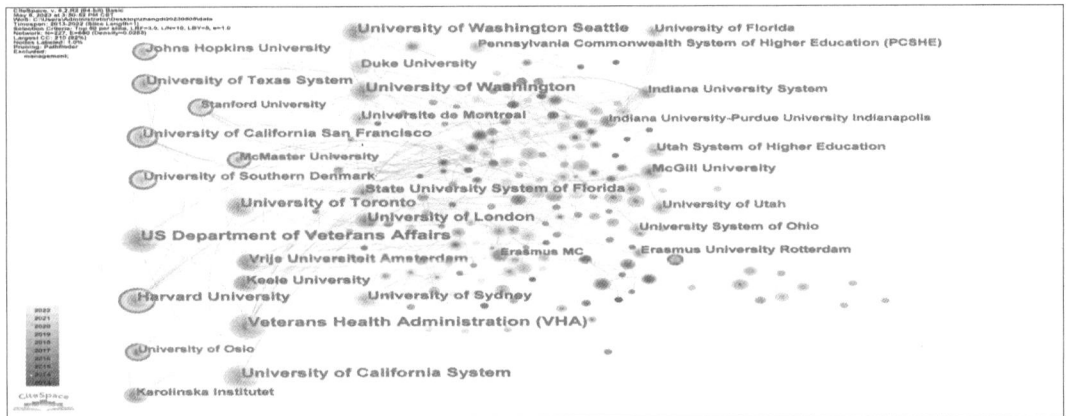

图 7-22　疼痛护理主要发文机构合作网络图谱

② 文献共被引分析。文献共被引可以反映研究前沿与基础文献之间的关系。一篇文献如果同时被其他多篇文献所引用，被引用的频次越高，说明其在该领域的影响力越大。疼痛护理文献共被引聚类分析聚类模块值Q=0.735 9，聚类平均轮廓值S=0.900 6，说明生成的图谱是可靠的、有效的，如图7-23所示。疼痛护理被引用领域主要分布在#0 low back pain(腰痛)、#1 neck pain(颈部疼痛)、#2 nursing home(疗养院)、#3 pain agitation(疼痛躁动)、#4 chronic noncancer pain(慢性非癌症疼痛)、#5 chronic pain(慢性疼痛)、#6 managing pain(疼痛管理)、#7 nursing home resident(疗养院居民)、#8 secondary care(二级护理)、#9 musculoskeletal pain(肌肉骨骼疼痛)。

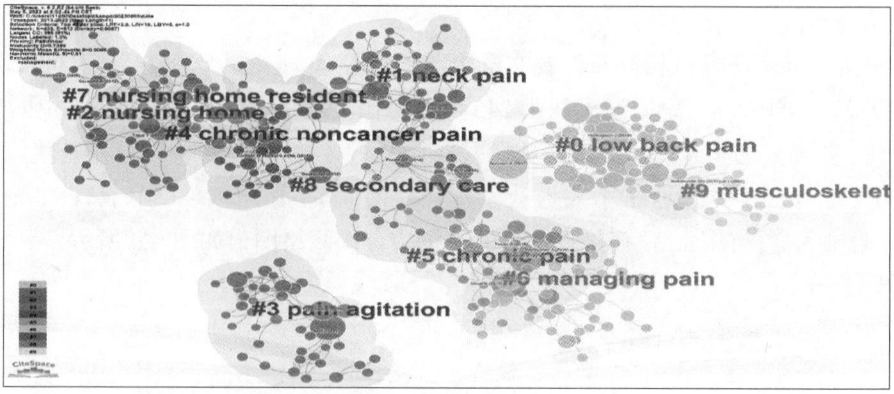

图 7-23　疼痛护理文献共被引聚类图谱

③关键词分析。关键词是对全文内容的高度提炼，可以反映该领域的研究热点及趋势。在CiteSpace中设置节点类型为Keyword，阈值选择 Top=50，修剪算法选择Pathfinder和Pruning sliced networks，得到国内外关键词高频词分布，如图7-24所示。

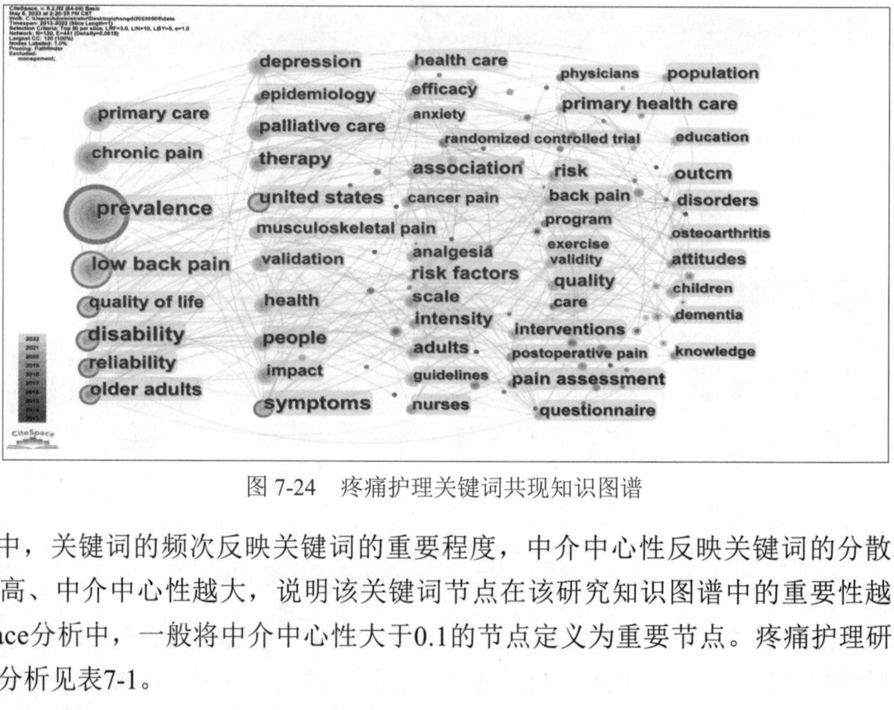

图 7-24　疼痛护理关键词共现知识图谱

其中，关键词的频次反映关键词的重要程度，中介中心性反映关键词的分散程度。频次越高、中介中心性越大，说明该关键词节点在该研究知识图谱中的重要性越高。在CiteSpace分析中，一般将中介中心性大于0.1的节点定义为重要节点。疼痛护理研究高频关键词分析见表7-1。

表7-1　疼痛护理研究高频关键词分析

编号	高频关键词	频次	中介中心性
1	prevalence(疾病流行率)	760	0.25
2	low back pain(腰痛)	449	0.13
3	chronic pain(慢性疼痛)	367	0.06
4	primary care(社区医疗)	267	0.07
5	impact(疼痛影响因素)	210	0.05

(续表)

编号	高频关键词	频次	中介中心性
6	quality of life(生活质量)	199	0.10
7	disability(功能障碍)	197	0.15
8	united states(美国)	143	0.12
9	older adults(老年人)	138	0.16
10	reliability(可靠性)	133	0.13

除此之外，CiteSpace还可以对关键词进行聚类分析、关键词突现分析等，通过具体的分析为课题讨论部分提供数据支撑。

【思考题 7-3】

CiteSpace用的是哪一种中心性分析？

解析

7.3　中国知网的知识可视化

下面介绍对中国知网资源进行可视化的方法，主要以期刊资源为例。

拓展阅读7-2

陈超美教授教学
CiteSpace

7.3.1　中国知网的计量可视化分析

在中国知网"资源"选项卡为"期刊"的高级检索条件下，检索条件为"篇名"，关键词为"用户画像"，"期刊来源"为"SCI来源期刊、EI来源期刊、核心期刊、CSSCI、CSCD"，时间范围为"2021—2024年"，如图7-25所示。

对查询的文献进行剔除，去掉不相关文献。选中相关文献，进行计量可视化分析。分析结果包含目录的指标、总体趋势、关系网络(文献互引网络、关键词共现网络、作者合作网络)、分布(资源类型、学科、来源、基金、作者、机构)等内容。有别于CiteSpace，中国知网的计量可视化分析至多分析500篇文献。

1. 指标

关键词为"用户画像"的指标分析如图7-26所示。指标分析中包含的参数有文献数、总参考数、总被引数、总下载数、篇均参考数、篇均被引数、篇均下载数、下载被引比。在中国知网中指标分析文献数量在200篇以内，分析过程存在局限性。

2. 总体趋势

关键词为"用户画像"，检索时间为2021—2024年，总体趋势分析如图7-27所示。其中2025年为预测值。

图 7-25　中国知网的检索界面

图 7-26　关键词为"用户画像"指标分析

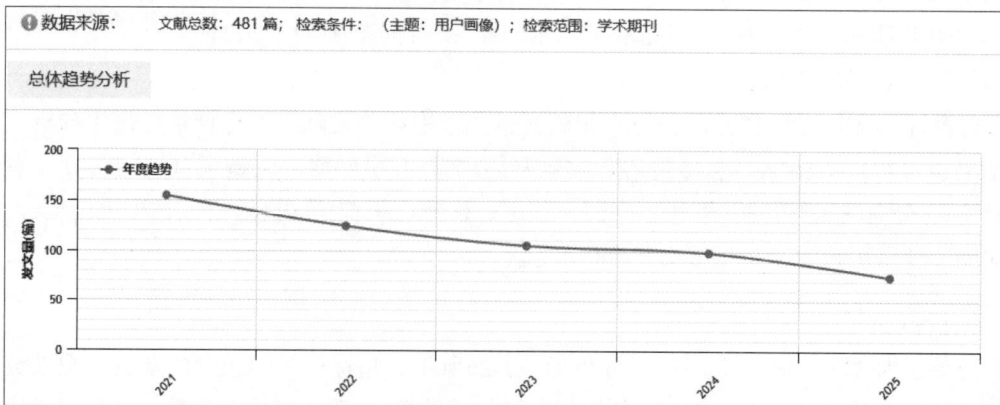

图 7-27　总体趋势分析

3. 文献互引网络分析

可视化的方式可帮助用户分析文献之间的关联关系，使用户快速发现有价值的文献。文献中不仅包含所选的文献，还将扩展与该文献相关的参考文献和被引文献。

(1) 主显示区域。

① 通过时间轴颜色来区分文献年代。

② 球大小表示文献的被引频次。

③ 标识文献名称的为所选文献，标识数字的为扩展的参考文献和引证文献，数字为该节点的被引频次。

④ 箭头指向表示文献引用关系。

⑤ 双击节点，跳转到相应的知网节。

(2) 工具区。

① 图形缩放。通过图形大小和节点距离调整图形；缩放范围为0.2～1.8，当小于1时按节点大小显示节点内容。

② 信息显示。可分别显示文献名、关键词、作者、来源，查看不同的文献关系。

③ 节点过滤。检索到的图形往往节点过多，可以按照被引频次、关系强度、参考节点、引证节点等进行过滤。例如，被引频次设置数据越大，相关节点数越少。

④ 关系分析。通过单层或多层的方式查看参考关系、引证关系或者二者关系。关系分析分为单层关系和多层关系；关系分为参考引证、参考文献、引证文献，可以根据需要选择合适的参数。

⑤ 其他操作。导出图形，全屏显示帮助、锁定工具栏。

(3) 缩略图区。

① 显示图形整体缩略图，可隐藏。

② 通过移动显示框，显示区域内容。

节点的显示信息包括所选文献刊名及参考引证文献的被引频次、关键词、作者、来源，如图7-28所示。

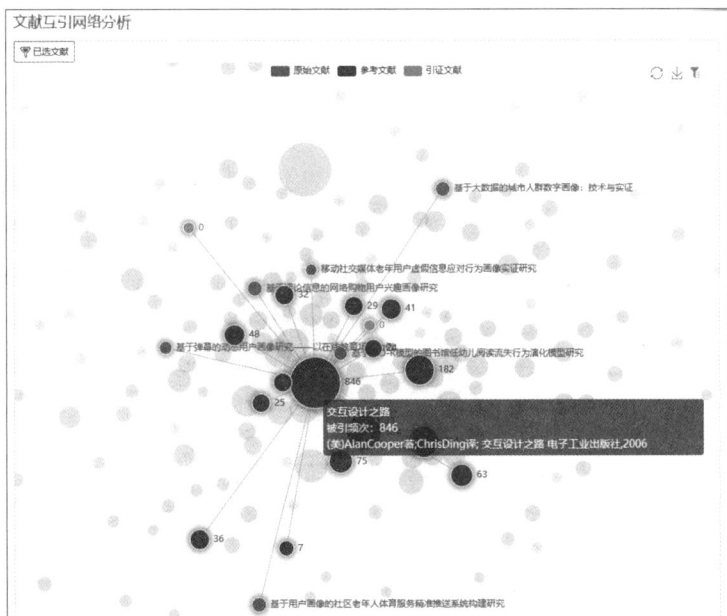

图 7-28　文献互引网络分析

4. 关键词共现网络

通过可视化的方式可以分析所选文章的主题以及各个主题之间的关系。

(1) 主显示区域。

① 初始默认显示聚类数为6，不同颜色表示不同的簇。

② 节点大小表示该词出现的频次。

③ 连接线的粗细表示两个节点词的共现频次。

④ 双击节点，跳转到相应的知网节。

(2) 工具区。

① 图形缩放。通过图形大小和节点距离调整图形；缩放范围为0.2～1.8，当小于1时按节点大小显示节点内容。

② 节点过滤。通过节点出现频次进行节点过滤。

③ 关系分析。查看与该词共现的关键词，可查看共现次数。

④ 年份分析。查看主题时间演变。

⑤ 聚类分析。将关键词按照共现聚类，可以选择不同的聚类数，查看中心点。

⑥ 其他操作。导出图形，全屏显示帮助、锁定工具栏。

(3) 缩略图区。

① 显示图形整体缩略图，可隐藏。

② 通过移动显示框显示区域内容。

关键词为"用户画像"的关键词共现网络如图7-29所示。

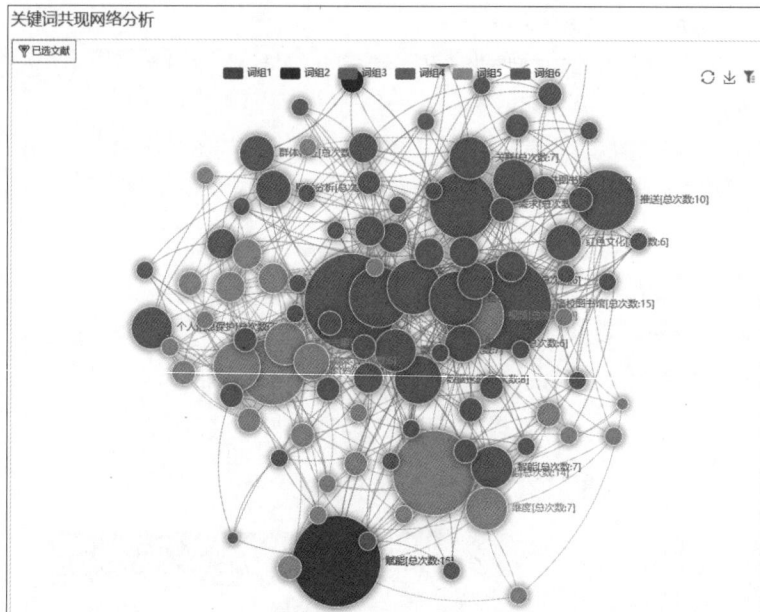

图 7-29　关键词为"用户画像"的关键词共现网络

5. 作者合作网络

通过可视化的方式可以分析所选文章作者之间的关系。

(1) 主显示区域。

① 节点大小表示作者的发文量。

② 连接线的粗细表示两个节点作者的合作频次。

③ 双击节点，跳转到相应的知网节。

(2) 工具栏。

① 图形缩放。通过图形大小和节点距离调整图形；缩放范围为0.2～1.8，当缩放值小于1时按节点大小显示节点内容。

② 节点过滤。通过节点出现频次进行节点过滤。

③ 关系分析。查看与该作者直接合作的作者，可查看合作次数。

④ 年份分析。查看作者演变。

⑤ 其他操作。导出图形，全屏显示帮助、锁定工具栏。

(3) 缩略图区。

① 显示图形整体缩略图，可隐藏。

② 通过移动显示框显示区域内容。

关键词为"用户画像"的作者合作网络如图7-30所示。

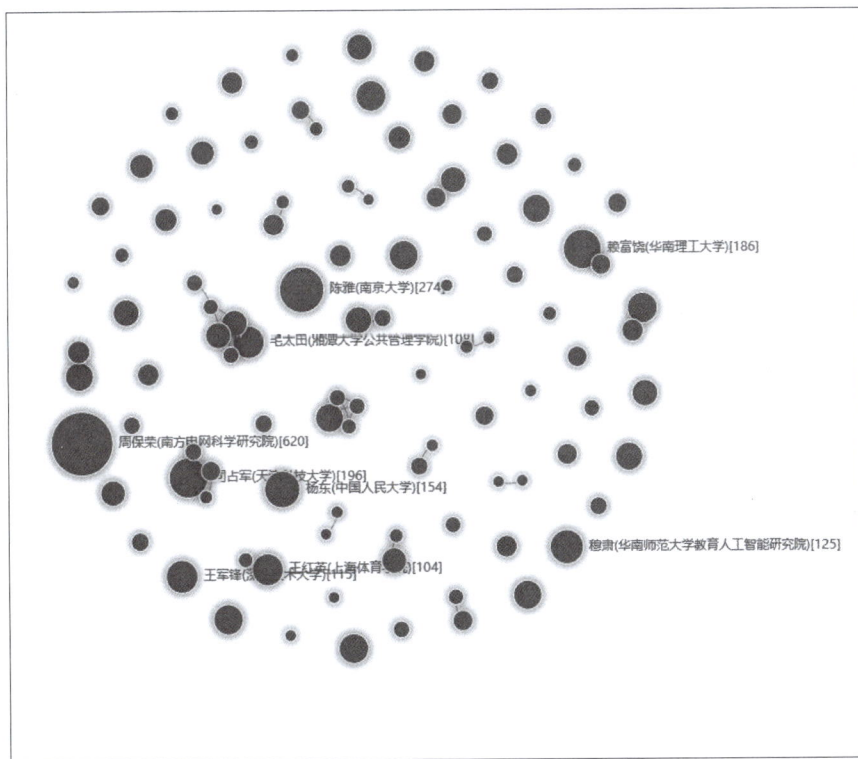

图 7-30　关键词为"用户画像"的作者合作网络

6. 资源类型

(1) 基金分布。关键词为"用户画像"、文献类别为"期刊"的基金分布如图7-31所示。

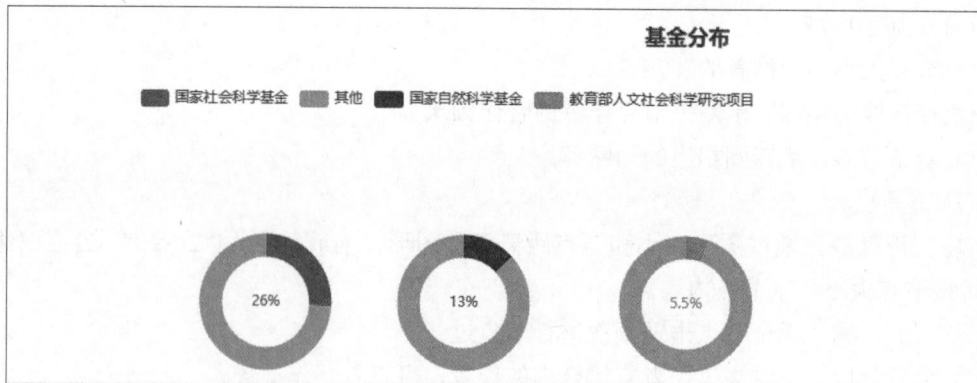

图 7-31　关键词为"用户画像"，文献类别为"期刊"的基金分布

(2) 学科分布。关键词为"用户画像"的学科分布如图7-32所示。

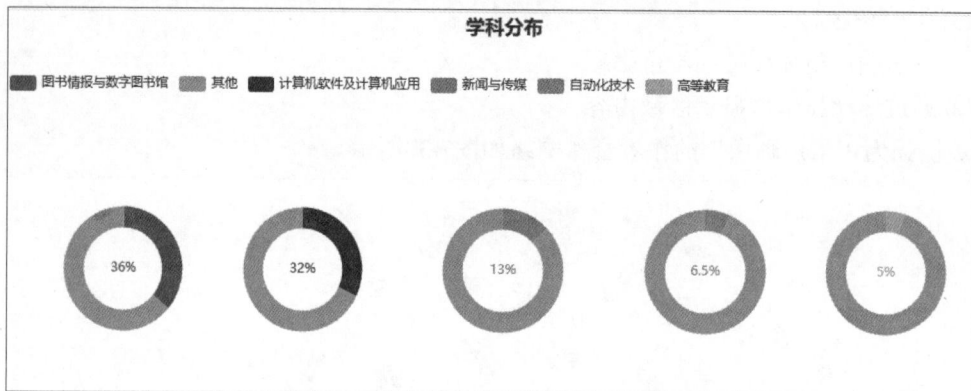

图 7-32　关键词为"用户画像"的学科分布

7.3.2　中国知网的学术趋势与热点

1. 中国知网的学术趋势

在中国知网的学术趋势(网址：http://trend.cnki.net/TrendSearch/)搜索框中输入"阅读推广"，如图7-33所示。

(1) 学术关注度。全部年份阅读推广的相关热门被引文章。

(2) 用户关注度。近一年阅读推广的相关热门下载文章。

(3) 相关搜索。相关搜索包括推广活动、社区服务、公共图书馆、终身学习、阅读活动、香港特区政府、推广计划、图书馆服务、社区图书馆建设、社区图书馆、青少年儿童、流动图书馆、澳门图书馆。

2. 中国知网学术研究热点

选择"热点名称"中的"图书馆 高校图书馆 信息服务"，如图7-34所示。

ℹ️ 数据来源： 文献总数：0 篇； 检索条件： （主题：阅读推广）； 检索范围：期刊

总体趋势分析

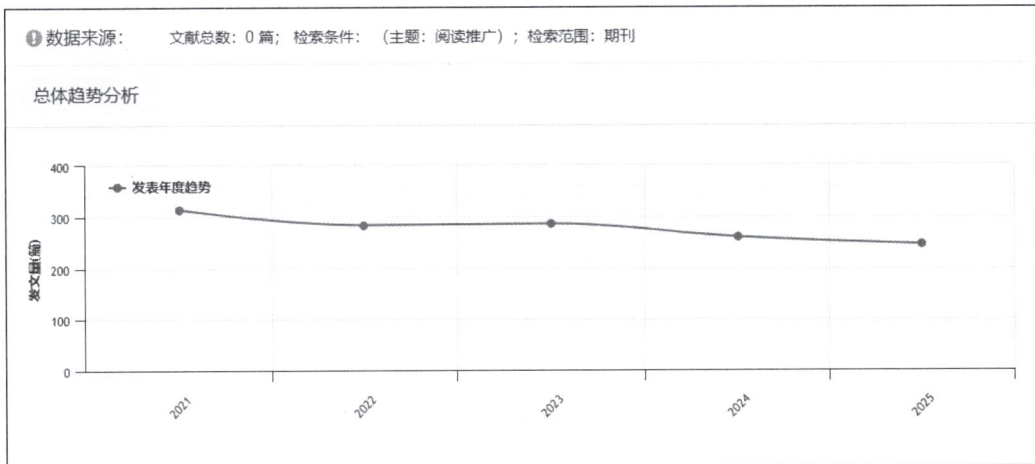

图 7-33 中国知网学术趋势图

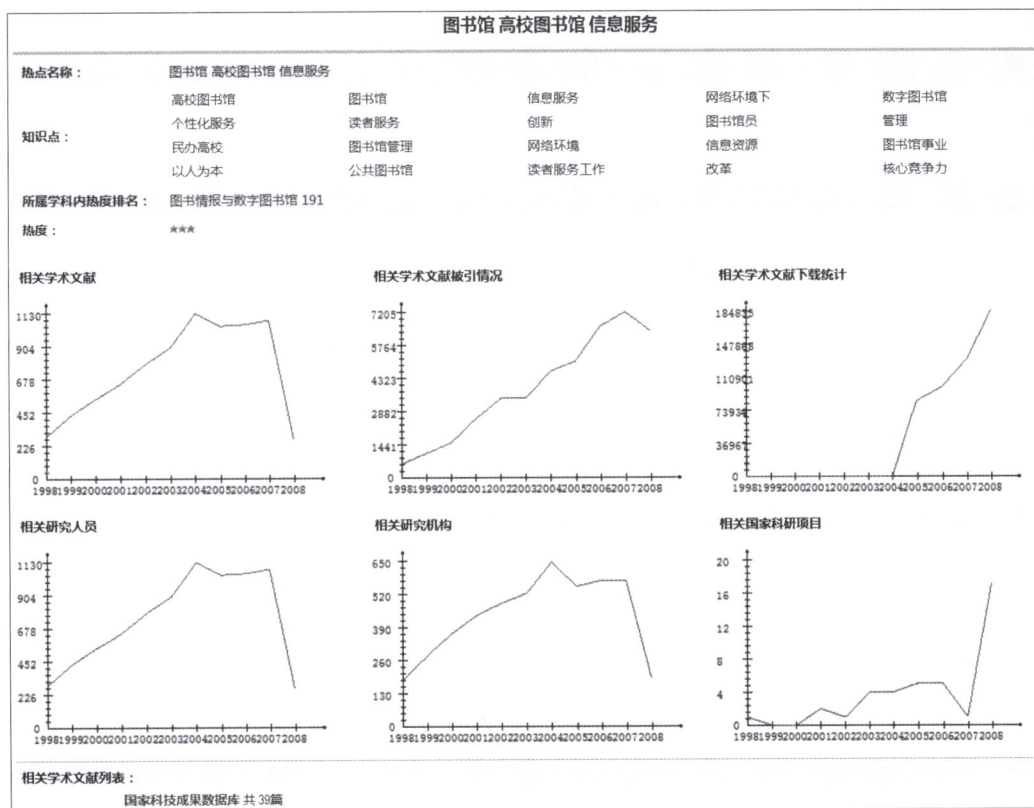

图 7-34 中国知网热点主题示例

【思考题 7-4】

中国知网中如何对某关键词的学术论文进行可视化分析？

解析

173

7.4 万方知识服务平台的知识可视化

下面介绍万方知识服务平台知识的可视化。

7.4.1 万方分析

1. 主题分析

(1) 按照主题分析关键词为"用户画像"，得到的分析结果图如图7-35所示。从分析结果中可以查看关键词的知识脉络、学术产出、学术影响、学者数、机构数、代表论文等。

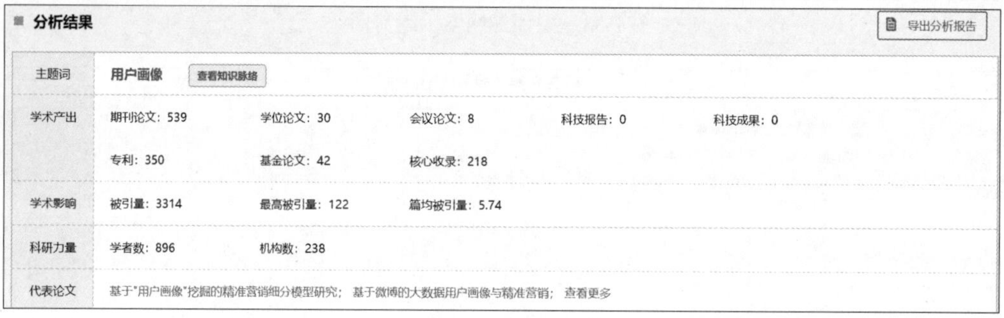

图 7-35 分析结果图

(2) 产生的分析报告导出时可以按照一定的分析指标进行设置，导出格式有PDF或word等，如图7-36所示。

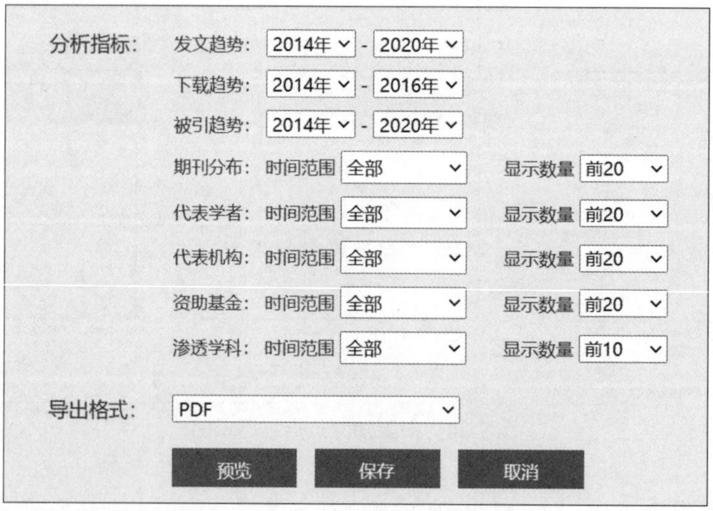

图 7-36 分析指标及导出格式设置

(3) 万方分析可以针对发文趋势、下载趋势、期刊分布、代表学者、代表机构、资助基金、渗透学科进行可视化展示。

① 关键词为"用户画像"，代表作者按发文量排行如图7-37所示。

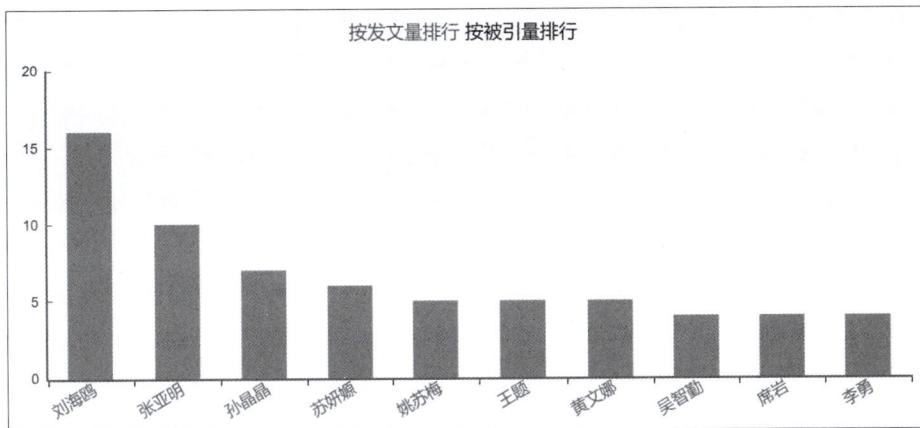

图 7-37　代表作者按发文量排行

② 关键词为"用户画像"的渗透学科可视化展示如图7-38所示。

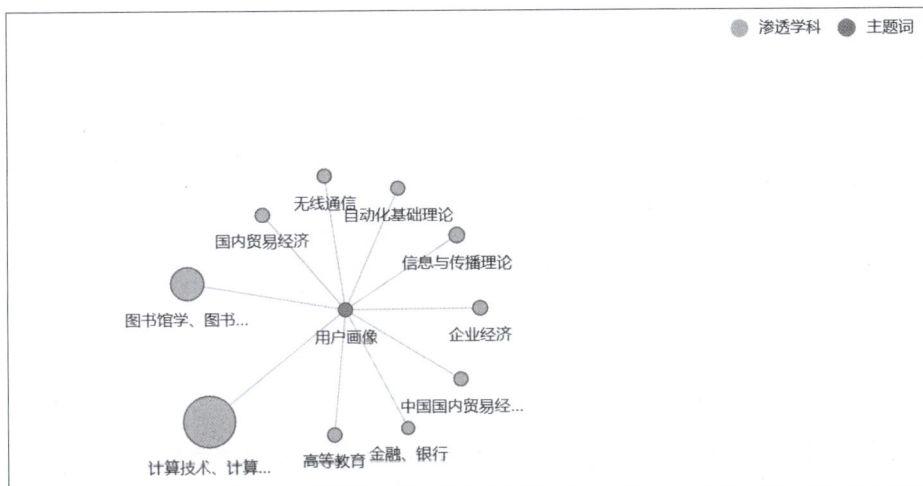

图 7-38　关键词为"用户画像"的渗透学科可视化展示

③ 关键词为"用户画像"的发文量期刊分布如图7-39所示。

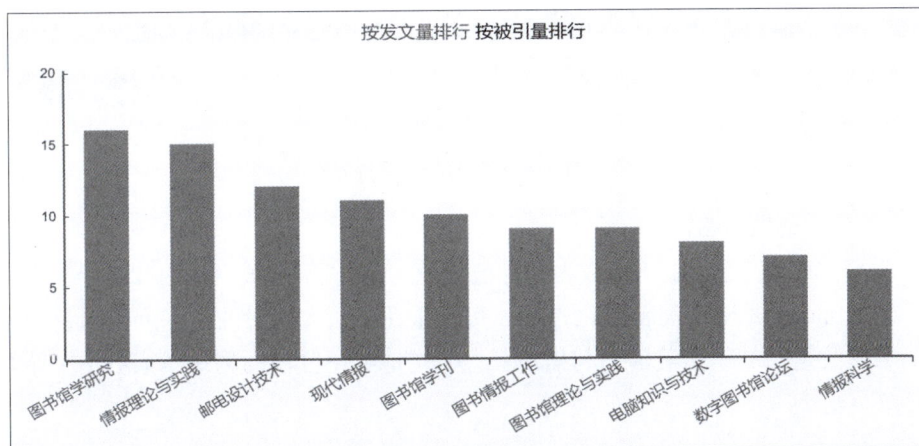

图 7-39　关键词为"用户画像"的发文量期刊分布

④ 关键词为"用户画像"的知识脉络分析如图7-40所示。

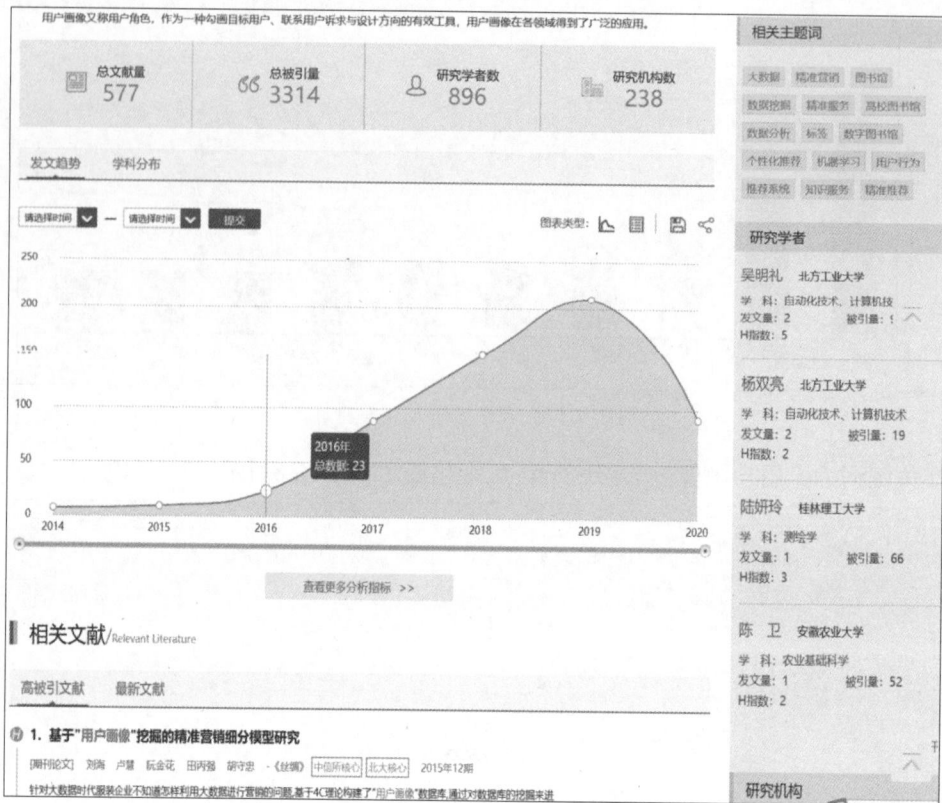

图 7-40　关键词为"用户画像"的知识脉络分析

2. 万方学者分析

万方学者分析用于追踪学者科研动态，把握研究前沿及未来研究风向，了解学者文献产出状况，探究学者研究主题演变，发现学者间的合作关系，发现学者间的引证关系。

【案例】检索学者姓名为"岳修志"，学者单位为"中原工学院"，如图7-41所示。

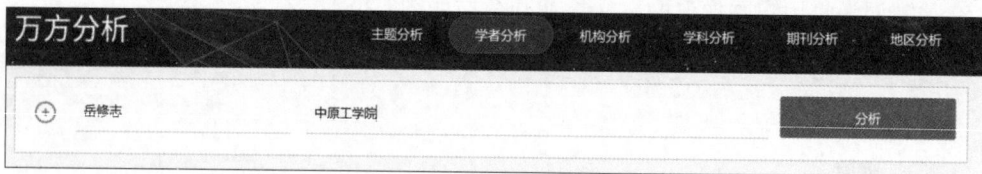

图 7-41　万方分析——学者分析

(1) 学者分析结果如图7-42所示。

学者岳修志的学术影响，H指数为10，被引量为650，篇均被引量为12.26。

H指数(H index)是一个混合量化指标，可用于评估研究人员的学术产出数量与学术产出水平。H指数是2005年由美国加利福尼亚大学圣地亚哥分校的物理学家乔治·希尔施提出的。

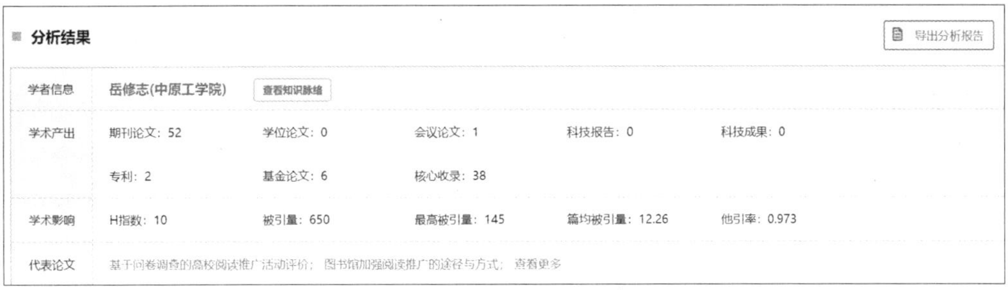

图 7-42　学者分析结果

*H*指数的原始定义是：一名科学家的*H*指数是指其发表的N_p篇论文中有*h*篇每篇至少被引*h*次，而其余N_p-*h*篇论文每篇被引均小于或等于*h*次。

*H*指数被认为是对先前众多衡量指标的一大改进。先前的衡量指标都倾向于关注科研人员发表论文的期刊，因而，它们都假定作者的贡献等同于期刊的平均值。如果一位科学家的出版成果以它们被引生命周期的数字进行排序，那么*H*指数就是一个最大值，这个最大值是指每篇论文至少被引了*h*次的*h*篇文章。

(2) 学者分析报告目录如图7-43所示。

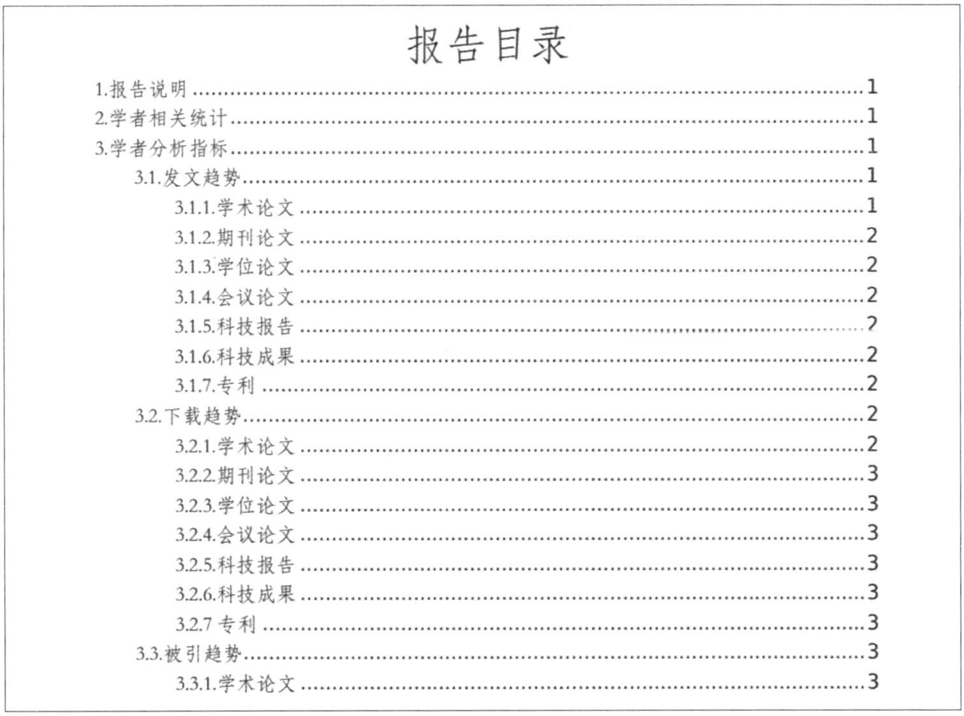
报告目录

1.报告说明 1
2.学者相关统计 1
3.学者分析指标 1
3.1.发文趋势 1
3.1.1.学术论文 1
3.1.2.期刊论文 2
3.1.3.学位论文 2
3.1.4.会议论文 2
3.1.5.科技报告 2
3.1.6.科技成果 2
3.1.7.专利 2
3.2.下载趋势 2
3.2.1.学术论文 2
3.2.2.期刊论文 3
3.2.3.学位论文 3
3.2.4.会议论文 3
3.2.5.科技报告 3
3.2.6.科技成果 3
3.2.7 专利 3
3.3.被引趋势 3
3.3.1.学术论文 3

图 7-43　学者分析报告目录

(3) 学者为“岳修志”、学者单位为“中原工学院”的知识脉络图如图7-44所示。

3. 机构分析

通过机构分析，用户可以掌握教育院所科研发展现状，了解机构科研产出趋势，探究机构研究主题演变，发现机构著名专家学者，追踪机构基金资助动态。

(1) 分析机构名称为"中原工学院"的分析结果如图7-45所示。

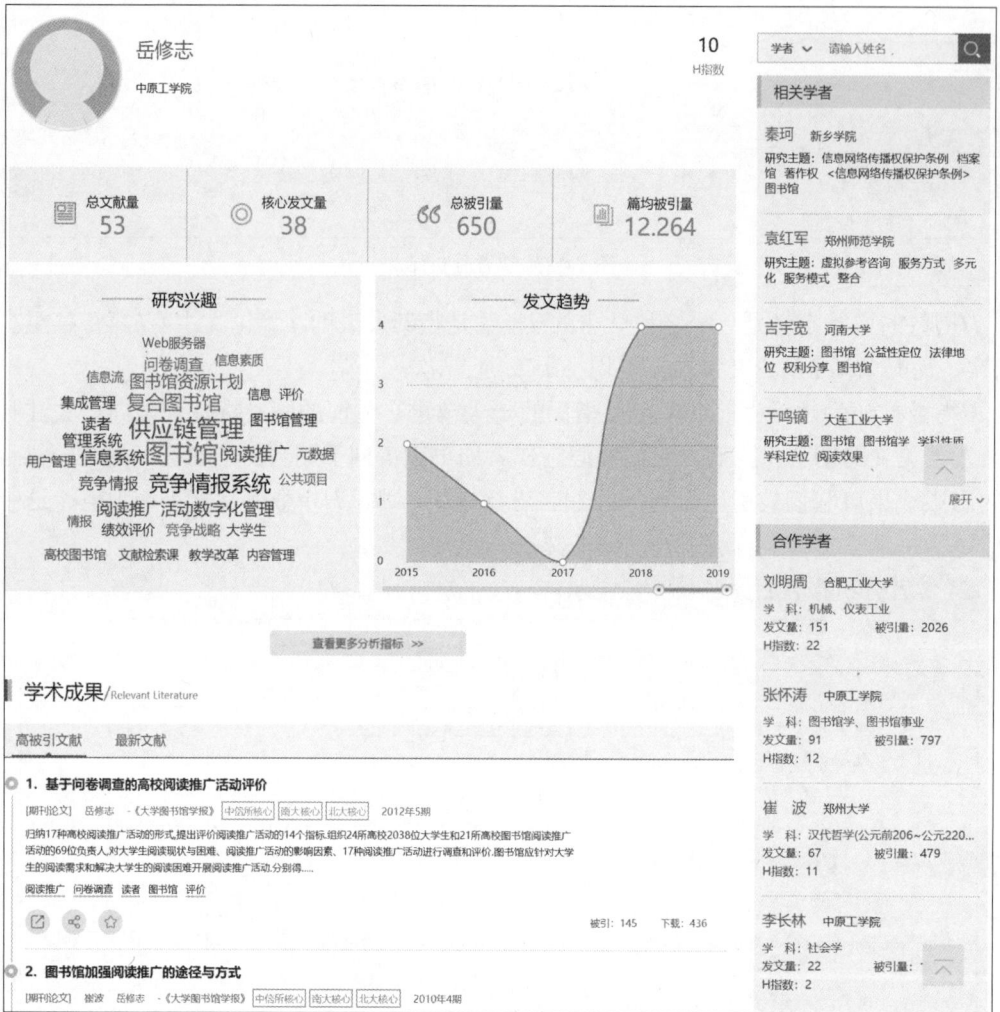

图 7-44　学者为"岳修志"、学者单位为"中原工学院"的知识脉络图

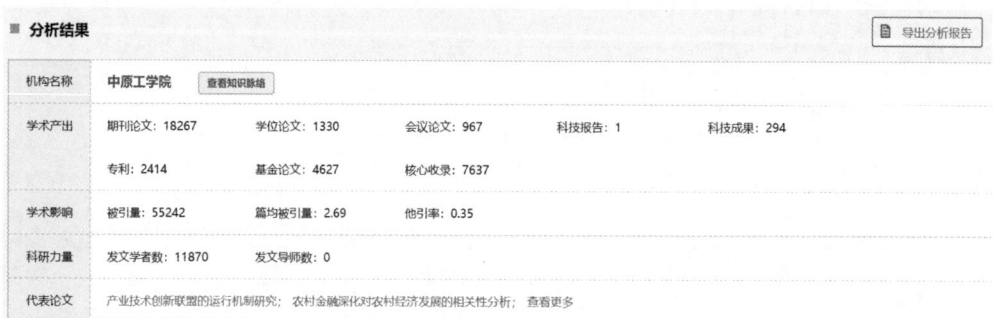

图 7-45　分析机构名称为"中原工学院"的分析结果

用户从分析结果中可以查看所选机构的发文趋势、下载趋势、研究主题、学科分布、期刊分布、代表学者、资助基金、机构合作、机构被引、机构引用等情况。

(2) 机构名称为"中原工学院"的知识脉络图如图7-46所示。

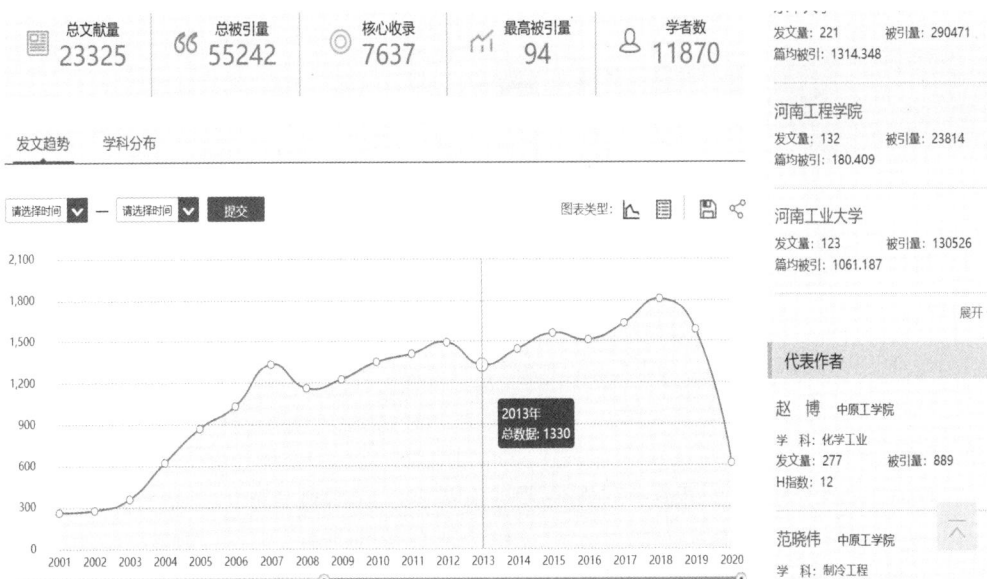

图 7-46　机构名称为"中原工学院"的知识脉络图

(3) 机构名称为"中原工学院"的机构合作前20所研究机构如图7-47所示。

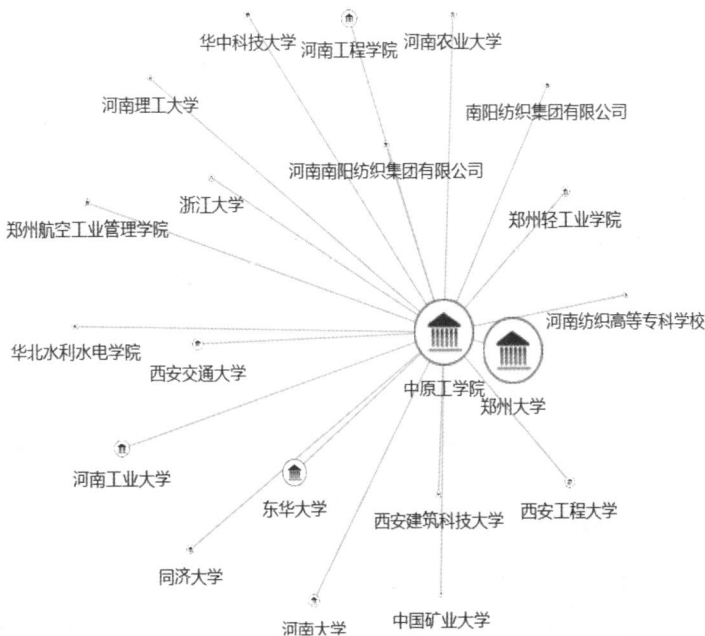

图 7-47　机构名称为"中原工学院"的机构合作前 20 所研究机构

(4) 代表学者的文献被引量如图7-48所示。

图 7-48　代表学者的文献被引量

4. 学科分析

用户通过学科分析可以洞悉学科领域发展态势，了解学科科研产出趋势，探究学科研究主题演变，发现学科著名专家学者，追踪相关基金资助动态。

(1) 检索学科为"图书馆学、图书馆事业"的检索页面如图7-49所示。

图 7-49　检索学科为"图书馆学、图书馆事业"的检索页面

(2) 检索学科为"图书馆学、图书馆事业"分析结果如图7-50所示。

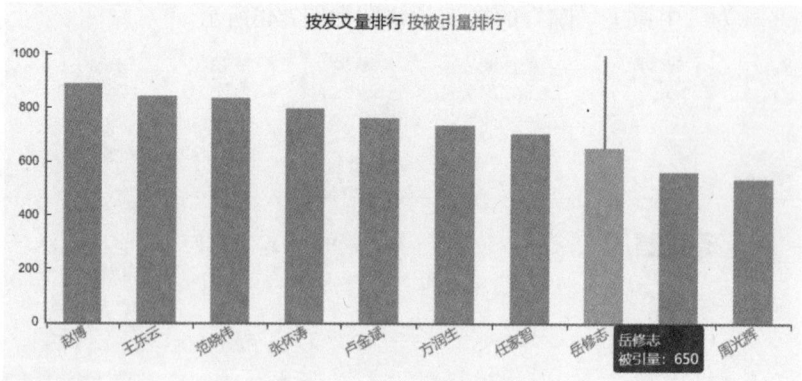

图 7-50　检索学科为"图书馆学、图书馆事业"的分析结果

(3) 代表学者按被引量排行，如图7-51所示。

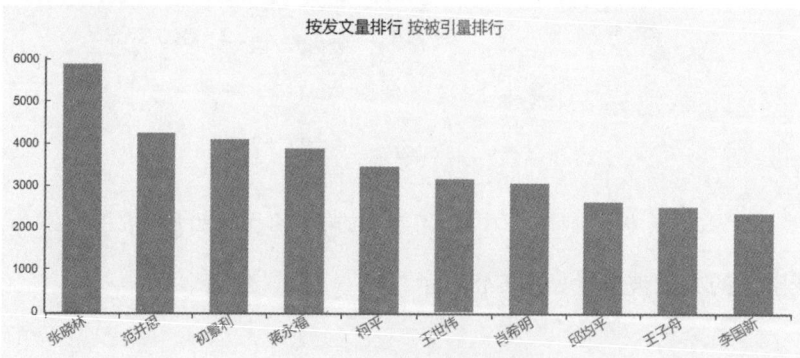

图 7-51　代表学者按被引量排行

(4) 代表机构按被引量排行，如图7-52所示。

按发文量排行 按被引量排行

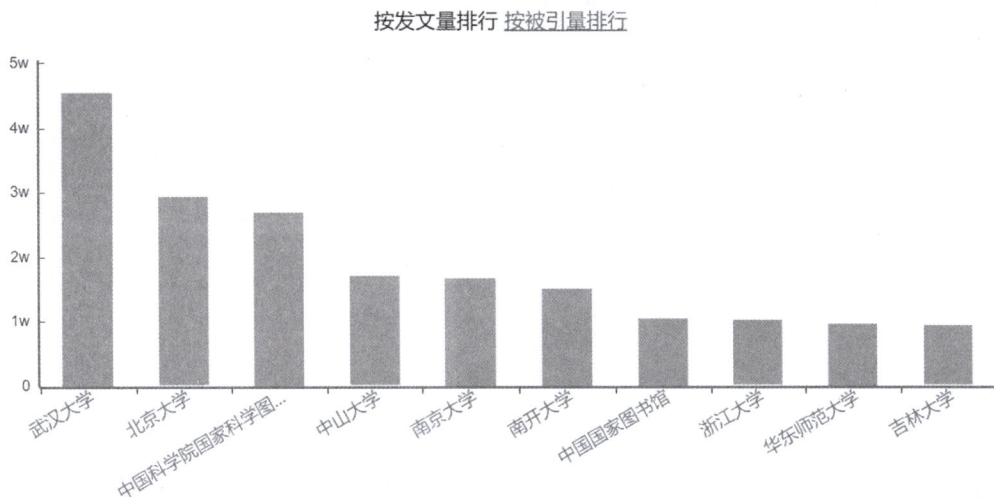

图 7-52　代表机构按被引量排行

(5) 引用前10名学科如图7-53所示。

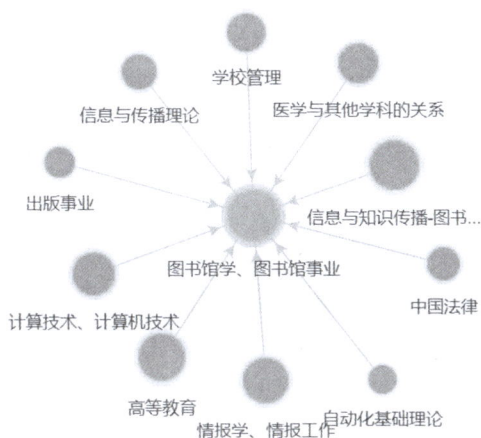

图 7-53　引用前 10 名学科

5. 期刊分析

通过期刊分析，用户可了解期刊论文指标变化，发现期刊影响力及发展趋势，分析期刊论文的产出趋势，跟踪影响因子的变化情况，了解期刊论文的学科分布，发现期刊之间的互引关系。

期刊分析可以从发文趋势、下载趋势、被引趋势、影响因子、研究主题、学科分布、资助基金、代表机构、代表学者、期刊引用、期刊被引等方面进行分析。

(1) 期刊名称为"图书情报工作"的期刊分析检索界面如图7-54所示。

图 7-54 期刊名称为"图书情报工作"的期刊分析检索界面

(2)"图书情报工作"期刊分析结果如图7-55所示。

图 7-55 "图书情报工作"期刊分析结果

(3)"图书情报工作"期刊的影响因子变化趋势如图7-56所示。

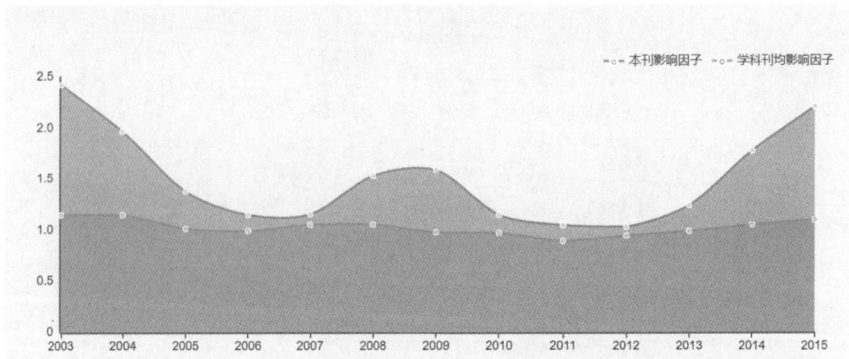

图 7-56 "图书情报工作"期刊的影响因子变化趋势

(4)"图书情报工作"发文量前20名的代表机构如图7-57所示。

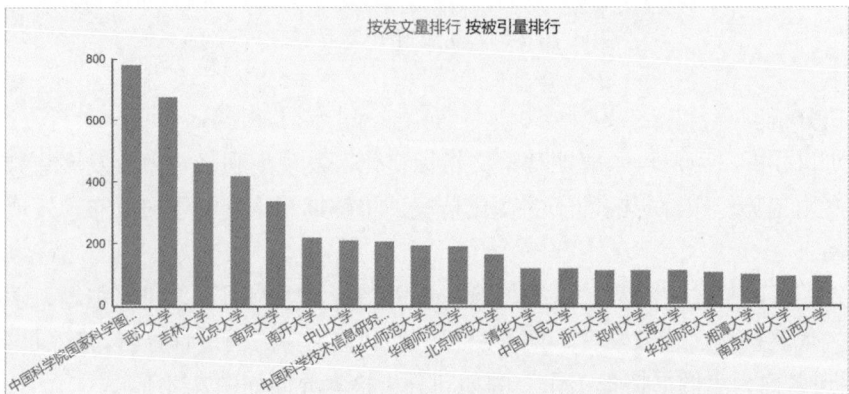

图 7-57 "图书情报工作"发文量前 20 名的代表机构

(5) "图书情报工作"被引量排名前20名的代表学者如图7-58所示。

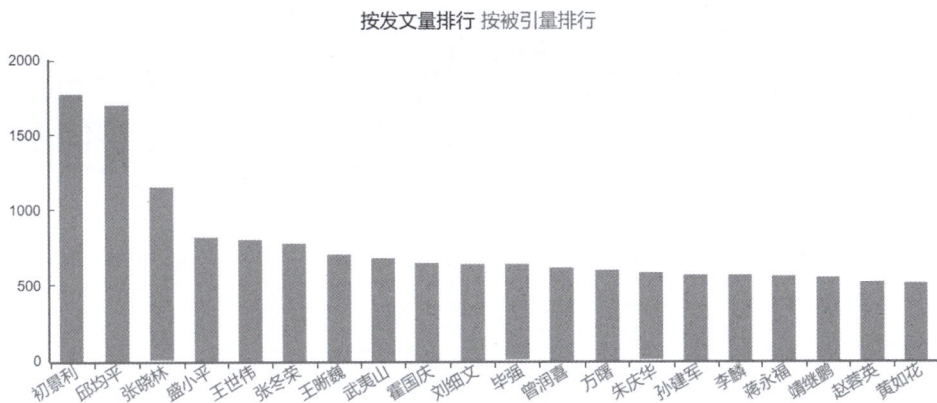

按发文量排行 按被引量排行

图 7-58　"图书情报工作"被引量排名前 20 名的代表学者

7.4.2　万方学术圈

网址：http://social.wanfangdata.com.cn/。

万方学术圈可以查看个人成果、个人成果统计、被引数、合作网络、相关学者等信息，并且可以对学者添加关注。输入学者为"岳修志"，学者单位为"中原工学院图书馆"的检索页面如图7-59所示。

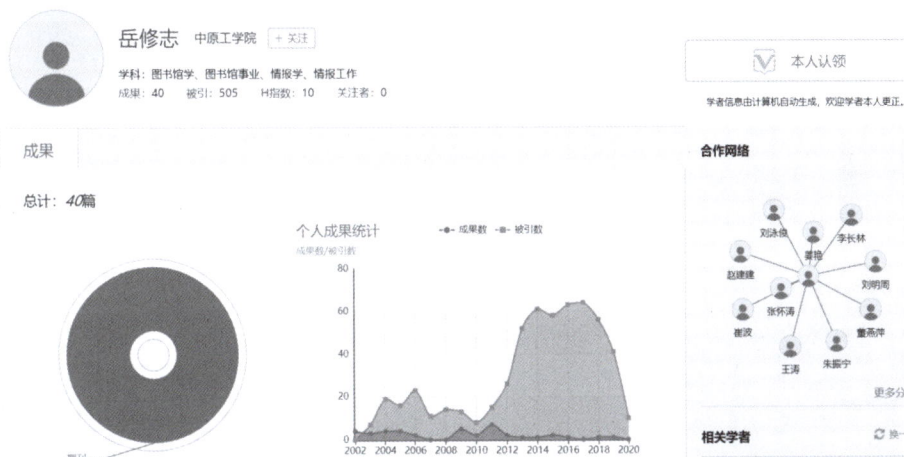

图 7-59　输入学者为"岳修志"，学者单位为"中原工学院图书馆"的检索页面

【思考题 7-5】

在万方知识服务平台，如何对某学科进行可视化分析？

解析

本章小结

科学知识图谱采用可视化的手段来标识知识之间的关系，通过建立文献之间的联系，厘清知识的来龙去脉和相关联性，为更进一步的科学研究厘清了思路。CiteSpace是专门为科学文献可视化而生的软件，可以用来观察某个研究领域的研究趋势或动向，并以可视化的方式加以呈现，其在知识计量分析、文献综述写作等方面有重要的作用。中国知网、CSSCI、万方等对于知识可视化各有其特色，用户可以根据需要比较选择。

思考与练习

1. 请使用万方分析对自己所在学院的某位教师进行学者分析，得到学者分析报告，并对你所学专业进行学科分析。

2. 利用CiteSpace网络图，查找自己所学专业的某一个领域(如计算机图形学)，查找哪些文章属于高被引论文，被引频次最高的论文有哪些，了解哪些文献联系比较紧密，对相关研究的作者及机构进行分析。

3. 科学知识图谱的绘制方法有哪些？请简要总结几种方法之间的区别。

第 8 章

管理：文献管理工具

文献管理工具是研究者用于标记文献，按照优先级、作者、年份、期刊、关键词、作者机构、收录范围等将文献组织化的计算机软件。文献管理工具具有快速检索所下载的文献、给文献作笔记、进行文献数据分析等功能。利用文献管理工具可以在Office等软件中快速插入参考文献，使得论文写作变得更便捷。

【场景】 当你想撰写一篇文献综述的时候，需要查阅该课题的相关文献，大量的期刊、学位论文等集中在一起，阅读、作笔记、统计分析等都存在一些问题，在这里我们引入了文献管理工具来进行文献资源管理。

▌ 思维导图

8.1 NoteExpress文献管理工具

NoteExpress围绕科学研究最关心的文献信息，为用户提供信息导入、过滤、全文下载以及众多的管理功能，可以大大提高用户的文献管理和研究效率。同时，使用NoteExpress的社区功能可以将用户自己的题录分享到社区的组群中。

8.1.1 NoteExpress简介

NoteExpress是一款文献管理软件，主要包括以下功能。

(1) 数据收集。用户可以利用在线检索，全文导入、智能识别及更新，格式化文件导入(过滤器导入)，NoteExpress网络捕手，以及手工录入功能进行文献收集。NoteExpress内置常用电子资源库的接口，可以快速下载大量题录(文摘)及全文。

(2) 管理。NoteExpress可分类管理电子文献题录和全文，让海量数据井然有序。

(3) 分析。NoteExpress可对检索结果进行多种统计分析。

(4) 发现。NoteExpress的综述阅读方式可快速发现有价值的文献，具有与文献相互关联的笔记功能。

(5) 写作。NoteExpress支持Word以及WPS，在论文写作时自动生成符合要求的参考文献索引。

8.1.2 NoteExpress下载

NoteExpress的下载网址为http://www.inoteexpress.com。个人用户可下载标准版。下载成功后，双击安装程序，即可进行安装。如果在安装过程中遇到防火墙软件或者杀毒软件提示，选择允许，最好能将NoteExpress加入信任列表。目前最新版本为NoteExpress 4.X版，其写作插件支持MS Office Word(32位和64位)、金山WPS等。

8.1.3 用NoteExpress新建数据库和分类目录

1. 新建数据库

NoteExpress安装完成后，首次启动会打开自带的Sample 示例题录数据库，该数据库存放在"我的文档"目录下，供新用户练习使用。建议用户正式使用时新建数据库。操作方法：在NoteExpress 主程序的"文件"下拉菜单中选择"新建数据库"选项，然后选择保存位置即可。

2. 建立分类目录

建立个人数据库后，根据研究的需要，可以为数据库建立分类目录，并对目录进行增加、删除、修改以及排序，如图8-1所示。

图 8-1　NoteExpress 主界面

8.1.4　使用NoteExpress采集数据

1. 网上数据库导入

(1) 在线检索。NoteExpress内置200多个常用数据库，无须登录数据库网站，直接以NoteExpress为网关进行检索；NoteExpress采用多线程下载方式，下载速度很快。

① 选择"在线检索"→"选择在线数据库"选项，选择所需数据库。

② 输入检索条件，单击"开始检索"按钮。

③ 勾选所需题录，保存到所需文件夹，如图8-2所示。

图 8-2　NoteExpress 网上数据库导入

(2) 浏览器检索。NoteExpress 4.1版本以全新的学术导航网站替代了以往的浏览器检索入口，使用户在使用内嵌浏览器的同时，不仅可以访问NoteExpress支持检索导入的数据库，而且可以同时浏览大量有价值的学术、知识、新闻以及其他阅读资源，方便关注有价值的信息。NoteExpress在导航首页的显著位置列出了NoteExpress浏览器检索支持导入的数据库，如图8-3所示。

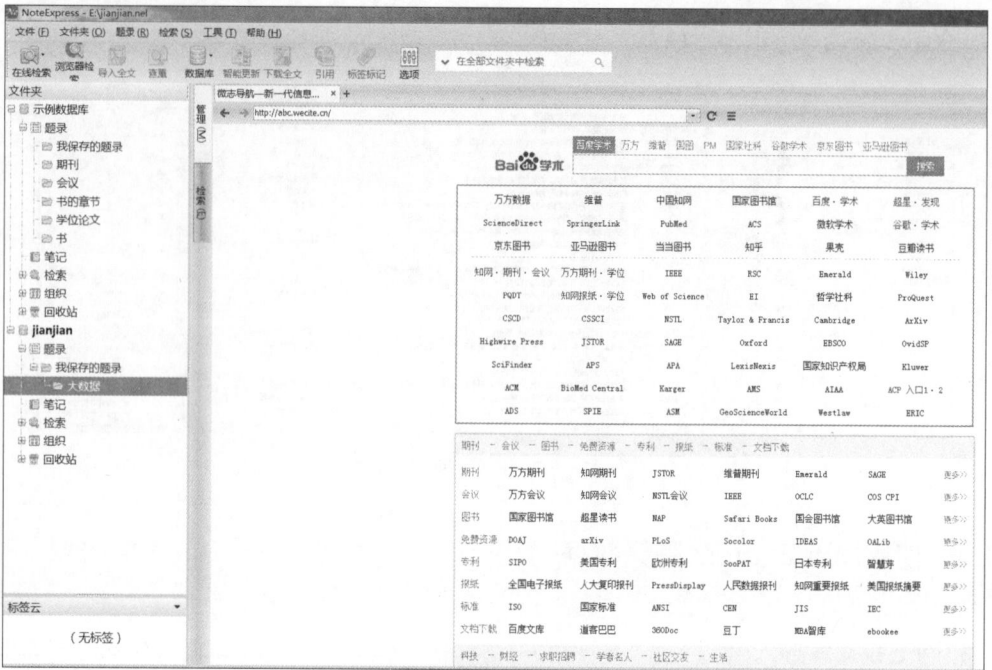

图 8-3   NoteExpress 浏览器检索

对于NoteExpress支持浏览器导入的数据库，在检索结果界面就可以完成数据库检索页面数据的筛选以及保存工作。这是通过配置好的网页信息抓取程序，将用户需要的信息快速准确地保存在NoteExpress本地数据库中。

2. 格式化文件导入(数据库页面检索结果导入)

从数据库页面导出的固定格式的检索结果，如EndNote格式、RIS格式等文件，使用与格式相对应的过滤器导入软件。

(1) 从数据库中选择一种格式导出文件，通常有EndNote、refworks、NoteExpress等。以中国知网为例，将导入的文件存放至计算机，导出格式选择"NoteExpress"，如图8-4所示。

图 8-4   格式化文件导入

(2) 打开NoteExpress，选择"文件"→"导入题录"选项。

(3) 选择格式导出文件存放的位置。

(4) 选择格式导出文件对应的过滤器，此例中为NoteExpress。

3. 全文导入智能识别及更新

对于已经下载了大量全文的用户，可以将这些全文使用NoteExpress管理。

(1) 全文导入、智能识别。将需要管理的全文导入NoteExpress。NoteExpress支持任意一种格式的文件导入，导入时的文件名为题录标题。NoteExpress支持PDF、CAJ文件的智能识别，能识别出PDF、CAJ文件中的标题、DOI等字段信息。

① 选择"文件"→"导入全文"选项。

② 选择需要导入的文件。

③ 选择是否要从PDF中智能识别内容。

④ 选择题录类型、导入文件的位置。

如图8-5所示，也可以直接将全文文件拖入NoteExpress题录的目标文件夹。

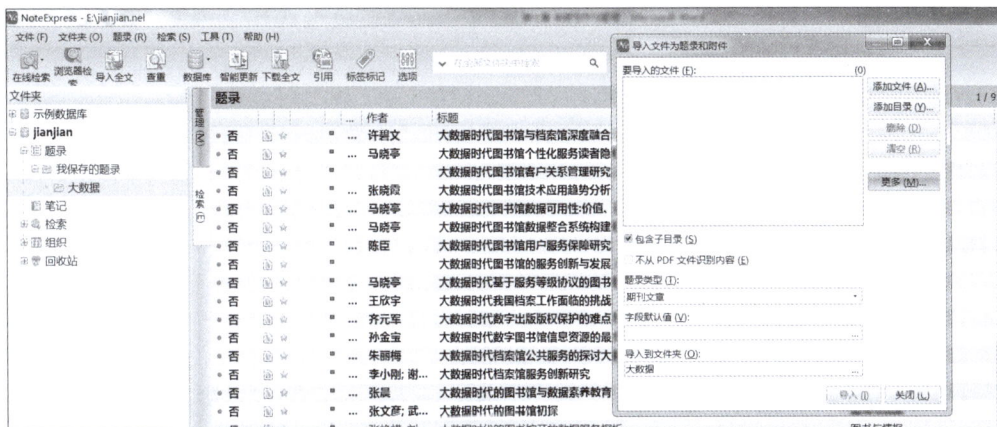

图 8-5　NoteExpress 全文导入、智能识别及更新

(2) 智能更新。当全文导入NoteExpress后，软件会自动根据标题到网上自动检索补全其他字段信息。

(3) 自动更新。如智能更新没有补全所需题录信息，用户可以选择自动更新的方式，补全字段信息。

① 右击需要更新的题录，选择"在线更新"→"自动更新"选项。

② 选择需要更新的数据。

③ 如果备选更新题录有多条，选择需要更新的题录后，单击"应用更新"按钮。

(4) 手工录入。NoteExpress提供手工编辑录入题录的方式。在题录列表栏中右击，选择"新建题录"选项，即可打开"编辑"页面，手工录入题录。

8.1.5　使用NoteExpress管理文献信息

通过上述方法导入文献题录，就基本形成了用户的个人数据库。当然，这对研究和管理工作来说仅仅是个开始。因为需要对纷繁的题录进行整理，为进一步的研究设计或文章撰写等服务。通过NoteExpress提供的各种管理模块，如文献查重、虚拟文件夹、表头DIY、表头排序、附加链接、全文下载、标签标记、本地检索、组织、回收站、多数据库等，用户能够充分高效地掌控所获得的信息。

1. 文献查重

在不同数据库中检索，或者数据库由几个小数据库合并而成，都不可避免地出现重复题录，这就需要查找重复题录。文献查重步骤如下。

(1) 选择"检索"→"查找重复题录"选项。

(2) 选择查重的文件夹范围。

(3) 选择查重的比较字段。

(4) 设置查重的敏感度、匹配度。

(5) 查重后重复题录高亮，可右击选择删除方式。

文献查重如图8-6所示。

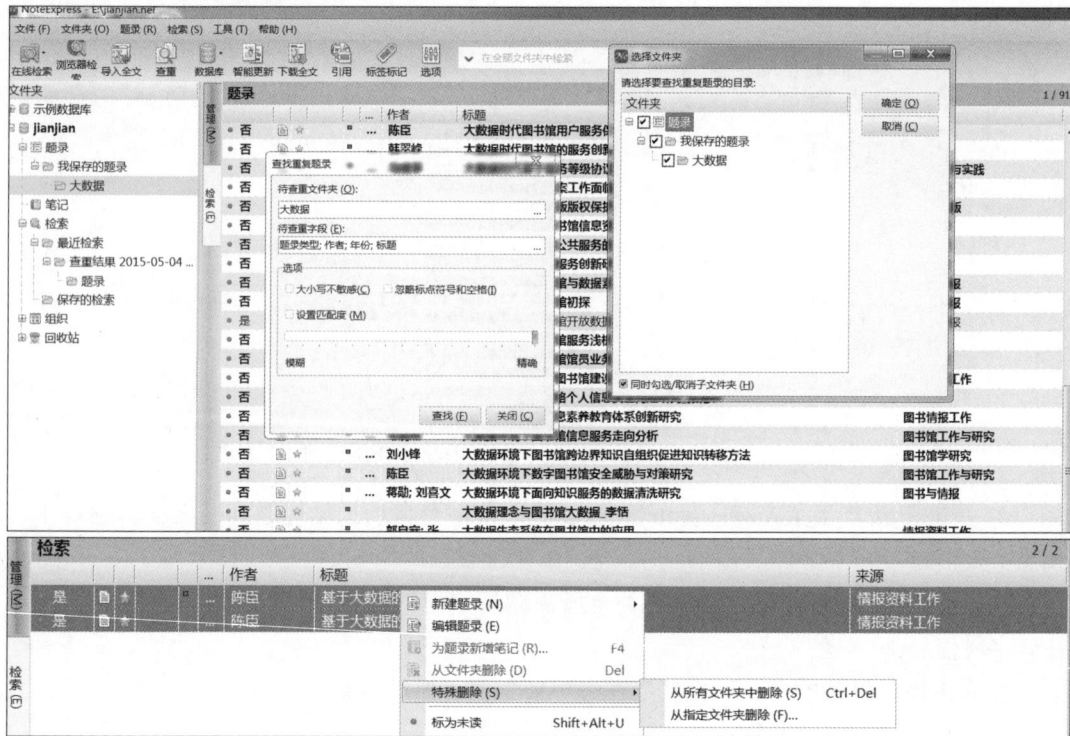

图 8-6　文献查重

2. 虚拟文件夹

在同一数据库中，一条题录分属于两个或几个不同的分类目录(或者是一条跨学科的题录需要分别放在不同的文件夹下)，NoteExpress提供虚拟文件夹功能管理此类文献。只需在选择的题录处右击，选择"链接到文件夹"选项，选择存放的文件夹位置即可。

3. 表头DIY

计算机屏幕大小有限，如何能在一屏显示重要的题录字段内容？NoteExpress提供表头自定义功能，用户可以根据需要增加或者删除字段，如图8-7所示。

图 8-7　表头自定义

操作步骤如下。

(1) 在表头处右击，选择"自定义"选项。

(2) 选择需要编辑的表头，表头可以新建、删除，并能够为每一个文件夹设置一个表头。

(3) 添加或者删除所需字段。

4. 附件链接

NoteExpress提供强大的附件管理功能，支持任意的附件格式(也可以添加多个附件)，常见的有PDF、Word、Excel、视频、音频文档等，当然还有文件夹、统一资源定位(URL)等。这样，文献题录信息就会与全文信息关联在一起。添加了全文附件的题录，可以在"题录相关信息命令"栏看到一个回形针标志，单击回形针标志可以迅速打开附件。

(1) 单条题录添加附件。在NoteExpress中，可以为每一条文献信息添加附件(附件已经存放在本地)，方便用户在需要的时候快速打开全文，一条题录可以添加多个附件。

操作步骤如下。

① 选中需要添加附件的题录。

② 单击"附件"按钮。

③ 在空白处右击，选择添加的附件，或者直接将附件拖动至空白处。

(2) 批量添加附件。如果需要对某一文件夹下的多个文献添加附件，用户可以使用NoteExpress的批量链接的功能。选择全文位置、文献信息与文件名匹配程度等，即可以批量链接附件到题录中。

5. 全文下载

从数据库导入的题录，只有基本的题录信息，这些基本信息可以让用户大致了解某一文献的价值所在，从而决定是否有必要进一步阅读全文。对于需要阅读全文的题录，NoteExpress提供批量下载全文的功能，将全文快速下载到本地并与题录自动链接，下载完毕后即可阅读全文，如图8-8所示。

图 8-8　全文下载

操作步骤如下。

(1) 选择所需下载全文的题录，单击工具栏中的"下载全文"按钮，或者右击，选择"下载全文"选项。

(2) 选择全文下载的数据库。

(3) NoteExpress自动链接网络下载全文。

6. 标签标记

NoteExpress支持星标、优先级(彩色小旗)和标签云三种标记方式，方便用户按个人需求和使用习惯管理题录。

操作步骤如下。

(1) 选中需要标记的题录，单击星标即可标记，再次单击即可移除星标。

(2) 选中题录，单击标签标记。

(3) 选择不同颜色的小旗标记。

(4) 输入文字标签，或者选择已有的标签标记。

7. 本地检索

对于数据库的管理，本地检索的意义非常重大，对于拥有庞大数据的用户来说尤其重要。本地检索页面如图8-9所示。

操作步骤如下。

(1) 在快捷检索栏中输入检索条件，设置检索范围，进行简单检索。

(2) 选择"检索"→"在个人数据库中检索"选项。

(3) 输入检索条件，设置检索范围，进行高级检索。

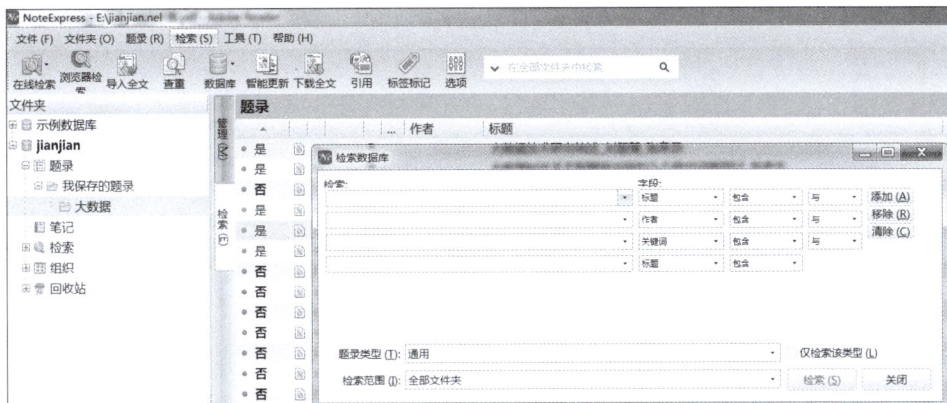

图 8-9　本地检索页面

8. 组织

对于科研人员来说，文献的不同聚类方式会对文献阅读产生新的启发。NoteExpress提供组织的阅读方式，可以分别按照星标、优先级、作者、年份、期刊、关键词、作者机构将数据库内所有题录重新组织显示。

(1) 组织中显示的阅读方式。

(2) 浏览题录。

9. 回收站

同Windows操作系统一样，NoteExpress也提供了回收站功能，方便用户找回误删除的题录或笔记。回收站不再只有一个文件夹，而是可以显示删除的题录所在的文件夹，以方便用户记忆和管理。

10. 多数据库

NoteExpress提供了同时打开多个数据库的功能。NoteExpress可以同时打开多个文档同时编辑，并且可以在不同的数据库之间切换。用户可以在软件左侧的数据库栏看到打开的多个数据库，不同数据库之间的切换非常方便。

8.1.6　NoteExpress文献信息统计分析

如图8-10所示，用户通过NoteExpress可以方便、快捷地对其关注的文献信息进行统计分析，这样就能够快速了解某一领域的重要专家、研究机构、研究热点等，分析结果可导出为TXT和CSV等多种格式，方便作出精准的报告。

操作步骤如下。

(1) 在题录文件夹下选择所需分析的文件夹，右击，选择"文件夹信息统计"选项。

(2) 选择需要统计的字段。

(3) 将结果另存为TXT文本或者CSV文件。

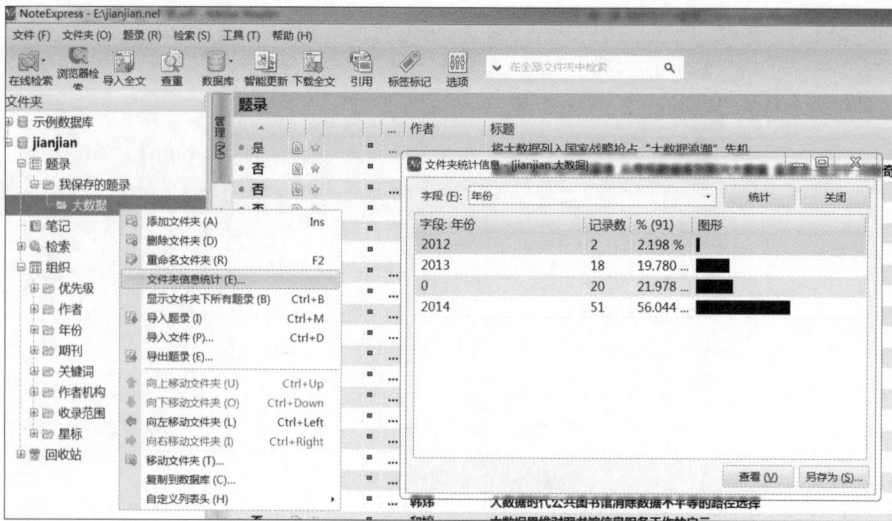

图 8-10 NoteExpress 文献信息统计分析

8.1.7 综述预览

用户通过综述预览页面，可以浏览题录的标题、年份、来源、关键词、摘要信息，如图8-11所示。

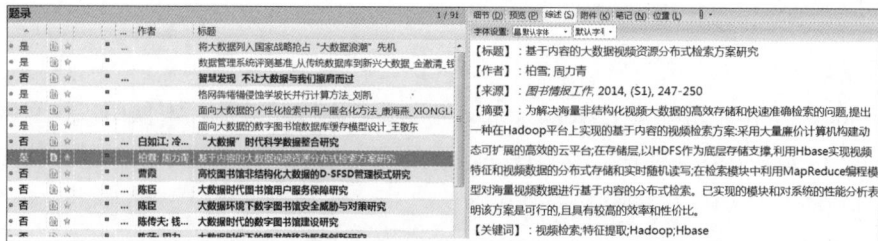

图 8-11 NoteExpress 综述预览页面

8.1.8 NoteExpress的写作插件

NoteExpress支持WPS以及微软Office。用户借助NoteExpress的写作插件，既可以方便高效地在写作中插入引文，并自动生成所需格式的参考文献索引，也可以一键切换到其他格式。

操作步骤如下。

(1) 光标停留在需要插入文中引文处。

(2) 返回NoteExpress主程序，选择插入的引文。

(3) 单击"插入引文"按钮。

(4) 自动生成文中引文以及文末参考文献索引，同时生成校对报告。

(5) 如果需要切换到其他格式，单击"格式化"按钮。

(6) 选择所需要的样式。

(7) 自动生成所选样式的文中引文以及参考文献索引。

拓展阅读8-1

如何将引文和参考文献按照中文在前、英文在后的方式排序

【思考题 8-1】

微软Office Word中如何借助NoteExpress写作插件高效地插入引文？

解析

8.2　EndNote文献管理工具

EndNote是文献管理与论文写作辅助工具。撰写论文时，EndNote可以帮助管理文献。

8.2.1　EndNote简介

EndNote是Clarivate Analytics(科睿唯安)公司开发的文献管理软件。EndNote常见的功能如下。

1. 参考文献管理

(1) 提供3 000多种参考文献的格式，自动生成文中和文后参考文献。

(2) 自动重新排序，对文章中的引用进行增加、删除、修改。

(3) 根据标题、摘要、关键词寻找新的目标期刊。

(4) 另投其他期刊时，瞬间自动生成新的目标期刊的参考文献格式。

(5) 分类管理、保存参考文献。

2. 文献管理

(1) 在本地建立个人数据库，随时查找收集到的文献记录。

(2) 通过检索结果，准确调阅所需PDF全文、图片和表格。

(3) 将数据库与他人共享，对文献进行分组、分析和查重，自动下载全文。

3. 论文撰写

(1) 随时调阅、检索相关文献，将其按照期刊要求的格式插入文后的参考文献。

(2) 迅速找到所需图片和表格，将其插入论文相应的位置。

(3) 在转投期刊时，可迅速完成论文及参考文献格式的转换。

8.2.2　EndNote软件菜单主要功能

1. "File"文件菜单

"File"文件菜单用于EndNote中新建数据库、打开数据库、关闭数据库、另存为数据库、输出数据、导入数据等，其功能如下。

(1) New：新建一个EndNote 数据库。

(2) Open：打开已经建立的数据库。

(3) Close Library：关闭已经打开的数据库。

(4) Save a Copy：保存一个备份。

(5) Export：将Library的文献信息按照使用需要，选择某种期刊的参考文献输出或者某种格式输出，输出格式可以是.txt、.rtf、.htm、.xml等。

(6) Import：用于导入文件或者文件夹。File用于导入单一文件，Folder用于导入文件夹，如果文件夹含有子文件夹，其内容也同步导入。

2．"Edit"编辑菜单

(1) Undo：撤销上一步的操作。

(2) Cut：剪切文献的全部内容，转移到另外一个数据库中。

(3) Copy：复制文献的全部内容，粘贴到另外一个数据库中，也可以以插入引用文献的形式插入Word。

(4) Paste With Text Style：以文本形式粘贴。

(5) Clear：清除已经选择的文献。清除后文献将进入回收站。

(6) Select All：全部选择。

(7) Find and Replace：查找并替换。

(8) Copy Formatted：以选择的杂志格式复制特定的参考文献，可以直接粘贴到写字板或者Word等文字处理软件中。

(9) Preferences：可以根据用户的喜好来设定EndNote。例如，preferences子项中的PDF Handling，可以设定新文献自动导入的文件夹目录。

3．"References"文献菜单

(1) New References：新插入一条文献记录。

(2) Edit References：编辑选定的文献。

(3) Move References to Trash：移动文献到回收站。

(4) Copy References To：复制文献到选择的数据库，可以新建数据库，也可以选择已经存在的数据库。

(5) File Attachments：将指定的文件添加到选定的文献中。

(6) Show Selected References：显示选定的文献信息。

(7) Hide Selected References：隐藏选择的文献，只显示未选择的文献。

(8) Find Duplicates：查找当前数据库中有没有重复的文献记录。

4．"Tools"工具菜单

(1) Cite While You Write：撰写论文时，插入引用，按照要求格式化参考文献。

(2) Format Paper：将论文中临时引用的文献转化成指定的参考文献格式。

(3) Subject Bibliography：进行简单的统计分析。

(4) Manuscript Templates：论文模板。

EndNote软件页面如图8-12所示。

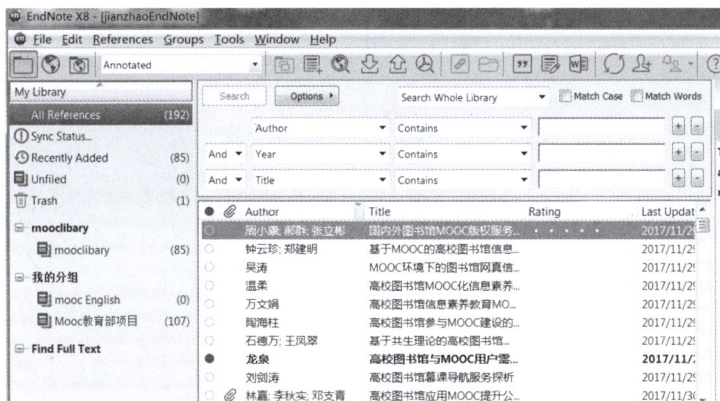

图 8-12　EndNote 软件页面

8.2.3　EndNote个人数据库的建立

1.　EndNote的工作流程

文献记录通过过滤器被拆分成很多字段，如Author、Year、Title、Journal等，在EndNote中被称作数据库。EndNote不仅可以对这些字段进行排序、查找、统计，实现文献的管理、分析，还可以把这些字段按照一定的输出格式(output styles)要求，输出生成参考文献列表。EndNote自带过滤器和输出格式，用户可以按照自己的需要进行编辑。

2. 文献索引的导入

(1) 中国知网文献索引的导入。

① 在中国知网检索界面，以篇名为检索字段，输入关键词"Mooc and 图书馆"，来源期刊为核心期刊。

② 显示检索结果后，勾选关注的文献，在检索结果页面的导航栏上单击"导出/参考文献"按钮，在弹出菜单的格式引文中选择"EndNote"，单击"导出"按钮，将结果保存为*.txt格式，如图8-13所示。

图 8-13　中国知网参考文献导出

③ 打开EndNote软件，在"File"菜单中选择"File"选项，在打开的对话框中选择*.txt文件，导入过程如图8-14所示。

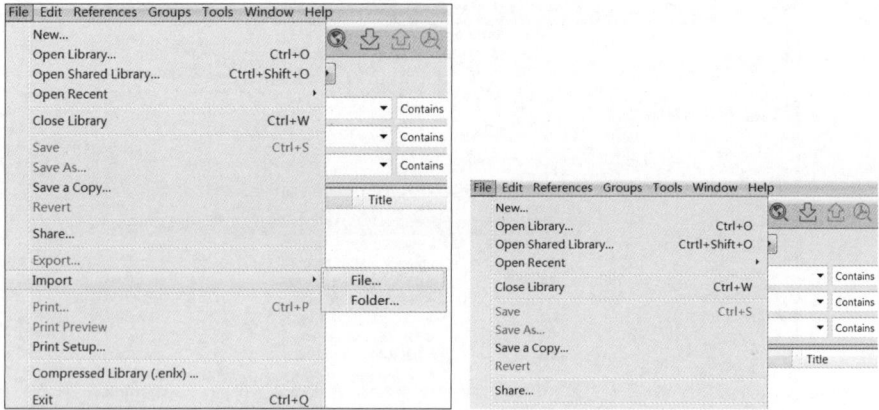

图 8-14　中国知网数据库导入 EndNote 过程

(2) 万方数据库文献索引的导出。打开万方数据知识服务平台主页，以学位论文为例，检索题名中包括"图书馆"和"Mooc"两个关键词的学位论文，检索结果如图8-15所示。

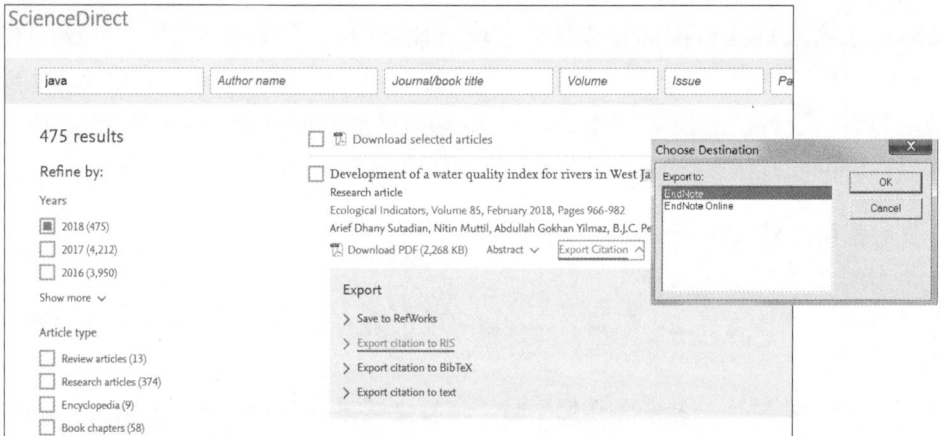

图 8-15　题名中包括"图书馆"和"Mooc"两个关键词的学位论文的检索结果

批量导出检索结果，在导出过程中选择导出文献列表为EndNote，导出结果为*.txt文件。

(3) 爱思唯尔数据库文献索引的导入。在爱思唯尔搜索页面输入关键词"java"，搜索2019年的期刊文章，得到475条记录。对于爱思唯尔的每篇论文，可以下载PDF全文、查看摘要、导出引文。

爱思唯尔数据库导出引文到EndNote的过程：选择"Export Citation"，选择"Export to RIS"，选择目标形式为导入EndNote或者EndNote Online，选择"EndNote"后，引文会自动导入EndNote。目前，爱思唯尔数据库不支持批量导出引文。爱思唯尔数据库导入EndNote的过程如图8-16所示。

(4) 维普数据库文献索引的导入。在维普数据库中查找题名中含有"java"关键词的期刊。选定要导出的论文，选择"导出题录"，文本格式选择"EndNote"，导出格式为.txt

文件，导出过程如图8-17所示。

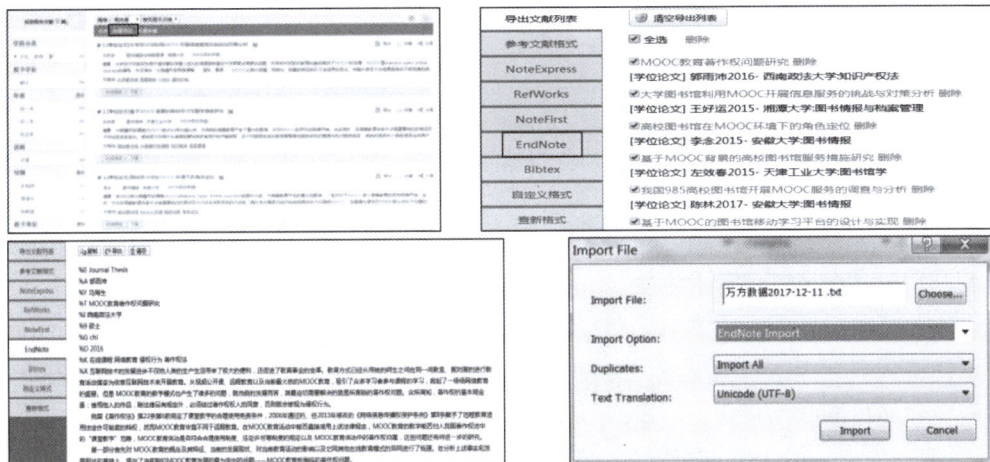

图 8-16　爱思唯尔数据库导入 EndNote 的过程

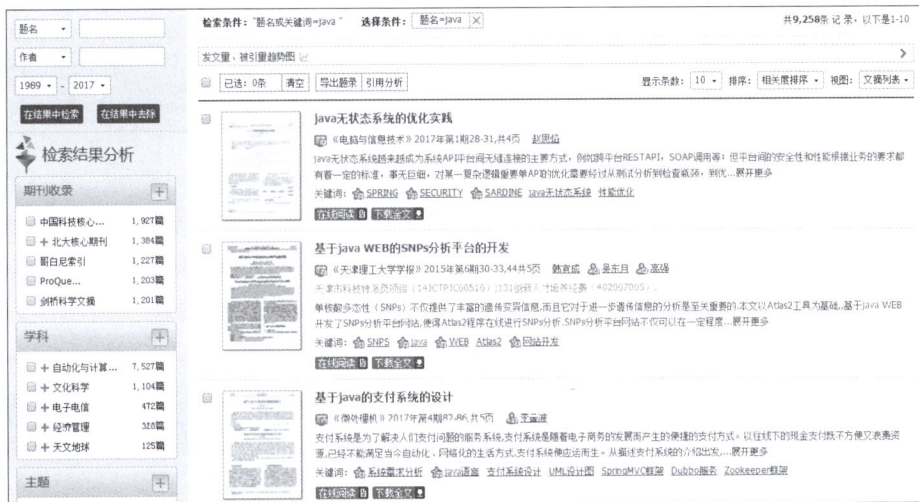

图 8-17　维普数据库导出题录

维普数据库引文在导入Endnote时，需要到维普官网下载VIP for EndNote插件，"Import Option"选择Others Filters中的VIP过滤器。

3. PDF文件导入

导入存储设备上已经存在的PDF格式的文件，其操作步骤：选择"File"→"Import"→"File/Floder"，File是导入单个文件，Floder是导入整个文件夹。在Import Option中选择"PDF"，如图8-18所示。

EndNote软件还提供了自动导入PDF文件的功能，在"Edit"→"Preferences"→"PDF Handing"选项下，选择自动插入的文件夹。当有新的PDF文件更新时，EndNote会自动插入数据库，如图8-19所示。

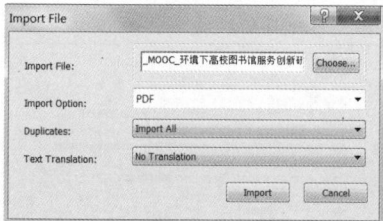

图 8-18　PDF 文件导入 EndNote

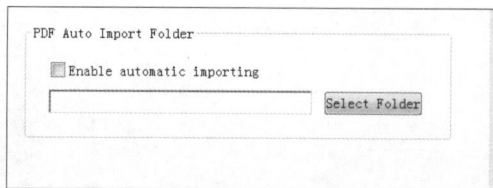

图 8-19　EndNote 自动导入 PDF 文件

4. 利用EndNote撰写学术论文

科研人员在撰写学术论文时，可以利用EndNote检索相关文献编辑插入Word，按照期刊要求的格式自动插入参考文献。转投到其他期刊时，可以将论文格式和参考文献的引用格式转换成转投期刊的格式。EndNote极大地减轻了科研人员的工作量。

(1) 编辑管理。EndNote软件具有强大的编辑管理功能，利用"References"菜单可以对数据库中的文献进行删除、复制、剪切、粘贴、修改等操作。利用Find Duplicates功能可以查找重复的文献，利用Search功能可实现个人数据库中的文献搜索功能。

EndNote软件下的File Attachments功能支持对文献添加附件，附件的格式类型主要有PDF、图片、Word文档、表格等。EndNote软件还具有添加笔记功能，便于用户在阅读文献时添加有用的信息。EndNote文献编辑管理菜单如图8-20所示。

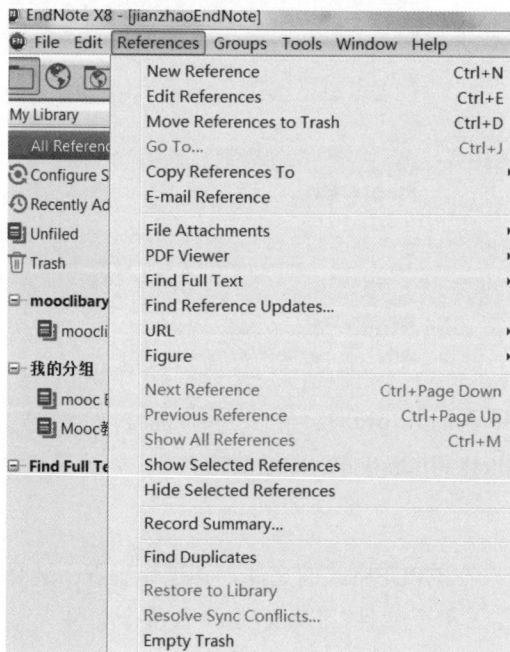

图 8-20　EndNote 文献编辑管理菜单

(2) 利用模板撰写论文。EndNote软件内置上百种期刊模板，用户可根据个人需求，利用模板撰写论文。运行EndNote后，选择"Tools"→"Manuscript Templates"选项，选择需要的模板。以Nature期刊为例，操作过程如图8-21所示。

200

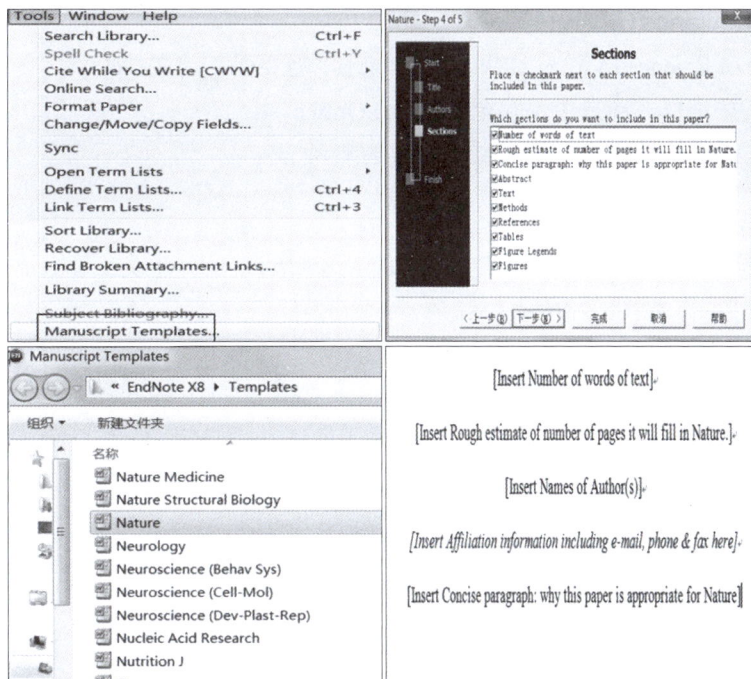

图 8-21　利用 EndNote 模板撰写论文

8.2.4　EndNote网络版

1. 用户的登录

EndNote网络版可以通过在线的方式方便地将收藏的文献生成引用文献。首次使用可以通过http://www.webofscience.com创建Publons个人信息来创建免费的Web of Science ResearcherID来跟踪引文。用户注册后，可以通过http://my.endnote.com访问。EndNote网络版的使用参考EndNote使用手册。单击页面右侧的"登录"按钮，在弹出的下拉菜单中选择"注册"。已经注册的用户，输入ID和密码登录后，页面会从登录变成已登录的状态。EndNote网络版用户的登录页面如图8-22所示。

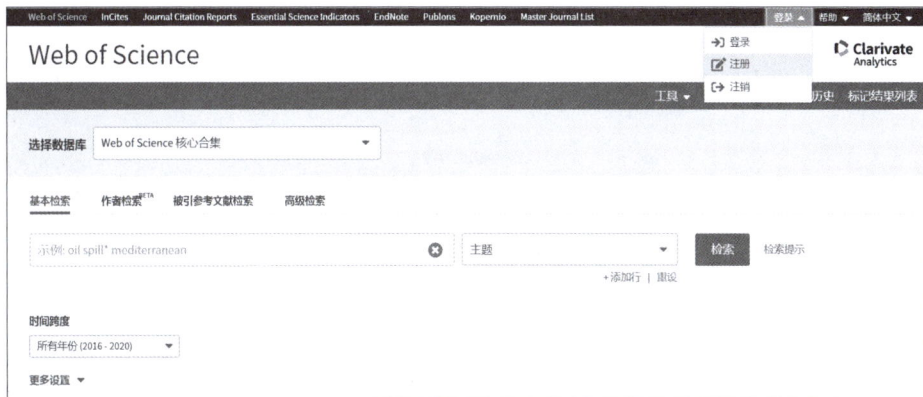

图 8-22　EndNote 网络版用户的登录页面

2. Web of ScienceTM记录的保存

(1) 在Web of ScienceTM检索结果页面，勾选"需要保存的文献"。

(2) 单击下拉菜单，选择"保存至EndNote Online"。

(3) 单击"EndNoteTM"，可以看到保存的参考文献。

3. 创建保存文件夹

保存的记录被存放在"我的参考文献"的"未归档"里，建议在每次记录保存后再将其移动至我的组中，如图8-23所示。

图 8-23　EndNote 网络版创建保存文件夹

操作步骤如下。

(1) 单击"未归档"，在页面右侧显示未归档的文献记录。

(2) 通过勾选复选框，从列表中选择需要的记录。

(3) 在"添加到组"的下拉菜单中选择"新建组"。

(4) 在弹出的对话框中输入新建组的名称。组名用中英文均可，每个用户最多可以创建500个组，我的参考文献最多可以保存5万条记录。

4. 文件夹的共享、变更

EndNote网络版文件夹的共享、变更界面如图8-24所示。

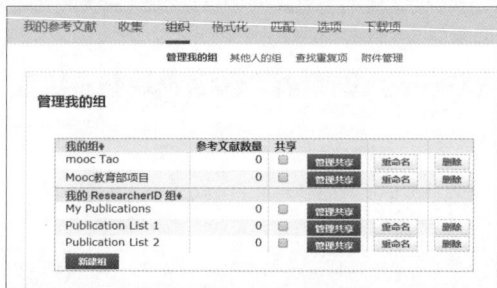

图 8-24　EndNote 网络版文件夹的共享、变更界面

操作步骤如下。

(1) 选择"组织"标签下的"管理我的组"。

(2) 选中"文件夹共享设定"。

(3) 进行共享对象的设定。

(4) 在"开始共享此组"中输入共享对象的EndNoteTM网络版用户登录电子邮件地址，最后单击"应用"按钮，共享的组会在对方的我的参考文献的其他人的组中出现。

(5) 重命名。单击"重命名"按钮，修改组的名称。

(6) 删除组。单击"删除"按钮即可删除组。

5. 其他数据库的记录保存

中国知网、维普等数据库中的记录也可以导入EndNoteTM网络版进行统一管理。

操作步骤如下。

(1) 将各数据库的记录保存至本地计算机。

(2) 选择EndNoteTM网络版"收集"标签下的"导入参考文献"。

(3) 在"选择收藏夹"下拉列表中选择文件路径为保存在本机计算机上的文件。

(4) 在"导入"选项中选择导入的过滤器的名称。如果数据是以EndNoteTM格式保存的，选择"EndNote Import"。

(5) 在"保存位置"下拉菜单中选择需要保存的文件夹，然后单击"导入"按钮。

6. 在线检索

通过使用"收集"标签下的在线检索可以直接检索PudMed(医学类)及Library of Congress等免费网络数据库中的记录，如图8-25所示。

图 8-25　EndNote 网络版在线检索

操作步骤如下。

(1) 在"选择收藏夹"下拉列表中选择常用检索的数据库或义献库目录。

(2) 单击"复制到收藏夹"按钮。

(3) 选择希望检索的数据库或文献库目录。

(4) 单击"链接"按钮，开始在线检索。

7. 输出参考文献格式的选择

EndNote网络版利用3300多种期刊格式，可以快捷、方便地生成引用的参考文献，如图8-26所示。

图 8-26　EndNote 网络版输出参考文献的选择

操作步骤如下。

(1) 选择"格式化"标签。

(2) 选择文献。

(3) 选择希望进行格式化的参考文献组。

(4) 单击选择收藏夹，显示期刊选择列表。

(5) 选择常用的期刊。

(6) 单击"复制到收藏夹"。

当需要将参考文献进行格式化输出时，可在选定参考文献组后，选择步骤(4)中预置的期刊格式，再选择保存输出的文件格式，即可完成参考文献的格式化输出。

8. 在微软Word中引用文献列表的创建(格式化参考文献)

(1) 在Word应用处输入{作者的姓，年份}。如果遇到相同年份中相同作者撰写的多个文献被引用的情况，输入文章标题开始的文字。EndNote网络版引用文献列表的创建规则见表8-1。

表8-1　EndNote网络版引用文献列表的创建规则

文献库参考文献包含	临时引文布局
作者撰写的单个参考文献	{作者的姓，年份}
相同年份中作者撰写的多个参考文献	{作者的姓，标题}*
相同引文中的多个参考文献	{第一作者的姓，年份； 第二作者的姓，年份}
年份唯一的匿名参考文献	{，年份}
年份不唯一的匿名参考文献	{，年份，标题}*

(2) 保存时用RTF格式保存，如图8-27所示。格式化参考文献列表，如图8-28所示。

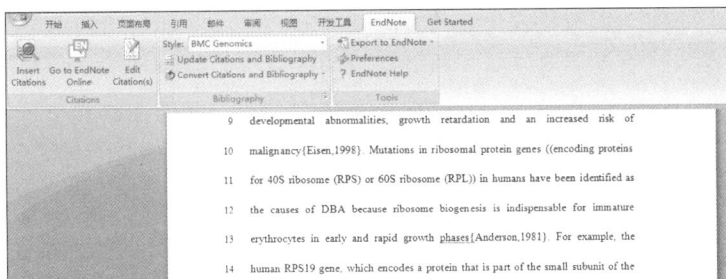

图 8-27　EndNote 网络版 Word 中插入参考文献

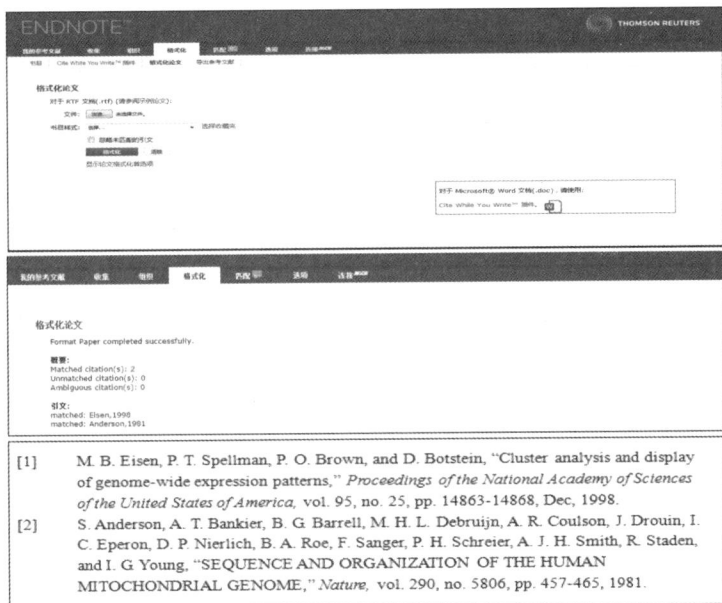

图 8-28　格式化参考文献列表

格式化参考文献列表的操作步骤如下。

① 选择"格式化"标签下的"格式化论文"。

② 单击文件右侧的"Browse"按钮，选择之前以RTF格式保存的文件。

③ 在文献样式中选择希望使用的参考文献格式。

④ 单击"格式化"按钮，将在EndNote网络版上已保存的文件内容插入论文，并且对其进行顺序编号，从而生成参考文献列表。

单击"格式化"按钮后，如果EndNote网络版记录中有不能匹配的引文，则会显示以下两条信息：

Unmatched citation(s)=不匹配的记录。

Ambiguous citation(s)=符合条件记录有多条，不能选择。

对于Word中不能匹配的记录，应修正预先准备的文档。先进行格式化，后修正Unmatched和Ambiguous的情况。

⑤ 选中"忽略未匹配的引文"选项时，将在格式化后的文件中忽略未匹配的引文和有歧义的引文。如果未选中该选项，则必须更正未匹配的引文和有歧义的引文才能格式化文档。

9. 引用文献列表的创建(格式化参考文献)

(1) 将光标移动至文章中需要插入参考文献的地方。

(2) 单击EndNote网络版插件上的"Insert Citations"(插件在格式化标签的Cite While You Write插件处单击下载)。

(3) 在弹出的对话框中输入需要插入文献的作者，单击"Find"按钮。

(4) 选中所需的引文，单击"Insert"按钮。

(5) 格式化参考文献。在EndNote网络版中的"格式化"下拉菜单中选择要格式化的期刊类型。

(6) 单击"Update Citations and Bibliography"。EndNote网络版引用文献列表的创建(格式化参考文献)如图8-29所示。

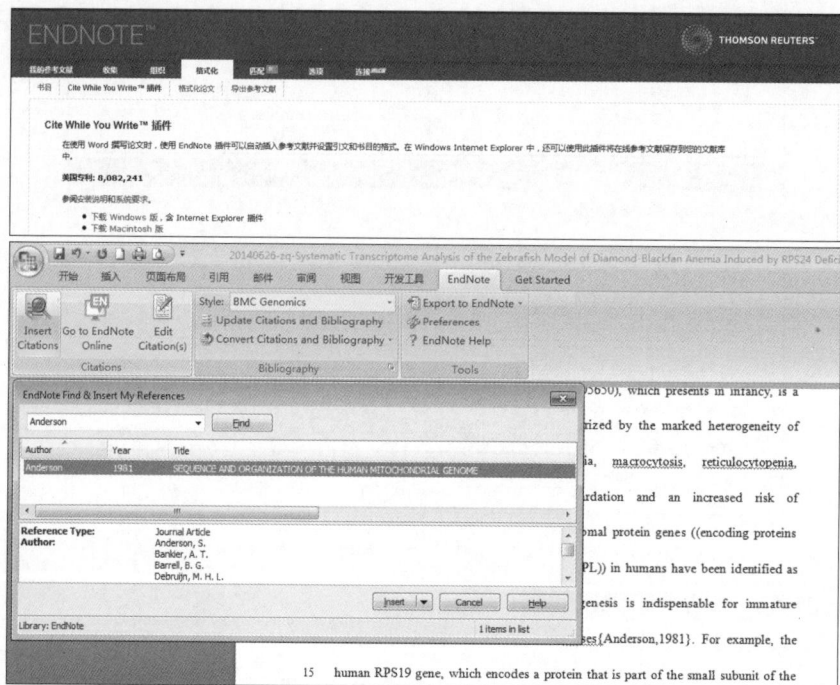

图8-29　EndNote网络版引用文献列表的创建（格式化参考文献）

10. 电子邮件地址、密码的变更

EndNote网络版电子邮件地址、密码的变更，如图8-30所示。

操作步骤如下。

(1) 选择"选项"标签。

(2) 在"密码"选项中变更密码。

(3) 在"电子邮件地址"选项中变更电子邮件地址。

如果EndNote网络版的注册邮件与Web of Science的注册邮件是完全相同的，则没必要重新注册。

拓展阅读8-2

Web of Science数据导入方式

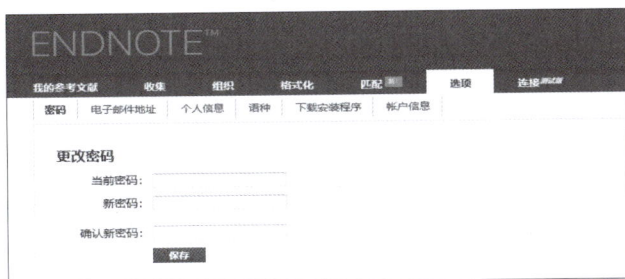

图 8-30　EndNote 网络版电子邮件地址、密码的变更

【思考题 8-2】

请简述 Endnote 个人数据引文的导入方式。

解析

8.3　逻辑表达管理工具

逻辑表达管理工具是指对文献之间的关系进行管理的工具。用户对于文献有了一定的了解，就可以利用逻辑表达管理工具进行沟通和表达。常用的逻辑表达管理工具有头脑风暴工具、思维导图工具、卡片式写作工具。

8.3.1　头脑风暴工具

头脑风暴法属于集体创作的方法。在召开头脑风暴会议时，每组通常为 5～12 人，在一名领导者的领导下，在数分钟到一小时的时间里，成员针对某一问题提出各种见解。领导者要尽可能把问题谈得简明扼要，然后让大家发表意见。会议必须遵守以下规定。

(1) 绝不允许对他人的想法提出批评。

(2) 如果修改、补充他人的想法或把它和另一种想法结合起来，则受到鼓励。

(3) 提议数量是会议追求的目标，多多益善。

(4) 欢迎各种别出心裁，甚至是想入非非的主张。

网络上提供的"在线协作白板"软件属于头脑风暴工具，如"小画桌"。头脑风暴工具有轻量便捷、多人协作、内置语音的特点，支持计算机、平板电脑、手机等设备，具有演示、多页、语音等功能。

8.3.2　思维导图工具

思维导图，又称脑图、心智地图、脑力激荡图、灵感触发图、概念地图、树状图、树枝图或思维地图等。思维导图在论文写作中的应用，主要将信息加以归纳和综合，辅助科研人员思考复杂问题和表征信息。思维导图作为信息表征工具，将图片、图形、词语等进行组合运用，通过呈现概念之间的层次关系和思维顺序，实现概念表征的可视化。这种可视化能够帮助科研人员从一种全局和整体的视角思考问题，进而提高科研人员的思维灵活性和发散思维能力。思维导图主要作用如下。

(1) 利用思维导图清晰地展示研究方向，正确进行选题。

(2) 利用思维导图归纳和整理搜集到的资料，确定逻辑框架。

(3) 借助思维导图厘清思路，展现思维的流畅性。

当前的思维导图工具一般内嵌了头脑风暴工具的功能。常见的思维导图软件有MindMaster、Mindmanager、XMind、Coggle、Mindmaps、FreeMind、MindMeister等。

例如，用MindMaxter绘图，说明《孙子兵法》各章节的关系，如图8-31所示。

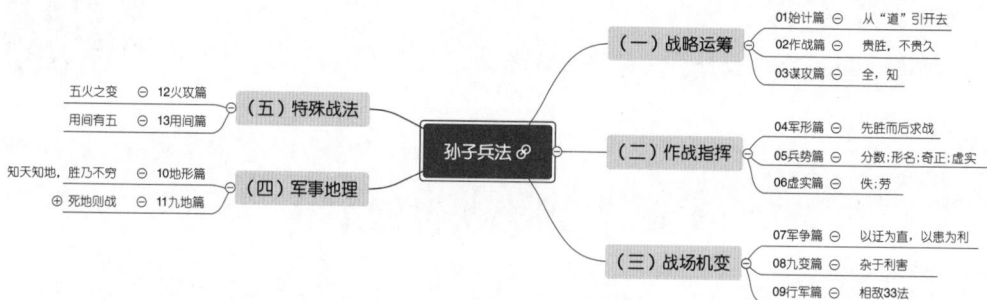

图 8-31　思维导图应用示例

8.3.3　卡片式写作工具

NoteExpress和EndNote文献管理工具作为成熟的文献管理软件，能够提高科研效率，帮助科研人员整理笔记、大纲等。在进行文献管理的过程中，科研思路管理在科学研究中的作用越来越明显，常见的如卡片式写作，是将每个卡片作为科研过程中的节点，穿针引线，把科研思路织起来。

传统的卡片式检索工具是记录在一种小巧、矩形的纸质材料上并按文献的外表特征和内容特征排列的检索工具，供手工检索使用。传统的图书馆馆藏图书目录、馆藏期刊目录等都是以卡片目录的方式提供检索服务的。

假设要写一篇3万字的毕业论文。如果一个字一个字地写，要达到这个字数要求会感到特别困难。但是，如果手头目前有一大堆卡片，将这些卡片拼在一起，便可以勾勒出整篇文章的骨架。

现代的卡片式写作工具就是对作者笔记进行管理，将一个个独立的笔记单独存放。它们之间若是不存在关联，则不能称为卡片，要激活卡片为作者提供思路支撑，就要主动建立链接。例如，Gingko是一种非线性写作工具；Evernote软件可以根据关键词频率等因素项，自动发现笔记之间的可能关联；Devonthink软件可以帮助作者计算卡片之间的相似度，帮助作者建立序列。通过建立卡片之间的联系，把卡片串起来，就足以形成段落、篇章，甚至是一篇毕业论文的内容了。

本章小结

本章详细介绍了NoteExpress和EndNote文献管理工具的使用方法，简要介绍了头脑风暴、思维导图和卡片式写作等逻辑表达管理工具。可视化的文献管理工具可协助研究人员提高科研效率。EndNote主要针对英文文章，在导入英文文献时，能自动识别文献的作者、来源、发表时间、摘要、关键字等。另外，EndNote可以设置参考文献的引用格式，也可与Word对接，是写英文论文的最佳辅助工具。EndNote的缺点是不能很好地支持中文期刊格式。而NoteExpress软件的优点是可在线更新目录，缺点是影响Word的打开速度。

思考与练习

1. 论述常见的文献管理工具及其特点，文献管理工具EndNote的基本功能。
2. 思考如何利用文献管理工具进行文献分类统计。

第9章

运用：信息写作

人们日益认识到，科学研究的精髓在于其源源不断的创新驱动力，它也是推动国家持续繁荣与进步的关键因素。它不仅是知识的探索与边界的拓展，更是技术革新、产业升级乃至社会福祉提升的源泉。2016年，习近平总书记在全国科技创新大会上强调："广大科技工作者要把论文写在祖国的大地上，把科技成果应用在实现现代化的伟大事业中。"信息写作扮演着将科学研究的内核与亮点——包括其严谨的过程、精妙的方法以及丰硕的成果——以文字、数字、图表等多种媒介形式精准而高效地传递出来的角色。信息写作不仅要求准确地反映科学研究的实质，还需确保信息的可读性、可理解性和影响力，以便促进知识的共享与交流，加速科研成果向实际应用转化的进程。本章主要介绍信息写作的几个核心组成部分，即摘要、关键词、综述、论文写作规范及学术道德规范的相关内容。

【场景】 大学生在完成学业时通常需要撰写学术论文并进行论文答辩，这是学术要求的一部分。学术论文是一种正式的、系统的、有组织的和有逻辑的论述，用于展示学生的研究成果。论文通常包括标题、摘要、引言、文献综述、研究方法、结果与讨论、结论等部分。只有通过撰写学术论文并成功答辩，大学生才能获得相应的学位。这一过程有助于培养学生的批判性思维、独立研究和沟通能力，为学生未来的职业发展打下坚实的基础。作为一名大学生，你是否考虑过自己专业的选题方向和研究方向？你是否具备相应的写作能力？你是否希望写出高质量的学术论文？你有没有考虑过在学科较好的期刊上发表自己的学术论文？你是否希望自己的学位论文达到优秀毕业生论文的水平？

▍**思维导图**

9.1　摘要

摘要是对一篇文章、报告、研究或任何形式的长篇内容进行的简短、精练的总结。摘要提供了原文的主要观点、结论或发现，以便读者能够快速地了解原文的核心内容。摘要是以提供文献内容梗概为目的，不加评论和补充解释，简明、确切地记述文献重要内容的短文，让读者不阅读全文就能了解论文的基本内容，以判断有无必要阅读全文，也可供二次文摘采用。

9.1.1　摘要的基本内容

(1) 目的。简要说明研究问题，研究、研制、调查的前提、目的，以及任务所涉及的主题范围。

(2) 方法。概述原文中使用的方法，包括实验设计、数据来源、原理、条件、对象、材料、工艺、结构、手段、装备、程序等。

(3) 结果。主要发现或实验结果。实验和研究的数据、结果、被确定的关系、观察结果、得到的效果、性能等。

(4) 结论。结果的分析、研究、比较、评价、应用，提出的问题，以及对今后课题的假设、启发、建议、预测等。

(5) 其他。不属于研究、研制、调查的主要目的，但就其见识和情报价值而言，也是重要的信息。

9.1.2　摘要的特点

论文写作的最终目的是要被人利用，如果摘要写得不好，在当今信息激增的时代，论文进入文摘、杂志、检索数据库后，被人阅读、引用的机会就会少得多，甚至消失。一篇论文价值很高，创新内容很多，但若摘要写得不够好，也会失去较多的读者。

摘要拥有与文献同等量的主要信息。摘要撰写总体要求：语言精练、术语规范、逻辑清晰、表述准确、独立成篇。摘要的特点可归纳为以下几点。

(1) 简洁客观。摘要通常篇幅较短，要求用最少的文字准确传达原文的主旨。这意味着摘要需要去除冗余信息，仅保留最关键的内容。摘要中不用图、表、非公用共知的符号和术语，不能引用文献；缩写名称在第一次出现时要有全称(包括中文和英文)。

摘要应客观、中立地反映原文的信息，不包含摘要编写者的主观评价、解释或推论。它是对原文内容的忠实提炼，而非对原文的重新阐述或解读。

(2) 独立完整。摘要应作为一个独立的文本单元存在，读者在阅读摘要后，应能对原文的主要内容和结论有一个清晰的认识，而无须依赖原文的其他部分。摘要应是一篇完整的短文，篇幅以200～300字为宜。

尽管摘要篇幅有限，但它应尽可能完整地呈现原文的主要观点、方法、结果和结论。对于研究论文等学术文献，摘要通常包括研究目的、方法、重要发现和结论等关键要素。

(3) 准确易读。摘要中的信息必须准确无误，不能歪曲或遗漏原文的重要内容。摘要的编写者需要对原文有深入的理解，以确保摘要的准确性和完整性。

摘要的语言应简洁易读，避免使用过于冗长或复杂的术语，以便于读者理解。同时，摘要的结构应清晰，逻辑连贯，便于读者快速把握要点。

9.1.3 摘要的类型

摘要是一种内容摘要，用于提供书面作品(如文章、报告或研究论文等)的简要概括。根据目的、格式和内容详细程度的不同，摘要可以分为多种类型。以下是对摘要主要类型的归纳。

1. 技术性摘要与非技术性摘要

(1) 技术性摘要：提供关于研究方法、过程和结果的详细信息，通常用于学术论文和科研报告。技术性摘要专业性强，适合专业人士阅读。技术性摘要包含研究的关键点，通常限制在100~250字，使读者快速了解研究内容。它语言简洁明了，能够迅速传达原文的关键信息。

(2) 非技术性摘要(或称为信息性摘要)：用非专业语言概括研究的主要内容和结论，适合政策制定者、管理人员或其他非专业人士阅读。非技术性摘要力求通俗易懂，便于非专业人士快速了解研究内容。

2. 学术领域的摘要类型

在学术领域，摘要质量的高低直接影响论文的被利用情况。学术领域的摘要类型更为丰富，主要包括以下几种。

(1) 报道性摘要。报道性摘要是指明一次文献的主题范围及内容梗概的简明摘要，相当于简介。报道性摘要一般用来阐述原文的主要内容、研究成果和结论，包括具体的数据、实验方法、分析结果等。报道性摘要力求全面、准确地反映原文的信息，使读者在不阅读全文的情况下也能对研究内容有较为深入的了解。

报道性摘要常见于科技论文，尤其是侧重于实用性研究的论文，用有限的字数向读者提供尽可能多的定性或定量的信息。报道性摘要以"摘录要点"的形式报道作者的主要研究成果和比较完整的定量及定性的信息，篇幅以300字左右为宜。

(2) 指示性摘要。指示性摘要也可称为脉络式摘要或要点式摘要，是指明一次文献的论题及取得的成果的性质和水平的摘要。其目的是使读者对该研究的主要内容(作者做了什么工作)有一个轮廓性的了解，为读者提供一个大致的研究框架和思路。

指示性摘要通常较为简短，适用于快速了解研究背景或研究方向的场合。社科类论文，尤其是基础研究的论文、毕业论文、创新内容较少的科技论文等，常常使用这类摘要。创新内容较少的论文的指示性摘要一般适用于学术性期刊的简报、问题讨论等栏目以及技术性期刊等，只概括地介绍论文的论题，使读者对论文的主要内容有大致的了解，篇幅以100~200字为宜。

(3) 综合性摘要。综合性摘要是指难以归入报道性摘要和指示性摘要的摘要类型，往往是杂取各式摘要的特征，常见的有报道+指示式摘要、背景+指示式摘要、背景+报道式摘要等次类。

①报道+指示式摘要：抽取报道性摘要和指示性摘要的要素构成。

②背景+指示式摘要：注重研究背景的简介，然后介绍文章的要点。

③背景+报道式摘要：侧重研究背景，然后以报道性摘要的形式表述文献中信息价值较高的其余部分。

(4) 结构化摘要。结构化摘要是按照固定的格式(如目的/意义、方法/过程、结果/结论等)组织摘要的内容。结构化摘要条理清晰，便于读者快速把握文章的主要结构和内容。结构化摘要包含研究的目的、方法、主要发现或价值观点等。有的学术性期刊要求是规范化的摘要模式。

9.1.4　摘要的撰写注意事项

(1) 摘要一般应说明研究工作的目的、实验方法、结果和最终结论等，而且重点是结果和结论。摘要采用第三人称的写法，不必使用"本文""作者"等作为主语。

(2) 摘要中应有数据、有结论，是一篇完整的短文，可以独立使用或引用，也可以推广。

(3) 结构严谨，表达简明，语义确切。摘要先写什么，后写什么，要按逻辑顺序来安排。句子之间要上下连贯，互相呼应。慎用长句，句型要力求简单。每句话要表意明确，无空泛、笼统、含混之词。

(4) 缩略语、略称、代号，除相近专业的读者能清楚理解外，非专业读者可能不理解，因此首次出现时必须加以说明。

(5) 英文题名以短语为主要形式，尤以名词短语最常见，即题名基本上由1个或几个名称加上其前缀和(或)后置定语构成。短语型题名要确定好中心词，再进行前后修饰。各个词的顺序很重要，如果词序不当，会导致表达不准确。

(6) 中文摘要一般不宜超过300字，外文摘要不宜超过250个实词。如有特殊需要，字数可以略多。

9.1.5　摘要的写作问题

(1) 摘要过于简单，未真实反映论文观点。有的学术论文，创新内容很多，但摘要却过于简单，甚至不分主次，本末倒置，一语带过，导致摘要无法真实反映论文观点。

(2) 摘要过于复杂，不能凸显论文观点。有的论文摘要内容写得过多，使读者看了不知所云，不能凸显论文观点；有的论文摘要铺垫过长，将无关紧要的文字植入其中，内容空泛、言之无物。对于这类摘要应去掉常识性内容，开门见山地直陈论文观点，用最少的字数把论文观点呈现出来，使读者一目了然。

(3) 摘要与提要混淆。

① 从内容的角度看，摘要是原文献的浓缩，它的信息量与原文等值。提要的内容则比摘要更广泛，即反映原文献的内容信息，对原文献进行评价，介绍研究的背景，或对文章进行评价等。

② 从写作目的的角度看，摘要的主要目的在于向读者客观呈现论文的观点或创新点，方便读者判断是否有再读原文的必要。提要的主要目的是向读者展示文章的主要内容、社会作用与价值等，起提示、推荐作用。

(4) 摘要语言表达欠妥当。摘要语言表达欠妥当主要表现在以下几个方面：

拓展阅读9-1

研究生表达能力培养

① 摘要中加入主观性过强或过于夸大的结论，如"国内首创""填补了空白""首次报道了"等夸大性评价。这类评价给人以自吹自擂之嫌，还会让人看出作者学术作风不严谨、不谦虚。

② 摘要中出现"本文""本研究""笔者"等做主语。摘要本来就是反映这篇论文观点的，所以无须再注明"本文"；观点也就是作者本人的，无须再用"笔者"。

③ 在撰写摘要时，有的作者过多使用抒情式的语言，如疑问句、感叹句或文学描写性语言。学术论文需要严谨的学术态度，摘要必须以严肃的态度，客观、公正地反映论文的观点，彰显其学术性，不能进行描写或抒情。

【思考题9-1】

分析下面论文中摘要的内容和编写是否规范。若不规范，分析原因。

解析

《阅读推广活动评价指标体系构建》一文编写的摘要为：[目的/意义]通过较为科学和系统地构建阅读推广活动评价指标体系，提高阅读推广活动的绩效。[方法/过程]比较国内相关文献提出的阅读推广活动评价指标、全民阅读体系及其指标，分析单个、单位和区域阅读推广活动的过程及其要素。[结果/结论]初步提出基于公共项目视角的阅读推广活动评价指标体系，共有管理绩效、技术绩效、经济绩效、社会绩效、生态环境绩效、可持续发展绩效6个一级指标，以及19个二级指标，92个三级指标。这些指标有待进一步实证和校正。

9.2　关键词

关键词作为论文的文献检索标识，是为了配合文献标引工作而从论文标题和正文中选取的能够表达全文主题信息的单词或术语。关键词密度是论文创作中的一个重要概念。关键词密度是指关键词在文章中出现的频率。合理的关键词密度有助于提高文章在搜索引擎中的可见度，但过度堆砌关键词可能导致内容质量下降。

9.2.1　关键词的作用

关键词有助于确定文章的主题和重点。作者会围绕关键词展开论述，确保内容紧扣主题，同时提高文章的可读性和吸引力。关键词对编制检索工具和文献检索起到至关重要的作用：一方面，关键词体现论文的核心内容；另一方面，通过关键词可以查到该论文。论文关键词标引质量的高低将直接影响论文的检索效率，进而影响其有效传播和高效利用。

9.2.2　关键词标引的执行标准

论文的作者是论文关键词的提供者，关键词选取不当，主要是作者对论文关键词的标引规则和方法掌握不好。换句话说，就是作者对论文关键词标引的标准了解较少。《中国高等学校自然科学学报编排规范》(修订版)、《中国高等学校社会科学学报编排规范》等对论文关键词标引的原则有明确要求，可自行查找阅读。

9.2.3　正确标引关键词

关键词的标引具有专指性，即一个词只能表达一个主题概念。关键词的标引是一项专业性很强的技巧性工作，既要求从思想上高度重视，又要掌握一定的原则和方法技巧，注意克服标引工作中的常见问题，积极探索标引规律，不断提高标引质量。

(1) 直接选取，属于原文中使用的自然语言，一般不经过处理。关键词首先从论文题名中抽取，当题名无法满足要求时再从摘要中抽取，必要时还要浏览全文，从正文中摘录抽取，以免造成漏标，遗漏重要信息。

(2) 除专用名词外，关键词应是词典中能查到的词，不能自造，能够表达原文的主题内容。关键词的选择要尽量依据《汉语主题词表》等词表类大型工具书以及各学科专业性词典，词语专业性和通用性要强，具有实际检索意义，注意避免选择泛化现象，否则达不到检索目的。

(3) 关键词少用非公知的缩略语，一般用名词或名词词组形式，不包括冠词、介词、连词、感叹词、代词、副词、形容词、动词，不包括通用词(如理论、报告、分析、方法、特点、目的等)和一些使用频率较高的词。

(4) 关键词标引的数量(标引深度)根据内容需要而定，一般以3～8个为宜，之间用分号隔开。关键词太少不能完全描述文献主题，太多则造成过度标引，关键词的多少依文献的研究内容而定，在主题内容和检索效率之间寻求平衡。

(5) 关键词的排序应有一定的逻辑组合关系和层次性，按词条的外延层次从小到大排列，要求首标词能揭示研究的主体对象及所属的学科范畴。关键词的标引层次顺序为：研究对象—研究类别—研究路径—研究结果。

(6) 英文关键词要与中文关键词一一对应，即在数量上相符，在排序上一致。注意：尽可能不用英文缩写，英文关键词的正斜体、大小写及标点符号(如英文中无书名号)等要注意书写规则。

9.2.4　标引关键词常见的问题

论文关键词经常会出现词义模糊宽泛、专指性差、检索价值不大的"不关键词"。这与关键词标引的专指性基本原则相背离，会降低论文的检索效率，进而影响论文的有效传播。论文关键词存在标引不当的问题，主要表现为标引的关键词不能准确反映论文主题，专指性不强，排列顺序的逻辑关系混乱，用词不规范等。例如，没有实质的检索意义；漏标，包括研究范围的漏标、研究时间跨度的漏标、著名人物的漏标、研究区域的漏标等；误标；过度标引。

【思考题 9-2】

自己假设一个关键词，检验能否通过该关键词快速找到自己想看的学术论文。

解析

9.3　综述

综述是对一定时间范围内某一学科或专题的原始文献中有价值的内容进行系统、全面的综合性分析与研究后，深入归纳整理出来的一种学术性文章。它能使读者以较少的精力、较短的时间对某一方面的研究状况建立起较为完整、明确、清晰的轮廓，使其概括性地了解某领域研究的内容、意义、历史、现状、发展水平和趋势。

9.3.1　综述的特点

综述能系统且全面地反映某学科、专业的研究动态和发展水平，包含的信息量极大，是了解专业领域研究现状、水平和动向的有效工具。综述通过收集和整理大量文献资料，为读者提供一个清晰、全面的研究背景。综述具有以下特点。

1. 新颖性

综述要求参考文献以近5年的为主，确保内容的时效性和前沿性。综述不仅仅是对已有研究的简单回顾，更是要通过搜集和分析最新的文献资料，获取最新的研究成果和动态，及时将这些信息和科研动向传递给读者。因此，综述应具有高度的新颖性，能够反映研究领域的最新进展和趋势。

2. 综合性

综述是对某一特定研究领域或主题的研究成果、理论观点和研究方法的全面总结和归纳。综述要求作者在写作过程中收集大量且全面的文献资料，并对这些资料进行归纳整理、分析研究。通过对文献资料的梳理和整合，综述能够呈现出该领域研究的整体面貌和发展趋势，体现其综合性特点。

3. 系统性

综述在撰写时需要围绕某一课题进行系统、全面、详尽的阐述。综述不仅要反映当前课题的进展，还要从多个角度进行横向比较和分析，以把握课题的发展规律和发展趋势。因此，综述具有系统性的特点，能够帮助科研人员从中发现前人研究中存在的空白和不足之处，为后续研究提供新的视角和思路。

4. 批判性

综述不是对已有研究的简单罗列和堆砌，而是在总结归纳的基础上，对相关内容进行深入的分析和评价。作者需要基于自己的学识和理解，对研究成果、理论观点和研究方法等进行客观的评价，提出自己的见解和观点。这种评价性特点使得综述能够更深入地揭示研究领域的真实面貌，为科研人员提供有价值的参考和启示。

5. 时效性

综述需要及时更新以反映最新的研究成果和动态。因此，综述具有明显的时效性特点。作者需要密切关注研究领域的最新进展，及时更新综述的内容，确保其与时代保持同步。

9.3.2　综述的种类

1. 叙述性综述

叙述性综述是对某一专题的大量文献所探讨的问题进行综合分析后编写而成的一种综述。它要广泛搜集有关这一专题的各种文献，进行系统的整理、罗列、压缩和综合，从中提取主要内容和研究成果，并进行概括性叙述。叙述性综述一般客观地反映原始文献中的学术观点和见解，但不深入分析内容的得失。

2. 事实性综述

事实性综述是对某一专题文献中的事实性资料进行系统的排比，并附以其他资料的一种综述。

3. 评论性综述

评论性综述是对某一专题文献进行全面深入的分析和研究，并进行论证评价的一种综

217

述，其特点在于"评"。

4. 预测性综述

预测性综述是对某一课题的有关文献进行科学的分析与综合，并对未来的发展趋势提出预测的一种综述。

9.3.3 综述的作用

一篇好的综述要有机地整合相关领域的不同研究成果，通常会评价研究成果，指出这些研究成果的异同，研究成果是否具有代表性，还有哪些遗留问题没有得到有效解决等。综述在分析、总结最新研究成果的基础上，为今后的研究指明方向，提出合理化建议。综述的作用具体如下。

(1) 为读者提供综合信息。综述可以节省读者(用户)查找和阅读专业文献的时间和精力，帮助读者了解学科、专业的发展历程和研究动向，以此作为参考来协助自己的各项工作。一篇好的综述表明作者熟知某一知识领域，由此而建立起当前研究的可信度和可靠性。通过综述，读者可以了解到作者熟知某一研究领域的主要问题，使读者对作者的研究能力、研究背景产生信心，从而促使读者有兴趣阅读该研究论文。

(2) 报道最新研究成果。综述展示了前期相关研究与当前研究之间的关系。一篇好的综述通常会为读者勾勒出某一问题研究的发展历程，将研究的起源、发展和现状展现在读者面前，将当前研究置于一个相关的大的研究背景之中。因此，综述不仅能为读者提供综合、全面、系统的有关信息，还是读者获取最新情报的有效工具。

(3) 为决策和规划提供依据。综述，尤其是报道动态信息的综述，汇集了某领域、某行业、某地区等的综合信息。一篇好的综述很好地总结和整合了他人的研究成果，有大量的科学预测，且从形式到内容都简明易读。综述往往会指出前期研究中存在的问题和不足，并建议新的研究方向，读者由此可能会为自己的研究找到突破口。因此，综述极易为决策者所接受，成为决策者作出决策的参考或依据。

9.3.4 综述的意义

对大学生来说，综述具有以下特殊的意义。

(1) 为学位论文的研究寻求有力的论证依据。综述是跟踪和吸收国内外研究和学术思想的最新成就，是了解科学研究前沿动向并获得新情报信息的有效途径，有助于掌握国内外最新的理论、手段和研究方法。从已有的研究中得到的启发不仅可以找到论文深入研究的新方法、新线索，使相关的概念、理论具体化，而且可以为科学地论证自己的观点提供丰富的、有说服力的事实和数据资料，使研究结论建立在可靠的材料的基础上。

(2) 避免重复劳动，提高研究的意义和价值。科学工作者应把人类历史上尚未提出的或尚未解决的问题作为科研的选题。从事这种研究才是真正有意义的科学研究。综述的作用就在于充分占有已有的研究材料，避免重提前人已经解决的问题，重做前人已有的研究，重犯前人已经犯过的错误。因此，大学生在确定学位论文选题之前一定要做好综述研究，提升研究的意义和价值。

(3) 综述是大学生学位论文的重要组成部分。作为大学生学位论文的重要章节，综述的作用在于介绍研究的现状，阐明选题设计的依据、研究的目的和意义，提出选题的创新之处。这样，既能反映选题的科学性、创新性和应用性，又可以使评审专家充分了解论文研究的价值，判断大学生掌握知识面的深度和广度，保证论文评审获得好的成绩。

9.3.5　综述的撰写步骤

在综述中，"现有研究的基础"体现在"综"上。综述通过梳理和分析，可以全面了解相关领域的研究现状，预测后续研究成功的可能性。"问题、不足和发展趋势"体现在"述"上，是综述撰写者结合自己的学术观点进行的反思与发现。综述的撰写步骤如下。

1. 选题

根据不同的研究目的和需要，综述的选题会有不同的思路。作者可以根据自身的兴趣或研究的需要来确定选题，也可以根据所占有的资料的质和量来确定选题。选题既不能过大，又不能过小。选题过大，作者可能会由于自身知识结构、时间、精力等因素所限而难于驾驭；选题过小，难以发现各事物之间的有机联系。

选题要反映学科的新成果、新动向。选题是否合理决定着综述撰写是否具有意义和价值。选题原则上应选择在理论和实践中具有重要意义的学科专题。围绕专题所涉及的各个方面，在综合分析和评价已有资料的基础上提出其演变规律和趋势，即掌握其内在的精髓，深入专题研究的本质，论述其发展前景。

在选定某个具体的综述题目时，作者需要认真考虑撰写的难度问题。一方面，撰写难度大，价值也大，发表的机会相应也多。另一方面，撰写难度要与本人的能力相适应。有些热点难点问题虽然受到较多关注，但是众说纷纭，归纳整理并不容易。有时看似填补了一个情报研究的空白，其实撰写难度相当大，未能充分考虑自己是否力所能及。

对大学生而言，综述研究的直接目的在于在分析掌握研究现状的基础上，确定学位论文的选题。大学生可以从以下几方面来确定选题。

(1) 从对现有研究缺陷的分析中寻找选题。现有研究的缺陷可能是方法论的局限性、理论基础的片面性，也可能是研究设计的不足或研究方法运用的不当等，这些研究缺陷必然会影响研究结论的正确性和普遍性。

(2) 大学生可以通过对不同甚至是矛盾观点的比较寻找选题。观点的不同可能是研究视角或方法的不同造成的，"没有一种研究方法能揭示一切"，任何单一的视角或方法所看到的或揭示的都可能只是事物真相的一面，大学生可以从对矛盾观点的比较分析中得到启示。

(3) 大学生可以结合自己的思考或实践经验，寻找那些尚未引起研究者注意的问题。

(4) 大学生可以尝试运用其他学科的理论或方法研究选题。求助于若干最有关系的学科和它们所提出与运用的一些观点，有很大好处。单一的视角或研究方法"就像戏院里的聚光灯，当用强烈光线照射舞台前方的某些部位时，就把大家的注意力集中在这些部位上，同时把其他特征降到背景和边缘的地位"；而多学科的视角或方法"就像所有灯光都照射在舞台上，人们的目光在整个舞台前后漫游"。将新的学科或方法引入某一领域的研究，用不同角度的"聚光灯"照亮研究对象的"某些部位"，有助于拓宽研究的思路与视野，全面认识研究对象。

2. 收集文献

确定选题后，就要着手收集与选题相关的文献。引用文献资料的覆盖面广、概括性强是综述的基本特点，充分阅读文献是写好综述的基础和前提。

收集文献可以是手工检索，即将自己阅读专业期刊上的相关文献做成读书笔记卡片，也可以用计算机检索的方法，通过各种检索工具、论文期刊检索获得，也可以从综述性文章、著作等的参考文献中查到有关的文献目录。

收集文献时，要采用由近及远的方法，找最前沿的研究成果，因为这些成果常常包括前期成果的概述和参考资料，可以使人快速了解某一研究问题的现状。

3. 拟定提纲

在收集了相关文献之后，大致浏览阅读一遍，确定是否将它们包括在综述中。接着对浏览过的资料进行综合研究，通过对比分析、分类归纳、排除重复、突出重点、层层推进的方法建立起符合综述内容要求的联系，在此基础上，拟定综述的提纲，准备撰写。

综述撰写者要以自己的观点来统率材料，使分散的、杂乱无章的文献片段材料变成脉络清晰、观点明确、论证严密、论据充分的逻辑化知识集合。综述提纲要缜密，条理清楚，紧扣主题。

4. 撰写综述

综述一般包括如下内容：①课题研究的目的及要解决的主要问题；②课题研究的主要方法、手段和过程；③课题领域的发展情况分析；④各种代表性观点及状况评述；⑤有关数据和情况；⑥解决有关问题的可供选择的建议和方案；⑦课题研究达到的水平、发展的趋势和可能出现的问题及对策等。综述内容一般是先概述课题的研究现状和发展水平，再评述现有观点和水平，最后是发展趋势和建议。

撰写综述时，撰写者应通过归纳概括，对各种观点兼容并蓄，切忌大段摘抄原文而使综述成为论文观点的罗列和情况汇集。同时，一定要尽可能使读者一目了然地看到所论专题研究的演变过程、现状、各个局部及全貌，包括所形成的各种学派、代表人物、代表作品、主要观点，以及在诸多观点中，哪些是相同、相近和相互补充的，哪些是对立、分歧的，其分歧的焦点、热点和重点在哪里，还有什么空白点和难点需要填补和突破，研究发展走向和趋势如何等。撰写者的立足点要高，要力求把学术界具有一定代表性、具有指导和借鉴价值的观点客观、真实、公正地提炼出来。

在综述的撰写过程中，引用文献切忌断章取义，概括原文意思也要准确无误，标注引文出处更要核准无误，并按国家标准实行标准化著录。综述的语言文字要规范严谨、简洁有力，要有鲜明的学术色彩，同时要注意针对不同的读者对象而采取不同的叙述方式，使综述具有一定的可读性，以免影响其利用率。

9.3.6　撰写综述时常见问题

(1) 文献搜集不全，遗漏重要观点。

① 文献搜集不全。由于资料搜集的范围或方法不当，部分综述可能未能纳入所有具有代表性的资料，导致综述内容不够全面。

② 遗漏重要观点。有些大学生由于资料搜集范围或方法不当，未能将有代表性的重要观点资料完全纳入研究的范围，或仅仅根据自己的喜好选择材料。其结果便是不能系统、全面地把握研究现状，或片面理解他人的研究成果，从而盲目地认为某问题或领域尚未被研究，使得自己的研究变成一种重复性的劳动。解决此问题的关键是找到适当的平衡。

(2) 缺乏深入分析。综述不仅应列举文献，还应对其进行深入的分析和批判。然而，部分综述可能只是停留在列举层面，缺乏深入的分析和比较。文献阅读不深入，简单罗列，"综"而不"述"。撰写综述必须充分理解已有的研究观点，并用合理的逻辑(包括时间顺序，观点的内在逻辑、相似程度等)将它们准确地表述出来。部分综述只是简单地将文献罗列出来，而没有进行系统的分类、归纳和提炼。这使得内容显得杂乱无章，缺乏内在逻辑。如果综述仅仅是将前人的观点罗列出来而未进行系统分类、归纳和提炼，就不利于厘清已有研究成果之间的关系，难以认清某问题研究的发展脉络、深入程度、存在的问题等，更不必说走到问题研究的前沿了。

(3) 个人观点在综述中占主体。有些大学生在撰写综述时，对研究现状的梳理和介绍只是一笔带过，用大量的篇幅进行评述，进而提出自己的研究设想，结果将综述写成了评论或研究计划。综述主要是梳理相关学科领域的研究现状及动态，厘清研究现状进展与困境，为后续的研究提供参考。因此，综述的重点在于"综"，即其主要部分应是对前人观点的客观阐释和分析；个人观点，即适当"述"，可以起到点睛式的评论或启示的作用，但不应是主体。

另外，综述提炼的观点必须以原始文献为依据，不能把观点强加给原作者；如果有不同的观点，可对原作者的观点进行评议，但论据必须充分，并能使读者分清哪些是原作者的观点，哪些是综述者本人的观点，不能混杂在一起。

(4) 避重就轻，故意突出自己研究的重要性。大学生写综述的目的是寻找学位论文研究的切入点和突破点。有些大学生在综述完成后，还是难以发现问题，便认为该领域已经无问题可以研究，为了完成论文便故意在综述中漏掉或弱化某些研究成果，或者放大已有研究的不足，以便突出自己研究的价值和意义。这样做的结果只能是重复研究。其实，未能发现问题的原因是多方面的，可能是自身的学术积累不够或思考不深入；可能是选题不当，过大或过小；也可能是学科发展处于"高原阶段"。但未能发现问题不等于没有问题，更不能随便拿一个研究过的问题敷衍了事。如果是自身原因，大学生应该在导师的指导下努力提高自身的水平，静下来认真深入思考，完成选题；如果是学科发展的问题，则可以尝试通过开辟新领域、使用新方法、提供新材料等方式完成选题。

一个人的智慧总是有限的，大学生通过撰写综述，对不同研究视角、方法，不同研究设计，特别是不同观点进行分析、比较、批判与反思，可以深入了解各种研究的思路、优点和不足，在掌握研究现状的基础上寻找论文选题的切入点和突破点，使自己的研究真正地"站在巨人的肩膀上"。大学生应通过学习、鉴别、汲取前人的研究成果，了解历史的经验，认识存在的问题，明确前进的方向，提高研究的效率和质量。

9.3.7 综述文章退稿原因

(1) 译文式：由几篇外国文献翻译拼凑而成。很多词语中文和外文混杂使用，文法不符合中国人的阅读习惯，看不懂，读不通，有些内容连作者自己也没弄明白。

(2) 读书笔记式：读几本书，抽出自认为重要的词句，摘抄下来，排列组合而成。其各部分单摆浮搁、交叉重叠，缺乏有机的联系。

(3) 选题不当：没有找到前沿的、热点的关键问题，知识陈旧，内容过时。

(4) 缺乏自己的相关研究及学术观点：不交代自己的工作与文章有何关联，不分辨各种观点的对错，不论述自己的看法。

具有前瞻性、引导性的综述论文，必须有好的选题，经过作者的思考、分析和归纳，包含作者已做过或正在进行的相关工作。若只是将他人的综述文章改头换面变成自己的，则是最不可取的。作者应选择在学术上有重要意义的议题，通过综合分析已有的文献资料，提出其内在精髓和演变规律，指出其发展前景，使读者对该议题的过去、现在和将来有一个全面的认识。总之，要让读者看了受启发、有帮助、有收获。

综述性文章的参考文献不必过多，但一定要新、要全面，也不要只谈国际，忽略国内有关研究现状。文献最好参考近5年国内外核心学术期刊上正式发表的研究论文。

【思考题 9-3】

阅读几篇研究综述性的论文，思考如何在撰写综述中兼顾创新性与可行性。

解析

9.4　学位论文的写作规范

你认为学位论文为什么重要？因为撰写学位论文是对大学生综合能力的考查。通过撰写学位论文，大学生可以深入探讨某个主题，提出自己的观点和见解，并用数据和事实支持这些观点。答辩是对学位论文的公开审查，通常由导师或专业领域的专家组成的评审委员会进行。在答辩过程中，大学生需要对自己的研究方法和成果进行解释，回答评审委员会提出的问题。答辩的目的是确保学生的研究工作具有学术价值和实际意义，并且能够清晰、准确地表达自己的研究成果。

　　学位论文是表明作者从事科学研究取得创造性的成果或有了新的见解，并以此为内容撰写而成，作为提出申请授予相应的学位时评审用的学术论文。根据相关编写规则，学位论文的相关内容和格式要求如下。

9.4.1　内容要求

　　学位论文的内容要求如下。

　　(1) 独立性。学位论文必须由学位申请者独立完成，从选题、资料搜集、方案确定、初稿到终稿，学生都不能完全依赖导师。导师只是起到指导作用。

　　(2) 专业性。学位论文只能以学术问题为主题，以学术成果为导向，以学术观点为论文核心内容。

　　(3) 创新性。硕士学位论文要求对所研究的课题有新见解或新认识，博士学位论文则要求对所研究的课题在科学上或专门技术上作出创造性成果。

　　总之，学位论文内容应层次分明、数据可靠、文字简练、说明透彻、推理严谨、立论正确，一般应由多个主要部分组成，包括但不限于封面、英文封面、学位论文原创性声明、学位论文使用授权声明、摘要、英文摘要、目录、图和附表清单、符号说明、正文、注释、参考文献、附录、个人简历、在学期间发表的学术论文及研究成果、致谢等。

9.4.2　格式要求

　　学位论文每部分一级标题从新的一页开始，各部分要求如下。

1. 封面
　　封面对学位论文起装饰和保护作用，并提供相关的信息，主要有学校代码，学号或申请号，密级，论文题目，培养院系，学科门类、专业名称，专业学位名称，导师姓名(职称)，完成时间，等等。

2. 英文封面
　　按照中文封面格式在封面相应位置填写英文名称，含中文封面的主要内容。

3. 学位论文原创性声明
　　学位论文原创性声明一般学校会有固定格式，提交时学位论文作者须亲笔签名。

4. 学位论文使用授权声明
　　学位论文使用授权声明一般学校会有固定格式，提交时学位论文作者须亲笔签名。

5. 摘要
　　摘要应概括地反映学位论文的主要内容，具有独立性和自创性，包括研究工作的目的、方法、结果和结论，要突出本论文的创造性成果。

6. 英文摘要

英文摘要与中文摘要相对应，外文大小写、正斜体书写应符合有关要求。

7. 目录

目录应将文内的章节标题依次排列。

8. 图和附表清单

图表较多时使用图和附表清单。图的清单应有序号、图题和页码。表的清单应有序号、表题和页码。

9. 符号说明

如果论文中使用了大量符号、标志、缩略词、首字母缩写、专门计量单位、自定义名词和术语等，应编写成注释说明汇集表。若上述符号使用数量不多，可以不设此部分，但必须在论文中出现时加以说明。

10. 正文

正文是学位论文的主体和核心部分，一般包括以下几部分。

(1) 引言：包括研究的目的和意义、问题的提出、选题的背景、文献综述、研究方法、论文结构安排等。

(2) 各章节：各章节之间互相关联，符合逻辑顺序。每一章一级标题应另起页。

(3) 结论：学位论文最终和总体的结论，应包括论文的核心观点，交代研究工作的局限，提出未来工作的意见或建议。

11. 注释

当论文中的字、词或短语，需要进一步加以说明，而又没有具体的文献来源时，可使用注释。但应控制论文中的注释数量，不宜过多。由于论文篇幅较长，建议采用文中编号加脚注的方式。注释一般在社会科学论文中用得较多。

12. 参考文献

参考文献是文中引用的有具体文字来源的文献集合。参考文献中列出的一般应限于作者直接阅读过的、最主要的、发表在正式出版物上的文献。参考文献应按文中引用出现的顺序排列。

13. 附录

有些材料编入文章主体会有损编排的条理性和逻辑性，或有碍于文章结构的紧凑和突出主题思想等，可将这些材料作为附录编排于全文的末尾。

附录的序号用A、B……表示，如附录A、附录B……附录中的公式、图和表的编号分别用A1、A2……表示，如图A1、图A2……，表A1、表A2……

拓展阅读9-2

《学位论文编写规则》(GB/T 7713.1 —2006)

14. 个人简历、在学期间发表的学术论文及研究成果

个人简历包括出生年月日，获得学士/硕士学位的学校、时间等；学术论文按发表的时间顺序列出，研究成果可以是在学期间参加的研究项目、申请的专利或获奖情况等。

15. 致谢

致谢是作者对该论文的形成作过贡献的组织或个人及参考文献的作者予以感谢的文字记载，语言要诚恳、恰当、简短。

【思考题 9-4】

下载 2~3 篇你感兴趣的国内相关专业硕士学位论文，仔细阅读并分析，看看内容格式是否规范。

解析

9.5　学术道德规范

国家层面为科研人员的论文写作及科研诚信建设提供了制度保障，并提出了相关要求。2024 年教育部出台《关于加强高等学校科研诚信建设和学术不端治理的指导意见》明确指出，高等学校是学术不端行为预防与处理的主体，必须充分认识科研诚信建设的重要性和紧迫性；科技部监督司发布了《科研单位科研诚信管理制度示范文本》，不仅明确了负责单位科研诚信建设工作的组织机构、主要职责，还对单位科研人员和各内设机构如何加强科研诚信管理、推进负责任研究提出了具体要求。

学术道德规范是指在从事科学研究的过程中，应严格遵守《中华人民共和国著作权法》(以下简称《著作权法》)、《专利法》、中国科协颁布的《科技工作者科学道德规范(试行)》等有关法律、法规、社会公德及学术道德规范，要坚持科学真理、尊重科学规律、崇尚严谨求实的学风，勇于探索创新，恪守职业道德，维护科学诚信。

大学生在学习和研究过程中需要遵循的道德规范还包括科学共同体内形成并得到广泛认可的学术活动中应遵守的基本伦理道德规范的综合体。

9.5.1　大学生学术道德规范的三个层次

从制定规范的不同主体来看，大学生学术道德规范可以分为三个层次：①国家相关法律规定，如《著作权法》《专利法》《计算机软件保护条例》等。这些法律、条例对科学研究活动中的违法行为有较清晰的界定，规定在科学研究活动中的"可为与不可为"。②各大学生培养单位制定的关于大学生学术道德规范的条例和规定。③科学界共同遵守的科学道德规范。具体而言，大学生学术道德规范包括但不限于以下方面。

(1) 在学术活动中，必须尊重知识产权，充分尊重他人已经获得的研究成果；引用他人成果时如实注明出处；所引用的部分不能构成引用人作品的主要部分或者实质部分；从

他人作品转引第三人成果时，如实注明转引出处。

(2) 合作研究成果在发表前要经过所有署名人审阅，并签署确认书。所有署名人对研究成果负责，合作研究的主持人对研究成果整体负责。

(3) 在对自己或他人的作品进行介绍、评价时，应遵循客观、公正、准确的原则，在充分掌握国内外材料、数据的基础上，作出全面分析、评价和论证。

(4) 尊重研究对象(包括人类和非人类研究对象)。在涉及人体的研究中，必须保护受试人合法权益和个人隐私，并保障受试人知情同意权。

(5) 在课题申报、项目设计、数据资料的采集与分析、公布科研成果、确认科研工作参与人员的贡献等方面，遵守诚实客观原则。搜集、发表数据要确保有效性和准确性，保证实验记录和数据的完整、真实和安全，以备考察。公开研究成果、统计数据等，必须实事求是、完整准确。对已发表研究成果中出现的错误和失误，应以适当的方式予以公开和承认。

(6) 诚实严谨地与他人合作，耐心诚恳地对待学术批评和质疑。

(7) 为研究成果作出实质性贡献的有关人员拥有著作权。仅对研究项目进行过一般性管理或辅助工作者，不享有著作权。合作完成研究，应按照对研究成果的贡献大小的顺序署名(有署名惯例或约定的除外)。署名人应对本人作出贡献的部分负责，发表前应由本人审阅并署名。

(8) 不得利用科研活动谋取不正当利益。正确对待科研活动中存在的直接、间接或潜在的利益关系。

9.5.2　大学生学术道德不规范行为

大学生学术道德不规范行为是大学生学术道德问题的一种突出表现形式，具体表现如下。

1. 科研过程中的不规范行为

科研过程中的不规范行为主要是指在立项、实施、评审研究项目或者报告研究结论等过程中存在的不规范行为，主要包括以下几个方面。

(1) 申报信息不实。为了顺利申报科研项目或者课题，谎报个人信息，包括年龄、学历、科研成果等方面。

(2) 编造数据。在没有实际参与科研的情况下，或在科研过程中遇到困难时，随意编造数据来支撑科研项目或课题结论。

(3) 夸大科研成果价值。在没有达到预期目标的情况下，对外宣称自己取得了显著的科研成果，达到了预期经济效益和社会价值。

2. 论文写作的不规范行为

大学生论文写作的不规范行为主要表现在以下几个方面。

(1) 抄袭严重。在论文写作过程中大量抄袭他人作品。

(2) 伪造数据。在数据、内容都没有一定的科学依据，更没有进行论证的情况下，就形成自己所谓的"研究成果"。

(3) 剽窃。把前人的研究成果，包括原理、模型、数据甚至结论，直接拿来当作自己的，这是严重的剽窃行为。

(4) 雇佣或充当枪手。花金钱雇人代写论文，或为了获得报酬，就代替别人写论文。

3. 学术诚信方面的不规范行为

学术诚信方面的不规范行为主要有以下几个方面。

(1) 引用他人的数据或者观点不标注出处。在撰写论文过程中，引用前人不少的数据或者结论，却故意不标注参考文献。

(2) 把他人在论文中表达的意思改头换面，有意隐藏他人的结论，甚至把他人论文的结论变成自己的。

(3) 随意标注参考文献。在撰写论文时，没有阅读或者搜集文献和资料，随意找几篇文章作标注。

(4) 随意署名。为了使自己的论文能够较快地发表，在未经他人(如知名人士或导师)同意的情况下署名投稿。

拓展阅读9-3

国务院学位委员会关于在学位授予工作中加强学术道德和学术规范建设的意见

9.5.3　案例学习

根据以下相关信息，请检索并阅读该图书中的相关案例。
书名：《研究生学术道德案例教育百例》。
作者：复旦大学研究生院。
ISBN：978-7-309-13749-1/G.1862。
出版日期：2018年7月。

【思考题 9-5】

根据大学生学术道德规范的相关条例和规定，思考如何遵守并避免学术道德不规范行为的发生。

解析

本章小结

信息写作是对现有研究不足的弥补或突破，任何研究课题的确立，都要充分考虑到现有的研究基础、存在的问题和不足、研究的趋势以及在现有研究的基础上继续深入的可能性。对大学生来说，查阅大量的参考文献、整合他人的研究成果、表达自己的观点、按照格式进行撰写，是信息写作的步骤。当然，在实际的写作过程中，不仅要按照本章介绍的信息写作的要求进行撰写；还要做到有理有据，需要通过对多次的实验结果进行比较分析、田野调查、相关访谈等，获得可靠的数据支撑。总之，信息写作是一个学习、思考、调研、写作的过程，是一个日积月累的过程。

思考与练习

1. 结合本章内容，评论下列论文中摘要的编写、关键词的标引、参考文献的格式是否规范。

(1) 阅读推广活动管理绩效评价要素和内容分析。

(2) "双一流"高校图书馆服务校园"双创"对策探析。

(3) 基于小数据的图书馆个性化服务伦理问题研究。

2. 从选题背景与意义探索方面想一想，你的研究课题是如何从现有知识体系、现实问题或实习实验中提炼出来的？试分析你的研究对学术界或实践领域有哪些潜在的贡献和影响。

3. 从文献综述与理论框架构建方面想一想，回顾相关文献，哪些理论或模型与你的研究最直接相关？它们如何指导你的研究设计？在你的研究领域是否存在理论争议或分歧？你的立场是什么？

4. 下载一篇综述类论文，根据综述的特点、常见问题、退稿原因等内容分析该篇综述的撰写是否规范。

5. 阅读《国务院学位委员会关于在学位授予工作中加强学术道德和学术规范建设的意见》，检索并阅读本校对大学生学术道德规范的相关条例和规定，以及对学位论文写作规范的要求。

第❿章

展望：信息素养教育趋势

　　信息素养教育是培养大学生终身学习能力的重要手段，是保障大学生具有适应高度信息化社会，具有竞争能力和创新能力的必然要求。网络和信息通信技术的迅猛发展为信息素养教育提供了更多软硬件保障和条件支持。同时，在"全民阅读"的大背景下，教育的主体开始趋向泛化和多元化，信息素养教育的模式和手段亟须创新和变革。本章将从大数据、AI和阅读三个角度剖析与探讨信息素养教育的新理念、新技术、新方法。

　　【场景】 随着互联网与通信技术的飞速发展，"互联网+社会服务"将成为行业应用的新常态，用户信息素养的培养也将更加注重数据素养、媒体素养、网络素养、学术素养等。你在日常的课题研究与学术活动中是否能够准确地区分数据素养与学术素养，是否能够准确地区分媒体素养与网络素养？大数据、AI技术的应用以及阅读活动的多元化开展是否使你的学术科研活动更加便捷与专业？对于上述问题的考虑，将在很大程度上帮助你掌握大数据、AI和阅读三者给信息素养培养带来的机遇与挑战。

　　▎**思维导图**

10.1　大数据与信息素养

党的十八大以来，习近平总书记从把握世界科技革命和产业变革的先机、抢占新一轮国际竞争制高点出发，审时度势作出了建设数字中国的重大战略决策。党的二十届三中全会提出加快构建促进数字经济发展体制机制，完善数字产业化和产业数字化政策体系，深刻把握数字化、网络化、智能化发展趋势，以数字经济创新发展加快培育新质生产力，赋能经济社会高质量发展。

大数据时代，数据被淹没在各种来源和形式的信息里，如何利用大数据对用户的信息素养提出了新要求。同时，大数据环境下用户信息行为呈现出对搜索引擎的依赖。用户习惯于简单易用的搜索引擎，却忽视了其他各类专业信息技术工具、数据库和高级检索模式的运用，以致很难获得全面准确的信息。面对这些问题，选择有效的途径来提升用户的信息素养成为当务之急。

10.1.1　大数据与信息素养的时代背景

1. 大数据的概念及其发展

大数据日益受到各行各业的重视和运用，已经成为人们研究的热点。大数据是指大小超出了典型数据库软件工具的收集、储存、管理和分析能力的数据集。大数据时代的到来，对用户来说，既是机遇也是挑战。在信息爆炸的时代，人们在信息流动市场的要求下，在入学、购物、登录账号等各种日常行为中都要提交个人信息，形成大数据。如果这些个人信息遭到不当的收集和利用，将会造成信息灾难，给用户带来不可预计的生命与财产损失。因此，对个人信息隐私的保护已经刻不容缓，用户信息素养的提高不容忽视。

随着社会信息化程度的不断提高，用户处理信息的方式也发生了变化。在数字化时代，人们获得信息的方式也由口耳相传转为网络信息检索。在大数据时代，用户缺乏的不是信息，而是如何从浩如烟海的信息中搜寻有用的信息。如何从繁芜无序的信息中搜索到有价值的信息成为亟待解决的研究课题。

【思考题 10-1】

大数据技术在现代社会中扮演着越来越重要的角色，其应用范围涵盖了多个领域，包括电子商务、金融、医疗、交通、旅游等。请结合生活实践思考大数据技术在上述领域都发挥了哪些积极作用。

解析

2. 大数据背景下信息素养的内涵

当前，信息素养处于一种以参与技术为支撑的多种社会化媒体共同营造的大数据环境下，移动互联网、各种智能终端、社交网络技术等广泛应用于人们的日常生活、工作和学习中，彻底颠覆了传统信息语境的可靠性、稳定性。在这种虚实结合的流动信息空间中，权威性、真实性、准确性甚至知识的概念已经逐渐改变。

在大数据时代背景下，信息素养的概念和内容正在泛化，除了传统内涵之外，还包括媒体素养、视觉素养、数据素养、学术素养等。信息素养是一个不断发展的动态概念，大数据环境对它提出了新要求，具体如下。

(1) 对信息处理能力提出了高要求。相对于可以用数据库二维逻辑表来表现的结构化数据，大数据环境下的海量数据，如文档文本、图片、超文本标记语言(HTML)、各类报表、图像和音频、视频等信息，大多以结构化或半结构化的形式存在。随着数据生成的自动化以及生成速度的加快，需要处理的数据量也急速膨胀，类型也更加复杂多样。

(2) 用户的媒体素养更加凸显。面对社交媒体和自媒体，信息素养对用户的要求更多地表现为媒体素养。社交媒体的产生，数据爆炸时代的来临，要求用户在大众传播资源面前具有独立意识和判断能力，对信息具有选择、质疑、评价的能力。同时，面对自媒体，用户要具备制作发布信息的能力。

(3) 信息素养不再局限于通用层次。信息素养教育日趋普及化，已经被社会共同认定为一种素养。2005年，联合国教科文组织(UNESCO)、国际图书馆协会联合会和美国信息素养论坛发布了《信息社会灯塔：关于信息素养和终身学习的亚历山大宣言》，宣称信息素养和终身学习是信息社会的灯塔，照亮通向发展繁荣与自由之路。2009年10月，美国总统奥巴马签署 "国家信息素养宣传月" 的议案，指出 "我们还必须学习掌握在任何情况下获取、整理和评价信息的必要技能，而非仅仅拥有数据"。2015年2月，ACRL发布了《高等教育信息素养框架》，以替代该组织之前制定的《高等教育信息素养能力标准》，对信息素养的概念进行了重新阐释，认为信息素养是 "信息的反思发现、理解信息如何生产与评价，以及利用信息创造新知识、合理参与学习社区的一组综合能力"。2017年，经济合作与发展组织(OECD)强调了信息素养的重要性，并指出在教学中整合信息素养标准可以解决学生研究策略不足的问题，并促进学生有效利用印刷、数字和免费网络资源。2021年，《中华人民共和国教育法》(2021年修正)指出教育要带有鲜明的中国特色社会主义的思想性，再造能够与社会实践相结合的人才培养体系以满足国家发展需求。同年，教育部印发的《高等学校数字校园建设规范(试行)》指出："信息素养培育是高等学校培养高素质、创新型人才的重要内容。"

【思考题 10-2】

从你的学科与专业角度分析，信息素养除了学术素养、媒体素养、数据素养等内涵，还应该包括哪些？

解析

3. 数据素养及其培养

在大数据时代，人们的生活、工作和学习中处处充斥着数据。课题研究中的资料来源、研究方法、研究过程及结论大都是以数据的形式存在的。庞大的数据背景推动社会的发展，对数据素养也相应地提出了更高的要求。在大数据领域，数据素养已成为信息素养内涵至关重要的组成部分。利用文献调查法、网络调查法，在中国知网、维普数据库中查看文献256篇，其中数据素养相关文献169篇，信息素养相关文献87篇(检索时间：2025年1月7日)。尽管这些文献对数据素养的定义各有不同，但归根结底数据素养包括三个方面：①数据意识，包括数据价值意识与数据安全意识；②数据能力，包括数据处理技能和数据应用技能；③数据伦理，包括批判精神和数据道德，是数据工作者的基本素养。另外，信息素养的侧重点在于信息的可搜寻和可利用，而数据素养的侧重点在于技术性更强的方面，如数据的生产、存储、管理与评价等。从测度体系方面来讲，信息素养注重搜寻可用信息的过程和客户的反馈。数据素养更加注重对结果的评价，包括数据是否准确、是否处理妥当、是否可以得到长久保存。总体来说，数据素养衍生于信息素养，是大数据时代信息素养产生的一个新的分支，是信息素养的重要组成部分，具备信息素养的基本特点，是信息素养概念的进一步提高和深化。

全面推进并落实数据素养教育，有利于国家人才培养和大学生知识水平的提升，有利于提高大学生的数据检索能力。当代大学生在大数据时代必须具备的知识框架内容主要包括数据密集型的知识环境、数据统计与分析能力等。因此，国家将数据素养教育纳入高等教育的改革行列是非常必要的。数据素养的主要推动者是图书馆。图书馆开展了许多讨论和实践。美国图书馆协会就曾指出：①图书馆工作人员是最好的数据素养教育者。例如，哈佛大学图书馆举办了图书馆员的"数据科学家"培训(一周一次，为期3个月)，在这一培训中，图书馆员自身的数据意识和数据处理能力得到了提高，同时服务方式发生了转变，使得客户的需求能够得到更好的识别。②图书馆可以提供最好的数据素养教育的课程，因为图书馆有大量的文献、数字资源、影像资源等，在资源管理、信息分析、数据管理方面具备一定的实际经验，在一定范围内，也可以整合数据素养较高的研究者，一同致力于数据素养教育。

10.1.2 大数据给用户信息素养提升带来的机遇

1. 海量的数据信息资源

世界经济与科技发展的全球化让我们国家的综合实力得到了提升，也拉近了我们与信息发达国家之间的差距。相对于过去较为闭塞的信息环境，我国对信息数据的开放更加成熟，特别是以BAT(B为百度简称，A为阿里巴巴简称，T为腾讯简称)为代表的传统互联网公司，在信息数据的开放与利用上已经达到了较高水平。其中，百度作为全球最大的中文搜索引擎，处理的搜索请求量巨大，每日处理60亿次搜索请求，拥有接近1000PB的数据存储量。这些数据不仅包括用户的搜索行为，还包括通过爬虫和阿拉丁获取的公共Web数据。阿里巴巴作为电商金融平台，掌握了海量的交易数据和信用数据。阿里巴巴通过其电商平台(如淘宝、天猫)收集了大量用户的购物行为和交易记录，这些数据对于分析用户偏好和市场趋势至关重要。对新浪微博的投资、对高德等的收购等行为，会进一步增加阿里巴巴可接触的数据量。腾讯则以社交数据见长，拥有超过5.6亿QQ活跃账户、13.8亿微信及Wechat合并活跃用户、5.85亿微博用户和超过1亿的视频用户。腾讯的数据主要来源于社交领域，包括文本、音频、视频和关系类的数据。同时，随着字节跳动、美团网、滴滴出行等移动互联平台以及其他地图类、通信类、娱乐类等互联网平台的普及，包括电信、金融、保险等多个领域，都至少是海啸级别的数据载有量，我们生活在一个数据量空前的时代。

2. 开放的信息采集途径

过去和现在对书目、刊物的阅读索引已然无法相提并论，过去因为信息技术不够便利及其他限制，我们无法触及很多所需要的资源。科学技术的进步以及大数据时代的到来，让我们有机会改变自己的习惯。相较于过去烦琐的步骤，手机和计算机成了网上图书馆，我们足不出户便可获取所需的大量资源。同时，书店中丰富的书目被智能化地进行了分类鉴别，更多的专业书籍被划分出来，我们不再像过去那样难以找寻资源，我们能更高效、更有目的地搜集信息。

国内高校图书馆作为一个庞大的资料库，更是为高校学生采集信息提供了保障。每所高校的图书馆一般都会购买指定的书目，并且实时补充最新的书籍以供学生阅读。同时，高校会定期组织开展各类教授专家的讲座论坛，让学生有机会近距离体验知识。

【思考题 10-3】

在日常科研活动中，除了高校图书馆采购的各种中外文数据库资源，你曾使用过哪些开放资源获取渠道？效率与优劣如何？

解析

3. 精确的信息传播途径

大数据对信息的精确传播意义巨大。下面用两个例子来简单说明。例如，我们在不同的两个时间点走进同一家餐厅，餐厅提供的菜品是不一样的。因为可以通过技术手段让计算机智能分析人数，并且搭配出最适合的、最有效率的饭菜。等候的人多就提供可以快速就餐的简单餐食，等候的人少就可不用着急赶工，制作一些复杂的、高利润的菜品。又如，博物馆科技人员依据大数据进行视频开发和优化。若一个视频被大量观看，通过大数据分析出其中某一段被反复地回放，优化人员就在这个时间点设置讲授知识难点，来提高观看视频的效率。由此可见，在大数据时代，庞大的数据让我们做任何事都有了分析的资料背景，可以把每个人区分开来进行个性化的服务。伴随着科学技术的进步，信息传播路径自然发生变化，烽火狼烟、飞鸽传书这样单纯的信息传递早已经满足不了需求，我们更看重的是在信息传播的过程里，满足每个独立个体的需求，让信息传播更加精确。

《舌尖上的中国》能在海外热播也是这个道理。在大数据时代，信息传播的过程中传播者对传播对象的选取进行了很好的定位，更精确地定位了每个人的根本需求。吃，是全世界每个人的基本需求，能使大多数人产生共鸣。传统的纪录片往往过于严肃，让人感到气氛压抑，而最简单、最贴近生活的东西能让人们的情怀得到释放。因此，在全球化的大数据时代，在信息传播上更要重视和利用这种精确的传播方式，才能更有效地获得自己所需的资源。

4. 先进的信息技术与设备

信息技术的发展对现代社会的影响是全面的，特别是互联网的发展对传统工业产生了强烈的冲击。例如，二维码、数字技术、机械自动化、移动平台、企业资源计划(ERP)等技术的创造发展，让很多传统的工业企业迅速融合到现代化自动化的进程中。但硬件上的提高补充只是一部分表现，时刻关注企业内部变化，能够做到实时应对突发情况，了解在变化的过程中产生的各种不确定性，这正是我们所要关注的。

技术、设备的升级创新是大数据时代所配套的硬件设施，很多工业的转型升级、质量的提高等，都对传统行业的变革产生了重大影响。以全球制造业巨头——通用电气为例，在其发展蓝图中，大数据从来都是不可或缺的一环，这是他们打通互联网的重要法宝。利用大数据，他们将自己的资源整合利用，最大化地减少了浪费。在他们看来，合理利用大数据所提高的效率和创造的价值不亚于一次工业革命的意义。通用电气的这一决定给相关部门带来了翻番的利润增长。汽车制造商特斯拉也同样利用大数据技术，对用户的驾驶习性进行收集，如刹车点、油口踩的重度、转向盘的旋转度等，将这些数据结合技术部门以及市场部门进行再一次的信息提取，进而实现产品研发创新。在设备、产品诊断和预测方面，波音公司的飞机发动机、燃油系统、液压和电力装备等，每30min就会产生10TB的数据，用于诊断和预测故障，降低事故率，延长产品生命周期。

由于有了大数据的存在，我们从提取它们解决问题创造价值的过程中感受到了时代的变化，也一步步学会了最聪明的做事方法；要懂得把事物数据化，这样能得到最客观的分析，并且从数据中最精准地反映所涉及的问题，先进的技术设备现在足以做到这点。

拓展阅读10-1

数字经济时代数据成为"新石油"提炼之后才有价值

10.1.3　大数据背景下提升用户信息素养的路径与趋势

1. 数据分析能力的提升

大数据背景下，数据分析能力的提升成为信息素养教育的关键组成部分。随着数据量的激增，传统信息处理方式已无法满足需求，这促使我们转向更加高效的数据分析工具和技术。例如，利用机器学习算法进行数据挖掘，不仅能快速处理海量数据，还能从中发现隐藏的模式和趋势，为决策提供有力支持。在这一过程中，掌握数据预处理、统计分析和可视化等技能变得尤为重要，它们共同构成了数据分析能力的核心要素。

信息素养教育需与时俱进，融入大数据分析的教学内容。部分高校和公共图书馆作为信息素养教育的重要场所，已经开始探索与实践新的教学模式，如采用项目导向学习、翻转课堂等，旨在提升学生解决实际问题的能力。这些创新模式鼓励学生主动参与数据分析项目，通过实践加深对数据科学原理的理解。同时，教育者需引导学生认识到数据伦理的重要性，确保数据分析活动合法合规，尊重个人隐私权和数据安全。

为了应对大数据时代的挑战，信息素养教育还应强调跨学科知识的融合。数据分析不再局限于计算机科学领域，而是广泛应用于社会科学、医学、经济学等多个领域。因此，教育计划应涵盖跨学科案例研究，让学生了解数据分析在不同领域的应用，激发其创新思维，培养其终身学习的习惯。通过这样的教育，学生不仅能掌握数据分析的具体技能，还能培养批判性思维和解决问题的能力，为未来的职业生涯奠定坚实的基础。

2. 信息筛选与评估技巧

在大数据时代，信息筛选与评估技巧成为个体必备的技能之一。面对海量信息，用户需具备区分信息真伪、价值高低的能力，以确保所获取信息的准确性与可靠性。这不仅关乎个人的学习效率与生活质量，还直接影响决策的质量与结果。因此，培养敏锐的信息感知力、精准的信息辨别力以及审慎的信息评估意识，成为提升信息素养的关键环节。

具体而言，信息筛选涉及对信息来源的甄别、对信息内容的提炼以及对信息时效性的考量。在信息筛选过程中，用户应优先考虑权威性高的信息源，如学术期刊、政府发布、知名媒体等，同时结合信息的更新频率与发布时间，确保所获取信息的新鲜度与实用性。此外，学会使用关键词搜索、高级搜索语法等技巧，能够显著地提升信息检索的效率与精度。

信息评估则更侧重于对信息质量的判断，包括信息的客观性、完整性和可信度。用户应学会识别信息的偏见与立场，检查信息是否经过多方验证，以及是否存在潜在的利益冲突。在信息评估过程中，交叉验证是至关重要的一步，即通过对比不同来源的信息，来确认信息的一致性与真实性。同时，利用数据分析工具对信息进行量化分析，也能帮助用户更直观地理解信息背后的趋势与规律，从而作出更为明智的判断。

3. 创新思维与终身学习

在大数据时代，创新思维与终身学习成了提升信息素养不可或缺的要素。创新思维鼓励个体超越传统框架，从多元视角审视信息，激发批判性思考，从而在海量数据中提炼出有价值的知识。终身学习则强调持续性的自我提升，适应信息环境的快速变化，确保个人能够不断掌握新技能，应对信息时代的挑战。信息素养教育内容的宽泛化要求学习者不仅要掌握信息检索技能，还需培养元认知能力，注重知识创造和共享，以及批判性思维的培养。

创新思维的培养需要教育体系的支持，特别是在高等教育阶段。高校应设计多样化的数据素养课程，培养学生的"数据思维"，并建立数据实验室，让学生在实践中学习数据分析和处理的技巧。同时，终身学习的推广需要构建一个支持性学习环境，利用在线资源和社交网络，促进知识的交流与共享。这不仅有助于个人技能的提升，还能提高社会整体的信息处理能力。

终身学习和创新思维的结合，促进了跨学科融合视角的形成。在大数据背景下，单一领域的知识已不足以应对复杂的信息挑战，跨学科的知识整合变得尤为重要。学习者应主动探索不同领域的交叉点，利用大数据技术挖掘潜在联系，促进知识创新。例如，管理科学与工程领域的大数据素养培养，就需要学生掌握数据分析能力，同时理解行业特点，以创新的方式解决实际问题。这种跨学科的视角不仅提升了个人的信息素养，而且为社会创造了更多价值。

4. 跨学科融合视角与技能

跨学科融合视角在大数据时代提升信息素养的过程中扮演着至关重要的角色。随着科技的迅猛发展，信息素养不再局限于单一学科的知识与技能，而是跨越多个领域，要求个体综合运用不同学科的思维方式和工具，有效处理海量数据。例如，在管理科学与工程领域，专业人员不仅需要掌握数据分析技能，还需理解信息伦理和社会责任，这正是跨学科融合视角下信息素养培养的目标所在。

大数据环境下，信息素养的提升需要教育者和学习者共同构建一个多元化的知识体系。图书馆作为知识传播的重要场所，开始探索互惠教学模式，鼓励学生在不同学科间建立联系，利用虚拟现实(VR)技术模拟真实场景，提升信息处理能力。同时，"雨课堂"等新型教学平台的应用，促进了师生互动，使得信息素养教育更加生动有趣，激发了学生的学习兴趣和创新思维。

从实践层面看，跨学科融合视角下的信息素养教育强调实际操作和项目导向，让学生在解决复杂问题的过程中学会整合不同学科的知识，培养批判性思维和终身学习的习惯。例如，在数据分析课程中，学生不仅学习统计学原理，还了解计算机编程语言，甚至涉及心理学和社会学，以全面的视角审视数据背后的社会现象。这种全方位的教育模式，不仅提升了学生的专业技能，更增强了他们适应未来社会变化的能力。

10.2 人工智能与信息素养

2024年6月20日，2024世界智能产业博览会在天津开幕，国家主席习近平向博览会致贺信，指出人工智能是新一轮科技革命和产业变革的重要驱动力量，将对全球经济社会发展和人类文明进步产生深远影响。我国高度重视人工智能发展，积极推动互联网、大数据、人工智能和实体经济深度融合，培育壮大智能产业，加快发展新质生产力，为高质量发展提供新动能。

人工智能的突破性进展是人类发展史上一个重大转折，它将使人类的思维方式和工作方式发生重大转变，将推动信息时代进入人工智能时代，推动信息社会向智能化社会转型。当前，人工智能技术的飞速发展与广泛应用对用户素质提出了新的要求，编程能力、计算思维及对智能化社会的深度认知，成为人工智能时代学生信息素养内涵的重要内容。

10.2.1　人工智能与信息素养的发展

1. 人工智能的发展过程

人工智能是信息科学领域前沿的学科之一，它对医疗、交通、商业、航天、农业等领域产生重大影响。智能机器的诞生，改变了传统的工业和农业生产方式，代替人类做单调重复性工作，帮助人类节省了时间和精力，更好地投入创造性工作，极大地提高了生产和工作效率，这也必将影响我国未来的人才培养和就业。

2015年5月，国务院发布的《中国制造2025》把实现世界制造强国作为总目标，并提出9项战略任务和重点。该文件重点强调了人工智能技术对于各行各业发展的重大应用价值，并阐明了人工智能技术能够促进战略任务的完成和实施。2017年7月国家发布了《新一代人工智能发展规划》，2017年12月工业和信息化部印发了《促进新一代人工智能产业三年行动计划(2018—2020年)》，标志着人工智能产业已上升为国家战略。2024年6月，工业和信息化部等四部门联合印发的《国家人工智能产业综合标准化体系建设指南(2024版)》提出，到2026年，标准与产业科技创新的联动水平持续提升，新制定国家标准和行业标准50项以上，引领人工智能产业高质量发展的标准体系加快形成，参与制定国际标准20项以上，并促进人工智能产业全球化发展。

由此可见，开展人工智能教育是人工智能时代所赋予的使命，培养能够发现问题，综合运用多学科知识解决问题的创新人才是教育界面临的重大挑战，也是构建创新型国家的必备条件。当前，推进学生学习人工智能技术，形成人工智能学科的话语体系和思维方式非常紧迫。在学生发展个性化、社会发展智能化的今天，信息技术教育的培养目标、内容、方式和评价都需要顺应人工智能时代的变迁，以满足国家人才战略需求。而满足智能化社会需求的创新人才，需具备良好的计算思维、编程能力和对智能化社会的深度认知。

【思考题 10-4】

根据你对人工智能的理解，请简要说明你接触或了解过的人工智能产品或技术应用都有哪些。

解析

2. 人工智能背景下的信息素养

信息素养是建立在信息技术基础上的一个多元化、有层次的概念范畴，是集信息技术知识与技能、信息观念与意识、信息伦理与道德、利用信息技术解决问题的思维与创新技能于一体的综合素养，其内涵具有动态性和发展性。随着21世纪"互联网+"的深入广泛影响，人工智能得到迅猛发展并影响深远。信息素养不仅关注技术应用，更注重数据素养、媒体素养等素养，强调利用信息创造新知识，注重信息交流能力和解决问题能力。

对信息素养的表征，社会、媒体、教育等领域依据自身特征已经衍生出信息能力、媒体素养、数字能力、互联网素养、信息技术素养、数字素养、数字能力等类似概念，到目前为止尚没有统一的术语，也没有公认的定义。欧美发达国家多用数字素养取代信息素养；联合国教科文组织用数字能力(digital competence)囊括前述各种素养，认为"数字能力指能够通过数字设备和网络技术，安全、适当地访问、管理、理解、集成、交流、评估和创建信息，以参与经济和社会生活。它包括各种素养，即计算机素养、信息技术素养、信息素养和媒介素养"。

当前，人工智能技术引发科技变革，推动人类社会从信息时代进入智能时代，知识获取和能力培养的方式发生了颠覆性变化。技术不再是游离于人类个体之外的辅助和补充，而是以智慧和普惠的形式，人机共存，虚实并行，形成人、物理世界、智能机器、虚拟信息世界构成的四元空间。未来公民的信息素养也需要从数字化、网络化向智能化升级，既要具备熟悉人机深度协作的意识观念，又要能够利用人工智能技术解决问题的思维及行为，具备对智能化社会的深度认知与应对由此引发的伦理和道德问题的能力。从信息素养概念和内涵的发展历程可以发现，信息素养已经从强调技术本身发展到重视综合素养或跨学科素养的阶段。

拓展阅读10-2

生成式人工智能浪潮下提升大学生数字素养的价值

10.2.2　人工智能给用户信息素养提升带来的机遇

1. 计算思维成为智能化社会公民的重要素养

2024年，《美国国家教育技术计划》对新时期学习目标的描述是：让所有学习者参与并提升校内外学习体验，使其成为全球网络社会中积极、有创造力、知识渊博且有道德规范的参与者，注重培养学习者在多个维度的素养，尤其将创造力置于首要位置，突出了对学生创新能力的重视。值得一提的是，该计划继2017年《美国国家教育技术计划》之后再次提出并完善了"知觉学习模块(perceptual learning modules)"的概念。所谓知觉学习，即学生对外在环境快速判断并从繁杂信息中提取关键信息的能力。这种能力有助于提升学生的记忆力和临场反应能力，且旨在增强学生在信息时代的信息处理和应对实际问题的能力。

我们认为，该计划为信息素养注入了新的内涵，即对于学习者来说，面对网络世界中繁杂的信息，学会把信息抽象和分解，以具备完成复杂任务的重要能力。这种抽象与分解，需要掌握并完成问题的界定，数据的组织与应用、分析，随之实现问题的解决。这种能力与国际教育技术协会(International Society of Technology in Education，ISTE)和计算机科学技术教师协会 (Computer Science Teachers Association，CSTA) 所提出的计算思维(computational thinking)内涵基本一致。ISTE和CSTA对计算思维给出了操作性定义：问题解决过程，涉及问题的阐述、数据的组织、分析和呈现，包含解决方案的制订、识别、分析和实施，以及问题解决过程的迁移。

2. 编程能力成为实现创造力培养的重要支撑

《2017地平线报告(基础教育版)》指出，STEM(science，technology，engineering，mathematics)教育能将计算机知识、解决问题和创造力结合起来，将成为增强国家经济实力的重要方式。编程作为STEM教育中重要的一部分，其作用在于帮助学生了解计算机运行规则，激发学生计算思维，培养学生编程素养，使学生更好地适应未来的发展趋势。如今，越来越多的国家意识到计算思维的重要性，并将编程教育纳入基础教育。人工智能相关理论与技术的快速发展，能够促进跨学科学习环境搭建，逐渐消除不同学科之间的障碍。人工智能技术对于教学环境的支持，将改善现有的学习方式，使其由被动转向主动，使课程内容与现实联系更加紧密，使课程目标由获取知识转向创造知识及问题解决能力的培养，以帮助学生借助编程完成协作性问题解决和复杂性计算。

3. 满足人机协同工作需求，掌握与机器人协作的技能

剑桥大学风险评估研究中心的联合创始人Lord Martin Rees表示，人工智能引发的将不仅是蓝领工作即将消失，学校、家长与社会更应关注未来就业市场的变化。但当前的学校课程，尤其是中学课程，并没有反映机器人技术和人工智能技术带来的变化。计算机编程课程需要更高一级的教学目标，才能提升学生的创造力。人工智能的快速发展将给劳动力市场带来重大变化，有些工作岗位会被机器人取代，同时会有新的工作机会产生。正如伦敦大学教育学院的人工智能教育专家Rose Luckin所言，未来社会的许多工作需要专业人士与机器人共同开展，即人与机器人协同工作将成为常态。因此，问题解决能力、协作能力和创造力变得越来越重要，学校应与时俱进地更新课程体系，学生应花费更多时间和精力学会在合作中解决问题，并了解更多的人工智能基础知识及人工智能对智能化社会的塑造。

4. 人工智能改变图书馆信息素养教学模式及资源组织模式

伴随人工智能时代浪潮的到来，传统资源建设模式下的图书馆信息素养教学也发生了改变。人工智能技术能很好地针对不同的信息资源、不同的领域问题、不同的用户需求，进行智能化整合处理，搭建大数据平台，整合资源及管理者、图书馆教学主客体等相关用户，为图书馆教学提供有价值的参考。在人工智能技术的影响下，传统的信息服务模式也从被动提供文献资源向主动服务读者、培养信息技能的方向转变。

人工智能以对人体感官信息认知的虚拟化为显性特征，如面部识别、3D虚拟技术、语音识别技术等信息数字化处理，以达到模拟人脑认知的目的。以往的信息组织以叙词表和编目为主，手段单一，过程机械烦琐。将人工智能引入信息组织可以实现语义信息自动化标引、自动识别计算自然语言、解析海量的语义数据。这些技术可以极大地拓展以往传统的信息编译方法和模式，为用户提供更人性化的信息服务。用户可以更流畅、更便捷地检索、使用和查询信息，实现信息组织的自动化处理。

人工智能经历了从"智能化运算"到"智能化认知"的由低到高的发展过程。人工智能技术通过集成算法、数据、模型等先进的技术优势全面整合数据资源，并可以智能化挖掘数据价值，分析用户行为偏好，自动筛选满足用户需求的信息。在图书馆信息素养教学变革中应用人工智能技术是必由之路：将人工智能技术引入图书馆教学的全过程，淘汰机械性、重复性、简单化的程序。在图书馆检索教学、知识推送、好书推荐、知识共享等方面实现智能化，可以打造满足学生需求的图书馆信息素养教学模式。

解析

【思考题 10-5】

请结合CANVAS、超星泛雅、钉钉直播等线上教学平台的使用体验，思考未来在信息检索教学活动中有哪些环节可以引入人工智能技术或功能以提升授课效果。

10.2.3　人工智能背景下提升用户信息素养的路径与趋势

1. 强化人工智能信息素养教育

国际政策导向与趋势表明，人工智能在教育领域的融合已成为全球共识。联合国教科文组织在其最新报告中指出，人工智能技术不仅能够提供个性化学习支持，尤其对残疾学生或偏远地区学生而言更为重要，而且引发了对数字鸿沟、数据安全及伦理问题的关注。鉴于此，各国政府纷纷出台相关政策，推动人工智能素养教育的发展，旨在缩小技术差距，提升全民的信息处理能力。例如，欧盟推出了"数字教育行动计划"，强调在教育体系中整合人工智能，以培养学生的数字技能和批判性思维。

发达国家在人工智能信息素养教育方面进行了率先尝试，通过多元化的教育模式和跨学科的整合，形成了"人工智能+信息素养"教育的一些优秀案例。例如，美国亚利桑那大学图书馆构建了一套全面且系统的人工智能素养教育服务体系，以满足学生日益增长的信息素养提升需求。在基础知识普及方面，通过开设讲座、工作坊等形式，向学生介绍人工智能的基本概念、发展历程、核心技术等基础知识，让学生对人工智能有一个初步的认识和了解；同时，举办"人工智能入门讲座"，邀请专业的人工智能学者为学生讲解人工智能的起源、发展现状以及未来趋势，介绍机器学习、深度学习等核心技术的基本原理和应用场景，激发学生对人工智能的兴趣。再如，加拿大新不伦瑞克大学在利用人工智能提升学生信息素养方面也采取了一系列积极且富有成效的举措。在课程设置方面，学校积极调整课程体系，融入人工智能相关内容。对于计算机科学专业的学生，深化人工智能课程的深度和广度，涵盖机器学习、深度学习、自然语言处理等前沿领域，使学生能够系统地掌握人工智能的核心知识和技能。同时，针对非计算机专业的学生，学校开设普及性的人工智能课程，如"人工智能在医疗领域的应用""人工智能在金融行业的创新"等，让不同专业的学生都能了解人工智能在其专业领域的应用，拓宽学生的知识视野，培养学生跨学科运用信息的能力。

我国也在人工智能信息素养教育和实践方面进行了卓有成效的探索与创新。例如，山东大学图书馆与创新创业学院联合推出的创新和学术信息能力成长微学堂，以"人工智能+信息素养"为主题，帮助师生提高信息素养、学术素养与人工智能素养。微学堂的课程内容丰富，涵盖文献检索、阅读、管理及写作等多个环节，教授利用人工智能工具提升科研效率。学生通过人工智能工具，能够快速获取大量相关文献，并且利用智能写作辅助功能，优化论文结构和语言表达。同时，在论文撰写过程中，智能写作助手能够帮助检查语法错误、提供同义词替换建议，使论文质量得到显著提升。再如，华东师范大学推出"数智跃升计划"，开设65门人工智能课程，涉及150多个教学班，6 000多人次选课。该计划主要包含两个方面的人工智能应用：一方面是传统专业向人工智能方向升级和转型，如开设新闻学、数据科学与大数据、心理学与计算机科学与技术等6个AI+双学位项目；另一方面是人工智能与专业的融合，推出AI+×和AI+AI双学位项目，以及AI+数学、AI+地理等微专业，让学生能够跨学科学习，掌握人工智能技能。与传统数据分析方法相比，人工智能技术能够处理更复杂的数据，发现一些以往难以察觉的关联，极大地拓展了研究的深度和广度，提升了学生在跨学科领域运用信息和技术的能力。此外，中国知网联合南京信息工程大学图书馆举办"cnki有约·人工智能开启信息素养新篇章"线下讲座培训活动。讲座内容包括人工智能背景下思考方式的转变、中国知网AI对科研的助力体现、国内外人工智能应用案例等，使大学生对人工智能在学术研究中的应用有了更清晰的认识，能更熟练地利用中国知网AI快速定位相关文献，分析研究趋势，为课程论文写作和学术研究提供了很大的帮助。

高校在人工智能素养教育中承担着培养未来科技领导者的重要使命。然而，面对快速变化的技术环境和多元文化的学生群体，高校面临着诸多挑战：①课程设置需要紧跟技术前沿，不断更新教学内容以反映最新的人工智能发展趋势；②教育者需考虑不同文化背景学生的学习习惯和认知特点，设计更加包容和适应性强的教学方法。因此，高校人工智能素养教育的未来方向应当是在深化技术教育的同时，优化课程设计，引入更多实践环节(如案例分析、项目合作等)，以提高学生的实际操作能力和跨文化协作能力。此外，高校还应重视伦理教育，引导学生关注人工智能技术的社会影响，培养负责任的人工智能使用者和开发者。

2. 重构图书馆信息素养提升角色定位

图书馆作为知识的宝库和终身学习的中心，在信息素养教育中扮演着至关重要的角色，已经成为推动信息素养教育的重要平台。人工智能背景下，全面重构图书馆在信息素养教育中的角色定位旨在提升公众对人工智能的理解和应用能力，提升社会整体的科技素养水平。

(1) 服务内容的创新与优化。在图书馆服务内容的创新与优化方面，人工智能技术的应用正引领着一场深刻的变革。通过智能算法的引入，图书馆能够更高效地处理海量数据，实现信息的快速检索与精准匹配，极大地提升服务效率与质量。例如，借助人工智能技术，图书馆可以实现24小时无人值守服务，用户无论何时何地都能获取所需信息。这种全天候、无缝隙的服务模式显著提升了用户体验，同时降低了运营成本，减少了人为错误，提高了服务的可靠性。进一步地，人工智能技术还能根据用户的浏览历史和兴趣偏好，主动推送定制化的阅读材料，实现了从被动服务向主动服务的转变。这种个性化的服务不仅满足了用户多样化的需求，还促进了知识的广泛传播与深度挖掘。图书馆通过分析用户行为数据，能够深入了解不同用户群体的特点，从而调整服务策略，提供更加贴心、人性化的服务。此外，人工智能技术的应用还推动了图书馆信息服务模式的创新，使图书馆信息服务从传统的资料收藏与借阅，扩展至知识咨询、在线教育、文化交流等多个领域。图书馆不再是单纯的信息存储中心，而是成为知识共享与创新的平台，通过举办各类线上讲座、研讨会等活动，促进了学术交流与公众教育，展现了图书馆在新时代下的多元价值与社会影响力。这一系列的变革既提升了图书馆的服务水平，也为构建智慧型、学习型社会奠定了坚实基础。

(2) 人文思维与关怀的培养。在人工智能日益渗透至教育领域的背景下，图书馆作为信息素养教育的关键平台，承担着培养人文思维与关怀的重要职责。图书馆通过整合人工智能技术，不仅提升了信息检索与服务效率，还促进了深层次的人文交流与理解。例如，智能推荐系统能够根据用户的兴趣和历史记录，提供个性化的阅读材料，这不仅提升了了学习体验，还提升了跨文化的理解和尊重。图书馆员利用人工智能工具，可以更有效地管理和分析海量信息，从而有更多时间专注于策划文化活动(如讲座、研讨会和展览等)，这些活动旨在激发学生的批判性思维和社会责任感。同时，图书馆在推动人工智能素养教育的过程中，特别重视人文素养的融合。这意味着教育不仅仅是技术技能的传授，更是价值观、伦理观和审美观的培养。通过开设工作坊和课程，图书馆引导学生探索人工智能技术背后的哲学、伦理和社会影响，鼓励他们思考技术进步与人类福祉之间的平衡。例如，讨论会围绕人工智能在就业市场、隐私保护和算法偏见等方面的影响展开，促使学生形成全面的观点，理解技术的双刃剑性质。此外，图书馆作为信息素养教育的中心，正积极探索如何利用人工智能技术来增强这一过程。智能助手和虚拟现实技术被引入，以提供沉浸式的学习体验，让学生在模拟环境中练习信息评估和道德决策技巧。这种结合了高技术与深人文的教育模式，旨在培养既精通技术又富有同情心和批判精神的未来公民。图书馆通过这些创新实践，不仅提升了学生的信息处理能力，还深化了他们对社会复杂性的理解，为构建更加包容和智慧的社会作出了贡献。

(3) 业务拓展与深度服务。图书馆在拓展业务与深化服务的过程中，日益重视人工智能技术的应用。通过智能分析读者的借阅记录、兴趣偏好以及在线行为，图书馆能精准推送定制化的阅读资源，提升读者体验。例如，利用机器学习算法，图书馆能够预测读者可能感兴趣的书籍类型，主动推荐，激发读者的阅读兴趣。同时，智能客服系统的引入，使得读者查询、预约等服务更加便捷、高效，实现了24小时无间断的服务供给。同时，随着技术进步，图书馆开始探索与高新技术企业的合作，共同研发智能阅读辅助工具。这类工具不限于基本的语音播报，更集成了深度学习技术，能够理解文本情感，提供沉浸式的阅读体验。智能阅读机器人等设备的应用，让图书馆服务突破传统界限，成为连接读者与知识的桥梁，促进了知识的传播与共享。在大数据与智能算法的支持下，图书馆的服务模式正经历着根本性的转变。通过分析海量的读者行为数据，图书馆能够洞察潜在的阅读趋势，优化资源布局，确保服务的前瞻性和针对性。此外，图书馆还利用人工智能技术，如自然语言处理和深度学习，对馆藏文献进行深度挖掘，提炼出有价值的知识片段，为读者提供更高层次的信息服务，助力读者终身学习与个人发展。

3. 构建人工智能背景下个性化学习新模式

构建个性化学习新模式是人工智能在教育领域的一大突破，尤其在专业课教学中展现出了巨大潜力，能够较好地提升学生的学术素养以及学习效果。通过分析学生的学习习惯、兴趣和能力水平，人工智能能够定制出满足个体需求的学习方案，实现真正的因材施教。

(1) 依托人工智能教学平台，可以实现针对不同学生的分类施教。比如，在英语教学领域，对于初学者，人工智能系统可能会推荐更多的基础词汇和语法练习；而对于已经具备一定口语能力的学生，人工智能系统则会提供更为高级的口语表达训练和模拟对话场景。这样的个性化设计既提高了学习效率，也增强了学生的学习动力和学术素养。智能化的学科教学平台能够根据学生的表现动态调整学习内容和难度，确保每个学生都能在最适合自己的节奏中进步。比如，当检测到某学生在特定章节或实践环节遇到困难时，系统会自动增加相关练习的频率，直到学生掌握知识和技能为止。再如，北京大学推出的北大问学——智能教学平台，整合了丰富的学习资源，涵盖课程视频、电子教材、学术文献等。平台通过分析学生学习数据，提供个性化学习建议和学习路径规划。该平台可根据学生的学习习惯和知识掌握情况，推荐相关案例分析、政策解读文章以及专家讲座视频。同时，平台还提供学习社区功能，使学生可与教师、同学交流互动，拓宽学生学习视野，激发学生学习兴趣。问卷调查和访谈发现，使用该平台的学生学习满意度高，对知识的理解和应用能力明显增强。

(2) 人工智能能识别学生的学习风格，如视觉型、听觉型或动手操作型，进而提供匹配的学习材料，如视频、音频或互动游戏，以满足学生多样化的需求。人工智能技术能够通过大数据分析，预测学生可能遇到的学习障碍，提前介入指导，避免学习上的断层。这种前瞻性教学策略极大地提升了教学质量和效率，同时减轻了教师的工作负担，让教师有更多时间专注于学生的情感支持和个性化辅导。通过整合学生的学习历史、测试成绩和反馈信息，智能系统能够生成详细的学习报告，帮助教师深入了解每个学生的学习状况，及时调整教学策略，实现教学资源的最优化配置。比如，在大学生心理健康教育方面，清华大学利用AIGC技术，搭建了共情陪伴大模型AI朋辈互助平台。该平台基于心理咨询理论进行模型训练，具有较强的倾听、情感映射、共情等能力；同时，依托"清心伙伴"智能体"小清"，实现了24小时"AI+朋辈真人"的协同工作，这种AIGC技术在心理健康服务领域的应用，使该模型具有较强的需求理解、情感支持和问题解决能力，也实现了人的精神与心智、自助和他助能力的培养。

(3) 个性化学习新模式的构建，还要兼顾人文与技术以及不同学科间的有机融合。人文视角下的技术融合意味着在人工智能与信息素养教育的交汇，不应忽视人的本质和社会文化背景。这一融合旨在培养具备批判性思维、道德伦理考量以及跨文化交流能力的个体，而非单纯的技术操作者。尤其是在数字人文领域，人工智能的应用远不止数据处理和分析，还促进了知识的可视化和交互性，使人文研究成果以更直观的形式呈现，增强了知识服务的可达性和影响力。

(4) 跨学科研究视角的融合在人工智能背景下提升信息素养的研究中显得尤为关键。

这一融合不是学科间的简单相加，而是深层次的知识交互与创新思维的碰撞。例如，在教育领域，将心理学、社会学与信息技术结合，能够更深入地理解不同年龄段学生的信息行为模式，为定制化信息素养教育方案提供理论依据。跨学科团队在设计教育干预措施时，可以综合考虑认知发展理论、数字鸿沟现象以及技术接受模型，从而制定既符合用户心理特点又能有效提升信息处理能力的教学策略。

10.3　阅读与信息素养

在网络时代，信息素养已成为大学生必须具备的一种基本能力。为此，许多国家都给予充分重视，纷纷将信息素养从战略高度纳入教育体系。2012年启动的"高等学校创新能力提升计划"(简称"2011计划")旨在充分发挥高等教育在科技第一生产力和人才第一资源重要结合点的作用，面向"国家急需，世界一流"，集聚和培养拔尖创新人才。

一直以来，我国国民的阅读量与阅读水平都落后于发达国家，这也引起了国家的高度关注，国家采取了一系列措施促进阅读。2014—2024年，"倡导全民阅读"连续11次被写入政府工作报告，在这样的背景下，大学生作为社会发展和国家建设的主力军，具有良好的素养和渊博的才学离不开阅读的积累。本节就大学生的信息素养与阅读行为的内在联系进行探讨和研究。

10.3.1　阅读与信息素养的内在联系

1. 信息素养的能力要求

信息素养是社会人在社会生活中应该具有的基本能力之一，是最重要的能力。信息素养的主体概念由西方学者提出，进而在全世界推广。虽然目前各国学者对信息素养的理解和定义不尽相同，但都含有信息技能、文化素养、信息意识、信息处理、信息分析等内容，其宗旨是利用计算机等信息技术手段高效培养并善用以及正确评价信息的能力。信息素养不仅要求人们有一定的信息学专业基础知识，更要求人们对信息有一定的敏感度，并且能够对获取的信息进行整理、利用、分析、评价等。

人类信息素养的显性表现在于：①对信息有敏锐的感受力及持久的注意力，并对信息价值有一定的判断力，这是信息素养的前提；②需掌握有关信息的特点与类型、信息交流及传播的技巧、信息的作用及反响、信息检索途径及方法等方面的信息知识，这是信息素养的基础；③结合信息意识和知识基础去获取、加工、传递、应用、归纳、辨别信息价值；④在正确的法治观念及信息安全意识前提下生成和利用信息，传播正能量，合法合理地使用信息资源，培育良好信息道德。

2. 阅读推广的功能意义

阅读是一个人获取知识的基本手段，能力是一个人做事的基本要求。在高等教育领域，高校图书馆在阅读推广中扮演着重要角色。图书馆通过开展内容丰富、形式多样的阅读推广活动，利用多种途径和方法，因材施教，提升读者的信息素养。例如，图书馆可以邀请资深馆员和校内外的知名学者举办讲座，讲解图书馆馆藏资源检索与利用、论文写作指导等内容，为读者答疑解惑。图书馆还可以组织新生实地参观，通过教师对图书馆情况的详细介绍，使新生对图书馆的文献布局、借阅规则以及特色借阅室等有更直观和深入的了解。

高校图书馆是学校文化育人的主阵地，在引领阅读潮流、提供阅读指南、开发阅读服务、实施阅读推广的进程中，要有主人翁的意识，积极拓展阅读推广形式，遵循阅读推广规律，利用图书馆自身的馆员力量，全面不遗漏地开展阅读推广活动，提高大学生阅读质量，为大学生信息素养的培育创造各种便利。阅读推广要以影响每个读者的阅读自觉和习惯为立足点。一个人的阅读自觉和习惯是否养成，取决于对阅读价值和意义的认知程度，对阅读方法和效率的积极探求。只有建立了良好的阅读习惯，阅读才能对人产生长远的影响，持续不断地提高人的信息素养。

3. 阅读与信息素养的关联

阅读与信息素养之间存在紧密联系。阅读推广活动可以培养和提升读者的信息素养，包括信息获取、分析、批判性思维等能力。阅读推广不仅关注读者阅读兴趣和习惯的培养，更强调通过阅读活动促进读者对信息的深度理解与有效利用，从而整体提升个体的信息素养水平。

通过在阅读过程中接触不同类型的文献资源，大学生不仅能够增强对多元观点和思想的认知，激发对新知识的浓厚兴趣，还能够对阅读内容进行深入分析和评估、开展批判性思考。例如，高校图书馆通过组织学术讲座、读书会、文献检索培训等活动，可以帮助大学生掌握信息检索和分析的技能。在数字时代，高校图书馆还可以通过数字阅读推广策略来提升读者的信息素养。数字阅读推广策略包括利用微信公众号、微博等新媒体平台定期推送学术信息素养内容供大学生学习，一方面满足了大学生的个性化需求，使大学生可以根据兴趣选择学习内容；另一方面，学生可以利用碎片化时间随时随地学习。这种策略不仅提高了大学生的学习效率，还增强了大学生的信息素养。

随着"双一流"高校的加快建设以及教学改革、人才培养机制的创新，信息素养教育逐渐被重视，逐步融入整个高校的教育体系，同时加快了高校图书馆阅读推广工作的进展，尤其是促进了阅读素养的培养。高校图书馆通过开展一系列内容丰富、形式多样、主题鲜明的阅读推广活动，利用多种途径和方法，因材施教，提升大学生的信息素养，让他们更好地使用图书馆馆藏资源，掌握高效利用图书馆的技能与方法。

由此可见，信息素养的提升有助于大学生更有效地获取、分析和利用信息，而阅读活动则通过促进广泛阅读习惯的培养，为提高大学生信息素养提供基础和动力。两者相辅相成，共同促进大学生知识结构的完善和终身学习能力的培养。

10.3.2　阅读与信息能力

信息能力是读者从检索、获取、筛选、鉴别到加工、整合、利用和创新等一系列能力的综合反映。信息能力是信息素养中最重要也是最难全面掌握的一部分。大学生的阅读行为可以在一定程度上反映他们的信息能力。

1. 反映在确定读物过程中的能力

选择读物的能力是大学生完成阅读过程首先要具备的能力。这种能力表现出大学生的阅读层次和阅读水平，是能力显现的第一步。一些在中学时代就利用过图书馆，或者在中学阶段就接受过信息素质教育的大学新生，以及大部分高年级的大学生，尤其是硕士研究生、博士研究生，在选择读物时明确果断，整个阅读过程有的放矢，而且不易受到阅读环境和阅读过程中情绪变化的影响，阅读效果良好。

中学时代从未接触过图书馆，或从未接受过信息素养教育的大学生，他们的阅读行为表现出较多的盲目性。他们中多数虽有较强的信息意识，但不懂得用科学的方法利用图书馆资源。因此，他们在办理了借书证后，就急急忙忙到图书馆里大海捞针似的寻找图书，有的大学生甚至用了一天的时间都找不到一本适合自己的图书，白白浪费了大量时间。而且他们选择读物比较随意，借书时间不定(如有的大学生借书不到1小时就要还书，有的大学生则因为某种原因将书丢在一旁而超期)。他们的阅读动机不清楚，阅读内容单调，阅读心理不稳定，其阅读过程常常伴随着一定的情绪化。在阅读一些理论性书籍时，他们常常会因为缺乏阅读兴趣，或没有阅读欲望，或其他某些主客观因素而产生阅读障碍使阅读中断。

拓展阅读10-3

弥合数字鸿沟 共享发展成果(深阅读·提升全民数字素养与技能)

2. 反映在鉴别信息过程中的能力

对于现代大学生来说，能否获得足够的信息已不成问题，问题在于怎样鉴别信息的时效性、价值性和真伪性。事实上，大学生的每次阅读过程都是对海量信息的提炼过程，是对有价值信息的筛选过程。

随着阅读量的增多，多数大学生的阅读内容自然而然地向着一定的广度和深度发展。大学生的阅读行为发展到这个阶段，多数能结合自己所学的专业，主动获取对自己有用的知识和信息，并且能努力克服各种阅读障碍实现阅读目标。一些大学生把自己在阅读过程中汲取的精华内容写成阅读笔记。大学生做阅读笔记的过程也是对所获取的信息进行鉴别的过程。在这种前提下，大学生的阅读行为是一种良性循环的行为，是向着积极健康充满阅读欲望的方面发展的行为。

【思考题10-6】

在学习、生活和社会实践中，你获取信息的渠道有哪些？是否获取过虚假信息？面对虚假信息，你的信息鉴别途径有哪些，效果如何？

解析

3. 反映在整合与创新知识过程中的能力

信息能力中难度最大的是能够把自己获取的大量的隐性的各种有价值的知识单元，通过大脑的认知和思维，转变成显性的对人类文明和社会发展有用的知识，并能将其加以发展创新的能力。进入高年级后，随着大学生对信息选择技能和鉴别能力的提高，其阅读内容的目标性和专业性程度也不断提高。在这个基础上，多数大学生能根据自己的需要或教师的指点，利用图书馆的资源进行有序的、系统的阅读。当这种阅读积累到一定量时，他们的收获就会发生质的变化。大学生会积极参加某一专题的讨论，或撰写某一研究性课题的综述，或结合实践写出一定水平的社会调查报告等。当他们的这一系列努力转变成被教师、同学和自我认可的成功时，一种向上的趋势会激励他们的阅读行为。

4. 反映在具体课题研究过程中的能力

在信息网络日益普及的今天，许多大学生喜欢在电子阅览室阅读网络环境下的知识资源。网络环境下的知识资源在一定程度上能对普通大众产生较强的穿透力或辐射力，甚至能起到形成一定文化潮流的影响力。另外，大学所研修的知识，其主干并非实用的技术规则，而是技术的原理，是"知识的知识"。当他们课题研究的阅读需求真正涉及深入研究的内容时，就离不开高校图书馆的馆藏资源(包括纸质版本和电子版本的资源)了。这是因为，高校图书馆的藏书，从其本质上讲，首先是满足大学所研修的知识类资源，其次才是普通大众所需的实用性的技术规则类资源，而网络上所传播的知识资源却是以后者为主。换句话说，网络环境下传播的知识资源根本无法与高校图书馆馆藏资源的深度相比拟。因此，具有较强的汲取高校图书馆藏资源的能力就成为课题研究过程中的重要一环。

【思考题 10-7】

　　请检索"2024年度十大虚假新闻"，并以此为例从信息规范角度思考给我们带来的启示有哪些。

解析

10.3.3　阅读推广背景下提升用户信息素养的途径与趋势

1. 实施结构化阅读训练

结构化阅读训练作为一种提升信息素养的有效途径，其核心在于培养个体系统化处理信息的能力。这一训练方法强调对阅读材料的深度理解和批判性分析，而非简单的信息获取。通过结构化阅读，学生能够更加高效地捕捉文本主旨，辨析论证结构，以及提炼关键信息，从而在海量信息中迅速定位所需知识。这一过程不仅提高了阅读效率，还提升了批判性思维和问题解决能力，对信息时代的个人成长至关重要。

在具体实施上，结构化阅读训练通常涉及阅读技巧的培养、信息源的甄别以及阅读后的总结反思等多个环节。它要求学生在阅读时采取主动姿态，积极构建信息框架，识别作者意图，并评估信息的可信度和相关性。此外，训练还涵盖了如何有效利用图书馆资源、网络数据库以及其他信息平台，以拓宽信息获取渠道，确保信息的多样性和准确性。

在实施结构化阅读训练时，教育者会设计一系列活动，引导学生识别和利用文本的结构特征(如标题、段落首句和总结句)，以及批判性地评价信息源，以促进信息的快速提取和整合。此外，结构化阅读训练还包括教授如何制订阅读计划、设定目标，以及如何有效做笔记和摘要。这些技能共同构成了信息素养。

结构化阅读训练的成功实施，往往伴随着一系列评估和反馈机制。实践过程中，许多高等教育机构已将此类训练纳入课程体系，通过定期的阅读工作坊、在线课程和小组讨论等形式，系统提升学生的阅读能力和信息素养。这一系列措施不仅促进了学生在学术领域的成长，也为学生适应快速变化的社会环境奠定了坚实基础。

2. 教学模式创新与实践

教学模式的创新与实践是提升信息素养不可或缺的一环。在信息化教育的浪潮下，教师不再局限于传统的授课方式，而是积极探索与信息技术深度融合的教学方法。例如，利用多媒体和网络资源创建互动式学习环境，不仅能激发学生的学习兴趣，还能培养学生自主学习和批判性思维能力。通过设计项目导向的学习活动，学生在实践中学会如何有效地搜索、筛选和整合信息，进而提升信息素养。

高校图书馆作为信息素养教育的重要场所，正逐渐转变为学习资源中心，支持学生进行探究式学习。图书馆员与教师合作，共同设计课程，将信息检索技巧、版权知识和数据管理等内容融入专业学习。这种多维度混合式教学模式不仅提高了学生的信息处理能力，还促进了学生创新思维的发展。图书馆通过举办工作坊、讲座和在线教程，为学生提供多样化的学习途径，确保信息素养教育的全面性和时效性。

信息化教学改革策略的应用使阅读教学焕发新生。教师借助数字化工具(如电子书、在线数据库和虚拟实验室等)为学生提供了丰富多样的阅读材料，拓宽学生知识视野。通过视频片段、互动问答和小组讨论等形式，教师能够引导学生深入理解文本，培养其批判性阅读能力。此外，个性化学习平台的引入，使得教师能够根据学生的学习进度和兴趣制订阅读计划，促进学生个性化发展。信息化教学不仅提升了教学效率，还激发了学生对阅读的热爱，为学生终身学习奠定坚实的基础。

3. 图书馆阅读推广活动

高校图书馆作为信息素养教育的重要阵地，承担着提升公众信息处理和利用能力的关键任务。通过精心策划的阅读推广活动，高校图书馆能够有效地激发大学生对信息素养的兴趣，促进其信息意识的觉醒。例如，采用互动游戏的方式，不仅能够寓教于乐，还能加深大学生对信息素养重要性的认识，激发他们主动学习和探索信息世界的热情。这一过程中，图书馆员的角色尤为关键，他们既是引导者，也是信息素养教育的实践者，通过设计富有创意的活动(如图书推荐、信息检索竞赛等)帮助大学生构建信息技能，提高其信息评价和鉴别能力。

在图书馆信息文化氛围的营造上，大连医科大学图书馆的经验值得借鉴。大连医科大学图书馆通过举办图书馆文化月、文明月以及各类文化活动，增强了学生的自学能力和文献驾驭能力；通过专家讲座、有奖问答等形式，提升了学生的信息获取技能；特别是通过搜书大赛、数据库之星比赛等活动，加深了学生对图书馆资源的了解，锻炼了学生在实际情境中运用信息工具的能力，这对于学生信息素养的提升具有显著效果。

为了进一步深化信息素养教育，图书馆还需不断拓展服务内容，提供更加精准的参考咨询服务。这不仅包括传统的文献检索指导，还应涵盖新兴的信息技术培训，如数据库使用、网络信息筛选等。同时，图书馆员自身的信息素养和专业技能需要持续提升，以适应快速变化的信息环境。通过定期的培训和教育，图书馆员可以更好地掌握信息检索、数据分析等技能，进而将这些技能传授给学生，共同构建一个信息素养水平较高的学习社区。图书馆信息素养教育的成功，不仅在于活动的丰富多彩，更在于其能够激发学生对信息世界的好奇心，培养学生成为自主学习者和信息时代的明智公民。

4. 学生参与度与阅读习惯

学生参与度与阅读习惯的培养是提升信息素养的关键因素。在数字化时代，学生不仅需要掌握基本的阅读技巧，还需要学会批判性思考，有效筛选和整合信息。因此教育者要设计互动性强的阅读活动，鼓励学生主动参与，通过讨论、交流和辩论等形式，激发学生对阅读的兴趣和热情。学生积极参与阅读过程，不仅能加深对文本的理解，还能培养独立思考和解决问题的能力，进而提高信息素养。

良好的阅读习惯对于信息素养的提升同样至关重要。习惯的养成需要时间和持续的努力，教师应引导学生制订合理的阅读计划，鼓励其日常阅读，无论是纸质图书还是电子图书资源。定期的阅读活动(如读书会、在线论坛等)能够营造积极的阅读氛围，促进学生之间的相互学习和激励。此外，教师还应教授学生如何利用各种信息资源，包括图书馆、网络数据库和社交媒体，以培养他们的信息意识和信息获取能力。

为了有效提升学生的参与度和阅读习惯，教师需不断创新教学方法，采用多元化教学策略。例如，项目制学习(project-based learning)可以让学生围绕特定主题进行深入研究，通过阅读多种来源的资料，撰写报告或制作演示文稿。在这一过程中，学生的信息素养将得到显著提升。同时，教师应注重培养学生的自主学习能力，鼓励他们根据个人兴趣选择阅读材料，这样既能增加阅读的乐趣，又能促进个性化学习路径的形成，最终达到提升信息素养的目的。

5. 技术工具的作用与限制

技术工具在提升信息素养的过程中扮演着至关重要的角色，尤其是在数字化阅读的应用上。电子设备和软件不仅提供了海量信息的即时访问功能，还促进了批判性阅读和元认知策略的发展。例如，思维导图软件能够帮助学生组织信息，深化对文本的理解，从而提升信息处理能力。同时，数字化平台支持多元媒介的学习材料，如视频、音频和互动文本，这些都能激发学生的兴趣，促进深度学习。

大数据、云计算、AI、区块链和5G通信正深刻改变着阅读的实施与效果。在数字时代，科技图书出版形式、内容创作及传播方式向多元化与数字化方向发展，这不仅丰富了阅读材料的获取途径，还促进了阅读习惯的转变。例如，AI技术的应用使得个性化阅读推荐成为可能。根据用户的阅读历史和偏好，智能算法能精准推送相关书籍，极大地提升了阅读效率和满意度。同时，增强现实与虚拟现实技术为读者提供了沉浸式的阅读体验，使抽象概念具象化，加深了理解和记忆。5G通信技术的高速传输特性加速了数字内容的下载速度，减少了延迟，为实时互动阅读创造了条件。这不仅提升了读者的阅读体验，还催生了在线讨论、远程协作阅读等新型阅读模式。

区块链技术在版权保护方面的应用，为原创作品提供了更为安全的保障，激励了优质内容的创作与分享，进一步优化了阅读生态。

然而，技术进步也带来了新的挑战。随着信息爆炸，筛选有效信息的能力成为关键。读者需要掌握批判性思维，辨别真伪，避免陷入信息茧房。此外，数字鸿沟的存在意味着并非所有人都能平等享受技术带来的便利，这要求我们在推进技术应用的同时，关注数字包容性，确保每个人都有机会提升自己的信息素养。

针对上述局限，教育者应当采取措施，引导学生合理利用技术工具，培养健康的阅读习惯。一方面，可以通过培训提升学生的元认知意识，教会学生如何有效地管理和调节自己的阅读行为，以应对电子阅读带来的挑战。另一方面，教育机构可以整合资源，提供高质量的数字化学习材料，同时强调批判性思维的培养，确保学生在享受技术便利的同时，能构建坚实的信息素养基础。

10.4　信息素养综合提升路径

大学生应重视自身信息素养的提升，涵盖信息素养的五种能力和《框架》的六个方面。信息素养综合提升路径如图10-1所示。大数据为我们提供了海量的信息及其应用场景，而AI则对信息素养提出了更高的要求。阅读不仅是信息素养的重要组成部分，更是个人发展的坚实基础。

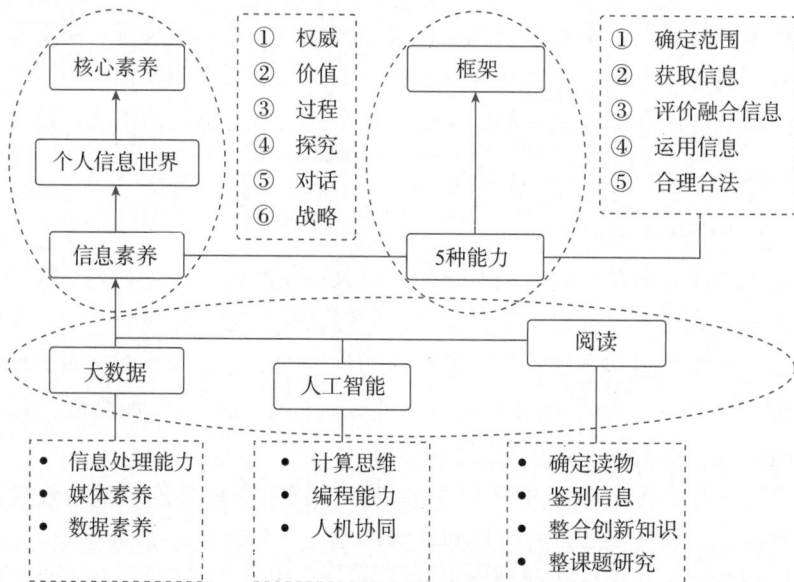

图 10-1　信息素养综合提升路径

10.4.1　信息素养发展的主脉络

1. 信息素养的基础能力

大学生首先应在解决具体问题的过程中切实提升信息素养的五种能力，具体内容参见1.1节中的《标准》。《标准》为学生提供了一个处理信息的指导框架，激发学生培养学习方法的意识，并帮助学生明确在收集、分析和使用信息过程中所需采取的具体行动。

2. 信息素养框架

在逐步掌握信息素养的五种能力的基础上，《框架》为大学生呈现了一套更为丰富、更为复杂的核心理念。这一框架并非一套固定的标准，也非简单罗列学习成果或既定技能，而是基于一系列互相关联的核心概念集合，可供灵活选择和实施。《框架》主要采纳了"元素养"的概念，这一概念为信息素养描绘了全新的愿景。《框架》设想信息素养将扩大学生在学业中的学习范围，并与其他学术及社会学习目标有机融合。

10.4.2　信息素养主体与外界的互动

1. 善于利用各种资源提升信息素养

在学校开设的实验课或课程适应翻转课堂的形式。教师要在课程教学中加强运用信息素养"框架要素"里的知识实践和行为方式，要善于利用学校的相关资源，有效提升学生信息素养，在学习与科研中成为内容创造者。同时，学生积极参与在线课程和虚拟实验室，利用互联网上的丰富资源来深化对信息素养的理解和应用。通过参与在线讨论、协作项目和远程专家讲座，拓宽视野，了解信息素养在不同领域的前沿应用。在课外要掌握相关信息及研究作业，从而可以应用概念并跟随教师完成合作课题。要在实验课堂或其他课程中完成多媒体设计和制作，将自己看作既独立又相互合作的信息制造者。在课程中通过多样化的形式和方法进行有效的互动、评价、制造和分享信息。此外，学生还应主动关注行业动态，参与信息素养相关的竞赛和研讨会，与同行交流心得，不断提升自己的信息素养水平。

2. 信息技术对于信息素养的影响

面对网络和现实世界所提供的海量信息，大学生应特别关注在学科领域内需掌握的专业信息技能，如运用第一手资料、获取并管理大数据集。大数据对学生的影响不仅体现为个体获取的数据和信息量逐渐增多，更体现为推动个体增强数据意识、数据获取能力、数据分析技巧以及数据利用水平。在AI技术的推动下，人、物理世界、智能机器与虚拟信息世界共同构成了四元世界。因此，信息素养必须与AI素养相结合，扩展至涵盖人机共存、虚实并行情境下的知识、能力、素养及人格的全方位综合素养。

3. 阅读在信息素养中的不可或缺性

《标准》中的第三个标准指出，具备信息素养的学生应评估信息和其出处，并将筛选后的信息融入自身的知识库和价值体系。这要求学生深入阅读原文，提炼核心要点，并能以自己的语言重新阐述原文思想。同时，他们需要精准挑选数据，探究信息产生的文化、物质或其他背景因素，并意识到上下文对信息解读的影响。由此可见，信息素养与阅读紧密相连。

当前的阅读方式已发生显著变化。学生在阅读结构严谨的细致作品、精练扼要的论文，或需严密思考的章节时，仍存在较大差距。海量信息并不一定能提升学生的理解力。阅读不仅是兴趣使然，更需主动投入和掌握阅读技巧。阅读旨在获取信息，同时追求深入理解。通过阅读，学生不仅能了解世界和自我，还能更深刻地理解生命，从而变得更有智慧，而非仅仅是知识的积累。

10.4.3　信息素养的超越

1. 从信息素养到个人的信息世界

身处同一校园的大学生，理论上他们的个人信息世界应无显著差异，但是，在个人信息世界的动力、智识边界、基础信息源及信息资产等方面，仍存在明显差距。大学生在与教师及知识交互，以及面对教育的过程中知识传授的深度、广度、准确性和易学度等方面依然表现出个体差异。因此，大学生需在学校有意识地提升目的性信息实践的动力，尽力拓展个人信息世界的边界，并丰富其内容。

2. 从信息素养到核心素养

《面向未来：21世纪核心素养教育的全球经验》研究报告指出：相较于中等及以下收入经济体，高收入经济体更注重信息素养、创造性与问题解决能力、跨文化与国际理解，尤其是自我认识与自我调控能力。而中等及以下收入经济体则更强调科技素养、艺术素养、环境素养，特别是学会学习与终身学习的理念。这一差异既揭示了信息素养的重要性，也提醒学生在面对日新月异的社会与经济变革时，应思考如何从提升信息素养拓展到全面培养核心素养，以便更好地适应21世纪的工作与生活。

本章小结

信息素养是"互联网+"时代不可或缺的素养，信息素养教育对学生的创新能力培养及未来发展高度均具有深远影响。当前时代对大学生信息素养的要求日益提升，这要求高校图书馆制定切实可行的规划与长远目标。在充分发挥信息素养教育主导作用、高效进行文献检索及信息资源传递的基础上，高校图书馆需不断拓展培养内容、升级培养平台、创新培养手段，持续提升服务水平与服务能力。本章首先以大数据、AI、阅读为切入点，在对三者概念进行深入剖析的基础上，梳理了信息素养的时代内涵；其次，从大数据、AI、阅读的技术与形态层面系统归纳了信息素养培养面临的新机遇与新挑战；最后，从大数据、AI、阅读提升用户信息素养实践的角度，详细剖析了相关典型案例，并重点展望了大学生信息素养提升的趋势与对策。

思考与练习

1. 阅读《国内外信息素养类 MOOC 的调查与分析》(黄如花、钟雨祺、熊婉盈)，了解信息素养类MOOC的教学内容、互动模式、证书奖励、资金使用情况，从国内与学校两个层面分析制约信息素养MOOC建设的阻碍，提出信息素养MOOC建设的应对策略。

2. 无人驾驶、人脸识别、远程医疗等技术及产品的出现标志着AI在不同行业的应用逐渐成功落地，未来AI技术也将更深更广地融入人类的生产生活。请分别从搜索引擎与信息推荐两个角度分析AI技术的应用前景。

3. 2014—2024年，"倡导全民阅读"连续11次被写入政府工作报告，国内年度好书的评选也日渐流行，请你从纸质媒体、网络媒体、第三方机构三个角度检索出近3年的年度好书榜及其书目。

参 考 文 献

[1] 安兴茹，周咏仪. 检索效果评价的数学模型研究[J]. 情报杂志，2007(1)：61-63，66.

[2] 白晓晶，张春华，季瑞芳，等. 新技术教学驱动教学创新的趋势、挑战与策略：2017地平线报告(基础教育中文版)[J]. 中国现代教育装备，2017(18)：1-20.

[3] 王小妍. 大数据环境下信息素养提升研究[J]. 文化产业，2022(14):7-8.

[4] 蔡金君，徐捷，洪素兰，等. 深耕信息素养教育助力提质培优行动：浙江商业职业技术学院图书馆服务创新实践案例及启示[J]. 天津职业大学学报，2022,31(3)：76-82.

[5] 靳晓恩. "互联网+"图书馆信息素养培育策略研究[J]. 兰台世界，2022(1)：130-132.

[6] 张宏伟. 大数据技术的应用对高校教育管理的影响及策略[J]. 延边教育学院学报，2022,36(2):47-48,51.

[7] 王甲云. 教育大数据在个性化学习路径设计中的应用与挑战：评《教育大数据：开启教育信息化2.0时代》[J]. 教育理论与实践，2024,44(20)：2.

[8] 徐立娟，郭均栋，张艳梅. 大数据时代下互联网平台竞争研究：以BAT金融科技领域为例[J]. 中国集体经济，2022(1)：60-61.

[9] 马克，肖俊洪. 数字素养的挑战：从有限的技能到批判性思维方式的跨越[J]. 中国远程教育，2018(4)：42-53,79-80.

[10] 陈凯泉，何瑶，仲国强. 人工智能视域下的信息素养内涵转型及AI教育目标定位：兼论基础教育阶段AI课程与教学实施路径[J]. 远程教育杂志，2018,36(1)：61-71.

[11] 陈利燕. 助推大学生信息素养提升创新模式研究：以红色经典阅读为例[J]. 晋图学刊，2019(2)：32-36.

[12] 陈松云，何高大. 新技术推动下的学习愿景和作用：2017《美国国家教育技术计划》及启示[J]. 远程教育杂志，2017，35(6)：21-30.

[13] 高萩巍. 智库理念下公共图书馆参考咨询服务模式探析：以厦门市图书馆为例[J]. 河南图书馆学刊，2020，40(3)：16-18.

[14] 韩丽风，王茜，李津，等. 高等教育信息素养框架[J]. 大学图书馆学报，2015，33(6)：118-126.

[15] 黄如花，李白杨. MOOC背景下信息素养教育的变革[J]. 图书情报知识，2015(4)：14-25.

[16] 芦晓红，李旭，刘皓. 基于智慧图书馆的大数据分析与决策支撑平台建设：以中国刑事警察学院为例[J]. 信息技术与信息化，2020(5)：245-248.

[17] 孟广均. 信息资源管理导论[M]. 3版. 北京：科学出版社，2007.

[18] 任俊霞，曹君. 大数据时代高校信息素养教育体系创新研究[J]. 图书情报工作，2014，58(5)：236-238.

[19] 师曼，刘晟，刘霞，等. 21世纪核心素养的框架及要素研究[J]. 华东师范大学学报(教育科学版)，2016，34(3)：29-37，115.

[20] 王孟博，柳青. 大数据时代下信息素养教育浅析[J]. 长春教育学院学报，2019，35(1)：65-69.

[21] 王燕. 思维导图在本科生毕业论文写作中的运用[J]. 教育理论与实践，2012，32(12)：40-42.

[22] 吴朝晖. 交叉会聚推动人工智能人才培养和科技创新[J]. 中国大学教学，2019(2)：4-8.

[23] 张怀涛，岳修志，刘巧英，等. 信息检索简编[M]. 2版. 武汉：武汉大学出版社，2020.

[24] 张静蓓，虞晨琳，蔡迎春.人工智能素养教育：全球进展与展望[J]. 图书情报知识，2024，41(3)：15-26.

[25] 王蕾.高校图书馆人工智能素养服务的探索与研究[J]. 图书馆理论与实践，2024(4)：26-32.

[26] 李廷翰，张素芳. 高校用户AI素养框架探索[J]. 图书馆论坛，2024,45(1)：78-86.

[27] 杨梦真，王景辉. 从信息素养到人工智能素养：高校图书馆素养教育的演进[J].图书馆学刊，2024,46(8)：29-32.

[28] 郭亚军，寇旭颖，冯思倩，等.人工智能素养：内涵剖析与评估标准构建[J]. 图书馆论坛，2024,45(2)：42-50.

[29] 宰冰欣，叶兰，林伟明，等.AIGC背景下国内外高校图书馆AI素养教育实践模式研究：基于对60所世界一流高校图书馆的调研[J].图书馆杂志，2024,43(12):89-102.

[30] 黄如花，石乐怡，吴应强，等.全球视野下我国人工智能素养教育内容框架的构建[J].图书情报知识，2024，41(3)：27-37.

[31] 虞晨琳，张静蓓，蔡迎春.高校图书馆AI素养的伦理维度及伦理教育框架：理论与实践探索[J]. 图书馆杂志，2024,43(11)：34-49.

[32] 陈安琪. 基于人工智能的图书馆个性化知识服务建设初探[J]. 山东图书馆学刊，2022(2)：61-66.

[33] 周雪.人工智能技术在地方高校大学英语个性化教学中的应用[J]. 英语广场，2024(22)：102-105.

[34] 张琼珠. 论高校阅读推广对读者信息素养养成的重要性[J]. 传媒论坛，2021,4(7)：131-132.

[35] 宋甲丽，冯艳茹，程结晶. 动机和认知策略对青少年数字阅读素养影响研究：基于510份问卷的模糊集定性比较分析[J]. 图书馆学研究，2024(5)：96-107.

[36] 高山. 从提升信息素养到全面培养数字智商：《数字智商全球框架》与《高等教育信息素养框架》的比较研究[J]. 图书馆建设，2021(2)：58-65,82.

[37] 李海龙，利锋，叶海智. 信息素养对学生阅读能力的影响：基于PISA2018国际排名的实证分析[J]. 外国教育研究，2021,48(10)：98-116.

[38] 李文烨，姚继军. 电子阅读对阅读素养影响的实证研究[J]. 开放教育研究，2021,27(2)：110-120.

[39] 张琼珠. 论高校阅读推广对读者信息素养养成的重要性[J]. 传媒论坛，2021,4(7)：131-132.

[40] 徐慧. 数字赋能的图书馆阅读推广场景化服务模式研究[J]. 河南图书馆学刊，2022,42(11)：6-9.